D1937510

Droemer Knaur®

Liebe Leser!
Sofern Sie es noch nicht bemerkt haben sollten:
Diese Seite ist nicht in 3-D. Da müssen Sie schon weiterblättern.
Aber für die Seiten 41–44, 73–76, 117–120 und 149–152 benötigen Sie die beiliegende Brille.
Halten Sie das Buch ungefähr 60 cm
von Ihren Augen entfernt und betrachten Sie die Abbildungen
einige Minuten lang. Dann werden Ihnen die Tatsachen
förmlich ins Gesicht wachsen!

Das große Wahnwitz Lexikon

192 Seiten Schwachsinn – streng alphabetisch geordnet

Droemer Knaur

Für Noëlle
und alle, die mitgeholfen haben.

Herausgegeben von
Hans Gamber

Personen und Ereignisse
von großer Bedeutung kommen in der
Weltgeschichte zweimal vor – einmal als Tragödie und
einmal als Farce.

Karl Marx

1.–30. Tausend

Umschlaggestaltung: Franz Wöllzenmüller, München
Umschlagillustration: Jean Solé
Reproduktion: Mayr, Donauwörth
Satz und Druck: Appl, Wemding
Aufbindung: Klotz, Augsburg
Printed in Germany
ISBN 3-426-26083-2

VORWORT

Was wäre unser Leben ohne das eingemachte Wissen von Meyers Konserven-Lexikon? Wie sähen unsere Häuser aus, wenn darinnen nicht der allerneueste Bruchhaus stünde? Und wäre der Anbau überhaupt nötig gewesen, wenn man nicht noch hätte die Einzigbekloppte Britannica unterbringen müssen? »Wissen ist Macht«, dieser Satz findet sich schon im Buch der Bücher, nämlich im Büchmann.

Jeder Lexikon-Macher steht auf den Schultern seiner Vorgänger, von deren Fleiß und Können er seinen Nutzen zieht. Dieses Lexikon aber ist ein so kühner Wurf, zeigt so viel Neues, daß dieses schöne Bild einfach nicht zutrifft. Wir stehen unseren Vorgängern nicht auf den Schultern, sondern auf den Zehen.

Auch wir haben unser Material mit größter Akribie zusammengetragen. Voller Stolz präsentieren wir die ältesten Klamotten der Menschheitsgeschichte, Gags, über die schon Noah nicht mehr lachen konnte, aber auch das neueste Schaffen der Witzereißer aller Kontinente und Güteklassen.

Wir wissen, wie der junge Mensch sozusagen im Baukastensystem immer neue Erkenntnisse sammelt. Zuerst weiß er nur, wo es die Milch gibt, erfährt dann den Unterschied zwischen einer Normalwindel und jener mit der Saugkraft der Zitrone, lernt dann das Bedienen eines Walkmans und endet mit der Frage: Wer hat denn schon wieder das Testament geklaut?

Und so mag denn unser Lexikon als guter alter Hausschatz den Leser auf seinem Weg durchs Leben begleiten, und soll aber auch – nicht zu oft, wie wir hoffen – mit geistvoll feinem Humor langweilen.

Ich möchte dieses Vorwort mit einem Schlußwort enden, das uns bei unserer Arbeit als Leitstern durch dick und dünn vorangeschwebt ist: Es stammt vom geistvollen, hochbegabten amerikanischen Pianisten Liberace und lautet: »Von allem zuviel ist genau richtig!«

Prof. Dr. Alexander von Humbug

A wie Alleskleber

A
Wichtigster, weil erster Buchstabe im ABC. Ohne ihn wäre das ABC um ein Drittel kürzer. Das A ist sächlich, entstand offenbar bereits vor Adams Apfelbiß, und blieb seither ungeschlechtlich – wie alle nachfolgenden Buchstaben. Das A lautet selbst, allein, ohne fremde Hilfe und deshalb auch so gut geeignet als Kammerton. Z (Zett) beispielsweise wäre dafür absolut ungeeignet. Der Buchstabe A ist überdies die Vorbedingung für alle weiteren Buchstaben des Alphabets. Merke: Wer A sagt, muß auch B sagen.

Ablaat
Eigentl. Ablatus; a. d. Mittellateinischen. Der Teil der Schiffstakelage, der von den Dwarstampen geschnitten wird, gleichzeitig den Gaffelbrast trägt und die Prielgilgen lenzt, die wiederum sternförmig um den Wippsteert angeordnet sind.

Adebar
Abschiedsgruß im Nachtlokal.

Agricola
Erfrischungsgetränk für Landwirte.

Akkurat
Staatlicher Titel für Elektriker.

Albtraum
Ein Albtraum der Rechtschreibung, weil häufige, aber falsche Schreibung für Alptraum.

Alemanne
Trinker des bekannten hellen englischen Bieres Ale, die sich während der Völkerwanderung nach Süddeutschland hin absetzten, als sich herumsprach, daß dort das bessere Bier gebraut würde.

Alfa
Nicht mit Julia gezeugte uneheliche Tochter Romeos. Die Italienerin Alfa Romeo galt lange Zeit als gefürchtete Rivalin der Deutschen Mercedes Benz, Tochter des Automobil-Kraftstofferfinders (Benzin).

Alkoholiker
Mitmensch, der soviel trinkt wie Sie und ich, den wir aber nicht leiden können.

Alpen, Überquerung der
Als Hannibal 218 v.Chr. mit 34 Reitelefanten die Alpen erstmals überquerte, um in Reit im Winkl eine Elefantenreitschule zu eröffnen, plante er einen glanzvollen Einzug im Freistaat Bayern (s. Abb.). Dazu kam es jedoch nicht, da er das Opfer einer Rufmordkampagne wurde, die besagte, seine Elefanten seien eine Art trojanische Pferde.

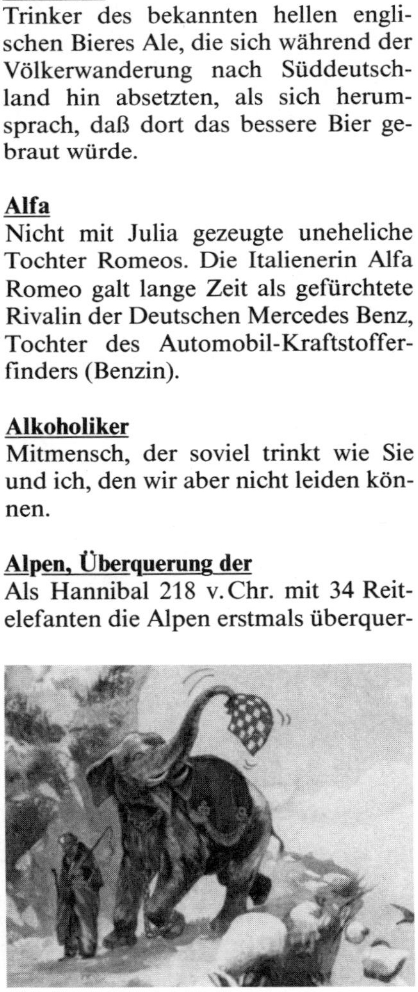

Alptraum
Seltenere, aber richtige Schreibung für Albtraum.

Amateur
Johann, Gottfried. 1731? bis 1801. Wird allgemein als der Erfinder des Funkens angesehen.

Amme
Berühmte Märchenerzählerin aus dem nahöstlichen Amman = Ammenmärchen. Diese zählen zu den schönsten im morgenländischen, aber auch im eingedeutschten Märchen- und Sagenschatz, z. B. »Gevatter Storch« u. ähnl.

Ammer
Männliche Amme, der/die das nach ihm/ihr benannte Ammoniak ausscheidet, ein farbloses Gas von stechendem Geruch.

Amnesie
Liegt vor, wenn man eigene Hose im Hotel vergißt. (Bei der Behandlung von Amnesie ist es dem Therapeuten gestattet, sein Honorar im voraus zu kassieren.)

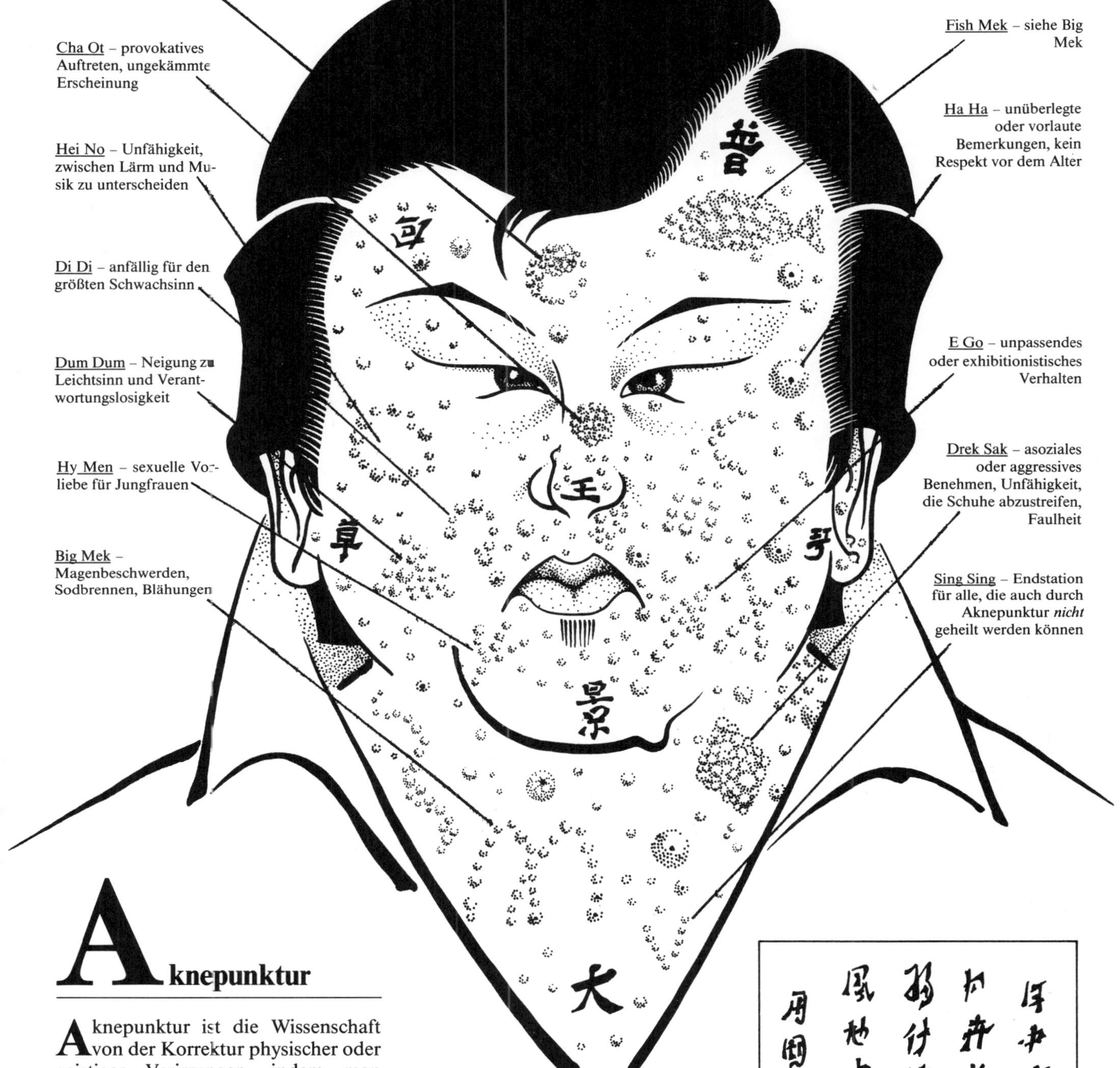

Aknepunktur

Aknepunktur ist die Wissenschaft von der Korrektur physischer oder geistiger Verirrungen, indem man Hautunreinheiten punktiert oder »zum Ausdruck verhilft«. Die Therapie, angewandt auf ungewöhnliche Abweichungen an bestimmten Punkten, kann mit Nadeln, sterilisierten Pinzetten oder den Fingernägeln der Freundin ausgeführt werden. Einige der exakt 345 Kardinalpunkte, die alle direkt mit einer Charakterschwäche oder fehlerhaftem Auftreten zu tun haben, sind hier aufgezeichnet. Oftmals ist es notwendig, verschiedene Pusteln gleichzeitig zu punktieren, um den Strom der Unreinheit (Ai Ter genannt) im Gesicht umzuleiten. Wichtig ist immer, die genaue Balance zwischen O Weh (Kasteiung) und Ya Woll (Erfüllung) zu wahren.

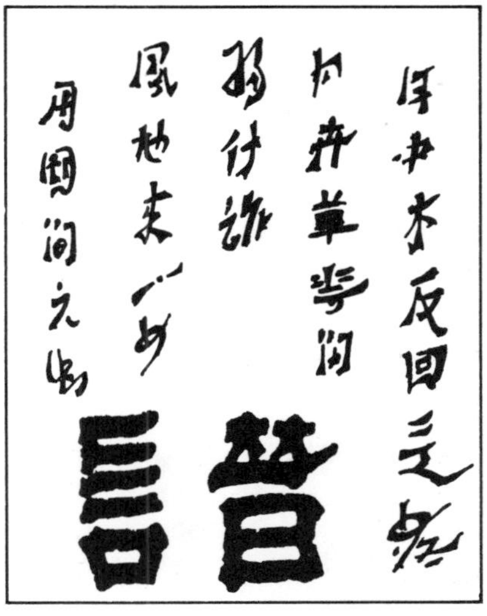

Astrologie

Ihr ganz persönliches Lebens-Horrorskop von Cosa Nostra Damisch

WIDDER
21. März bis 20. April

Selbst wenn Sie elterlicherseits kein Kind desselben gewesen sein sollten, verläuft Ihr Leben ansonsten ganz nach Wunsch. Ihr feuriger Mars allerdings muß Sie nicht nur vor Schleichwerbung auf der Hut sein lassen. Ihre Lebensdevise lautet: Lieber bumsen und Sekt schlürfen als abwarten und Tee trinken. Und da kann es hin und wieder auch schon mal zu außerplanmäßigen Bümsern kommen, die unterm Feuerzeichen nur hohen Blutdruck und Brandblasen auf dem Seelenkostüm bedingen. Schöpfen Sie nicht zu sehr aus dem vollen und geben Sie Ihren Wid(d)erstand gegen bescheidenere Lebensformen auf. Es muß nicht immer Kaviar sein – Sauerkraut aus der Dose tut's auch und schont dazu die Leber, die neben Gehör und Gehirn bei Ihnen besonders gefährdet ist.

STIER
21. April bis 21. Mai

Liebesgöttin Venus hat Ihnen zwar als Ihre ganz persönliche Geburtsherrscherin ein erotophiles Feeling in die Wiege gelegt. Doch als dem Erdelement verbundenes Wesen bleiben Sie auch dann auf dem Boden der Tatsachen, wenn die Libido Sie zwackt. Selbst im Falle des Phalles gehen Sie auf Nummer Sicher. Was Sie nicht unbedingt zum Casanova oder zur Casinonovizin macht. Aber stille Wasser gründen ja bekanntlich tief. Und bei Ihnen hat man allen Grund anzunehmen, daß Sie dann, wenn's drauf ankommt, in Liebesdingen eine so weiße Weste haben, daß selbige schon richtig ausgekocht wirkt. Wenn Sie Anfängern Einführungskurse geben, garantiert Ihre Engelsgeduld den Erfolg.

ZWILLINGE
22. Mai bis 21. Juni

Die Luft ist Ihr Element, und für Typen wie Sie nicht nur zum Atmen da. Denn Sie verstehen es, sich in ihr aufzulösen. Wenn er Ihnen steht, der Sinn nach Tapetenwechsel. Was die heterophile Freizeitgestaltung anbelangt. Und auch sonst. Was ganz besonders interessante Aspekte für Ihre berufliche Karriere aufwirft. Merkur nämlich ist Ihr Geburtshelfer, jener geflügelte Götterbote der römischen Mythologie, der sich durch Intelligenz, siebten Sinn und guten Riecher schon bald als Schutzpatron der Taschendiebe und Geheimagenten empfahl. Nur sollten Sie öfter die Etiketten auf Ihren alten Pillenflaschen vertauschen.

KREBS
22. Juni bis 23. Juli

Logischerweise kommen Sie als Wesen aus dem Wasserelement häufiger als andere vom Regen in die Traufe. Trotzdem sollten Sie nicht nur Trübsal blasen. Es gibt noch anderes zu tun: Packen Sie's an! Und wenn Sie diese Aufforderung libidinös abgehakt haben, sollten Sie auch die Deutsche Krebshilfe nicht vergessen. Mildreds Gaben kommen schließlich Leuten Ihres Sternschlages zugute. Und vergessen Sie schließlich nicht, daß der Mond Ihr Geburtsregent ist. Sollte man Sie als trübe Tasse auf den Mond schießen, so könnte das Ihr Glück sein. Denn Sie haben durchaus alle Tassen im Schrank (wenn auch vielleicht nicht in der allgemein üblichen Reihenfolge) und könnten dort oben vielleicht ein Vermögen machen. Durch den Verkauf von Mondkälbern etwa an die UdSSR.

LÖWE
24. Juli bis 23. August

Als dem Feuerelement entstiegenes Wesen lassen Sie anderen sich selbst gegenüber allenfalls eine Chance, wie sie etwa ein Schneemann am Äquator hat. Was allerdings wenig reizvoll ist, wenn Sie es zu wenig mehr im Leben als zum Finanzbeamten bringen. Denn da befriedigt solches auf die Dauer nicht. Nein, Sie sind zu Höherem geboren. Die Sonne symbolisiert als Ihre Geburtshelferin Vitalität und Macht. Lassen Sie also endlich die Katze aus dem Sack und die Sau raus: Entführen Sie eine Trambahn nach Kuba, setzen Sie bei einer Beerdigung eine Pappnase auf, verführen Sie eine Nonne zum Gruppensex. Ihrer Selbstverwirklichung sind keine Grenzen gesetzt, da Ihr waffenscheinpflichtiges Selbstbewußtsein auch keine kennt.

JUNGFRAU
24. August bis 23. September

Poplig-pingelige Jungfrauen wie Sie halten sich meistens lange mit der Vorrede auf, wenn sie um den heißen Brei herumreden. Und Sie bleiben dabei nicht nur astrologisch so erdverbunden, daß Sie niemals in höhere Gefilde beseeligender Gefühle abdriften können. Was Ihnen zu denken geben sollte. Weil Sie nämlich können, wenn Sie wollen. Und zwar wie Sie wollen. Mit dem gesamten Tierkreis. Ansonsten liegt Ihr Uranus ruhig und sicher in der Spur, doch der Scirocco sollte unbedingt zum Kundendienst.

WAAGE
24. September bis 23. Oktober

Ob Sie Hilfsbremser, Gunstgewerblerin, Spinnerin, Steuereintreiber, Raumpflegerin oder was sonst auch immer sind, werfen Sie Ihre Diplome und Anstellungsverträge ins Feuer. Das ist schließlich nicht umsonst Ihr astrologisches Element. Gehen Sie in die Politik. Liebesgöttin Venus, die bei Ihrer Geburt die Hand im Spiel hatte, wird Sie schon bald mehr als nur Ihre Zuneigung entdecken lassen zum schlüpfrigen Parkett der Diplomatie. Und wenn Sie erst mal einen Strauß' zum Sozialismus bekehrt haben, werden Sie begreifen, welche Pläne das Schicksal für Sie bereithält.

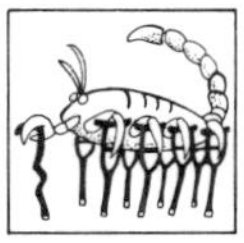

SKORPION
24. Oktober bis 22. November

Der feurige Mars befähigt Sie zwar als Ihr ganz persönlicher Geburtshelfer zu zähen Energieleistungen, auch wenn Sie mal Nuts und Bounty probieren sollten. Denn der Höhenflug fällt meist ins Wasser, das astrologisch als Ihr Element zu betrachten ist. Weswegen Sie sich häufiger im Leben etwas bescheiden sollten. Dieweil dann der Sturz nicht so drastisch ausfällt. Beispiel? Nun, sollte es Ihr ehrgeiziger Lebensplan sein, etwa die Sahara zu bewässern und dort Marihuana für die dritte Welt anzubauen, dann wäre zu empfehlen, statt dessen lieber Ihre Balkonkästen zu gießen. Die nassen Köpfe der Herrschaften unter Ihnen werden Ihnen die Bekanntschaft netter Mitmenschen verschaffen!

SCHÜTZE
23. November bis 21. Dezember

Glücksbote Jupiter, der bereits bei Ihrer Geburt die Hand im Spiel hatte, wird, keine Sorge, dafür sorgen, daß häufig andere für Sie die heißen Kastanien aus dem Feuer holen. Was Ihr Element ist. Und das gibt Ihnen die Zeit, sich anderweitig umzutun. Und etwa durch Ihre Kontaktfreudigkeit zu Lebenserfolgen zu kommen, von denen andere nur träumen können. Wenn Sie sich telefonisch auf die Anzeige einer Masseuse (langhaarig, vollbusig, vietnamesisch) melden, dürfen Sie sicher sein, daß Sie damit den Grundstein zu einer weltweiten Entspannungsübung legen.

STEINBOCK
22. Dezember bis 20. Januar

Tut mir leid, aber Ihr guter Stern Saturn bringt Ihnen nur dann Glück, wenn Sie mit dem Feuer spielen, das Ihr eigentliches Element ist. Ihr Naturell, Gesetze und ähnlichen Schwachsinn als etwas anzusehen, das man umgehen muß, läßt es angeraten sein, sich sofort um die italienische oder amerikanische Staatsbürgerschaft zu bemühen. Um dann sofort Kontakt mit der Mafia aufzunehmen. Wo man Sie mit offenen Armen aufnehmen wird.

WASSERMANN
21. Januar bis 19. Februar

Zwar ist die Luft Ihr astrologisches Element, doch ein Luftikus sind Sie deswegen noch lange nicht. Weil es Ihnen nicht liegt, Luftballons zu schälen und heiße Luft zu verzapfen. Ihr Geburtshelfer Uranus verhilft Ihnen vielmehr dazu, mit originellen Ideen die Welt zu verändern. Das viereckige Frühstücksei oder die zuverlässige Orgasmuspille könnten Ihr Lebenswerk werden – versuchen Sie's doch mal.

FISCHE
20. Februar bis 20. März

Wasser ist Ihr Element und Neptun war Ihr Geburtshelfer. Was Wunder, daß es Sie da zum Feuchten zieht. Sie halten es mit der Reinlichkeit. Innerlich und äußerlich. Oder umgekehrt. Was auf die Betrachtungsweise ankommt. Nicht aber auf die Wahl der Mittel. Für das Äußerliche mag's Wasser ja tun. Innerlich halten Sie sich an Höherprozentiges. Mit Erfolg, Fassungsvermögen, Standfestigkeit, Naturtalent, hervorragenden Leberwerten und unstillbarem Durst. Der Staat braucht Säufer wie Sie. Machen Sie sich die Unterwanderung der Anonymen Alkoholiker zur Lebensaufgabe. Dann haben Sie endlich etwas, das Ihnen Lebensfreude und Selbstsicherheit schenkt. Nebst Aussichten auf das Bundesverdienstkreuz. Denn in diesem unserem Land wird die Branntweinsteuer zur Erhaltung der Lebensqualität dringend gebraucht. Schlucker an die Front! Fische, hört die Signale!

Amor
Römischer Liebesgott. Davon abgeleitet amoralisch: liebenswürdig, (liebesgöttlich). Amorette = Liebesgöttin; Amöbe = Schwiegermutter. (Vergl. Amorgos, Zykladeninsel, die als Heimat Amors angesehen wird; Amorce = Köder für Liebeshungrige).

Amortisation
Fabrik für römische Liebesgötter, meist in Gips. Der Export wurde in jüngster Zeit intensiviert.

Ampeln
Häufige Illumination vielbefahrener Verkehrswege vorwiegend in den Farben Grün, Gelb, Rot, deren Effekt stets lange und anhaltend von den Verkehrsteilnehmern gewürdigt wird. Verbform: ampeln (durch die Stadt ampeln, niederd. für abzappeln, zappeln).

Ampulle
Kleinere, weniger beliebte Schwester der sehr beliebten Pulle (siehe dort).

Ananas
Kindliche Beschreibung des Erscheinungsbildes einer weiblichen Person namens Anna unter aufgedrehter Brause. (Konträr dazu: Deinhard trokken = Zustand Deinhards eine halbe Stunde, nachdem er mit Anna geduscht hat).

Angelsachse
Sportfischer aus der DDR.

Angriff
Im Zuge der Humanisierung des menschlichen Aggressionstriebes ausschließlich nur noch als Verteidigung interpretierbar: Voraus- oder Vorwärtsverteidigung usw.

antik
Gebrauchte Gegenstände, die teurer sind als neuwertige. Die Wertkurve fällt von neu zu gebraucht und steigt erneut zu antik. (Beispiel: Neuwagen, Gebrauchtwagen – Schnauferl – Oldtimer).

Anzengruber
Unter- oder Übertagearbeiter in den Anzen. »Wer in den Anzen eine Grube gräbt, fällt selbst hinein« (Sprichw. mitthdt.)

Apatschen
Südbayerisch; in der deutschen Hochsprache soviel wie »ihm eine Ohrfeige geben, eine Backpfeife versetzen, a Patschen verabreichen.« (Volksbrauch, im Aussterben begriffen. Man bedient sich subtilerer Methoden).

Appell
Mundartlich (hessisch) für Apfel, meist mit einem l geschrieben.

Arsch
Historisch gewordener, von Otto von Bismarck lancierter ›Druckfehler‹ in der sogenannten Emdener Depesche von 1870, die nach ihrer Ankunft 1911 den ostfriesischen Kabeljaukrieg auslöste.

Aspik
Hohe Spielkarte.

Aspirant
Durch zu große Gaben süchtig gewordener Aspirinliebhaber. Davon: Aspirationen = physiologische Halluzinationen nach Einnahme größerer Mengen Aspirintabletten.

aß
Vergangenheitsform für essen, z. B.: Er aß keinen Brei; Assisi = Kannibale: aß Sisi. assumieren = Vergangenheitsform von konsumieren.

Aufputschmittel

»Ich glaube, es liegt an diesen Hallo-Wach-Pillen, die er immer nimmt.«

Austerlitz
Muschel mit Borte.

Autobiographie
Geschichte des Autos von den Anfängen bis zur Gegenwart, von ihm selbst geschrieben.

Autogamie
Treibt, wer einen Zweitwagen fährt.

Autostopp

Autogramm
Gewichtseinheit zur Preisberechnung von Kleinwagen.

Autograph
Autograf = motorisierter Feudalherr.

Autohypnose
Versuch der intuitiven Einflußnahme auf Vorausfahrende, etwa in der Absicht, diese auf telepathischem Weg zum rascheren Fahren zu ermuntern. Letztlich erweist sich die realistische Hupe als wirksamer.

Autoinfektion
Erkältung durch Klimaanlage in Reisebussen.

Automaten
Gartenfrüchte aus feuchten Niederungen.

Automatik
(Verkürzt, häufig von Laien. Eigentlich –) Automathematik = Berechnung der Wertkonstante bei Gebrauchtwagen aus vierter Hand im Hinblick auf ihre Verkehrstüchtigkeit.

Autopsie
Hartnäckiges Motorenstottern.

Autosalon
Besonders komfortable Garage mit Hausbar und Stereoanlage.

Autosuggestion
Der (meist unerfüllbare) Traum vom Traumauto in der Folge des Besuchs von Autosalons.

Autotomie
Wettleidenschaft beim Autototo.

Avantgardist
Liebhaber gepflegter Vorgärten.

Auto-Lexikon

Die wichtigsten Begriffe von Alfa bis Romeo:

Anhalter
Zerstörter Bahnhof in Berlin.

Anlasser
Männer, die amouröse Absichten verfolgen.

Auspuff
Stillgelegtes Bordell.

Blinker
Angelzubehör.

Bremse
Stechfliege, die Autounfälle verursachen kann.

Drehmoment
Phase einer Tanzfigur.

Drosselklappe
Schnabel eines Singvogels.

Fjord
Schwedische Automarke.

Frontlenker
Generalstabsoffizier.

Frostschutzmittel
Pelzmäntel, Handschuhe, Wollsocken, Pullover, Skistiefel etc.

Fußmatte
Übermüdete Geherin.

Getriebe
Hektisches Menschengewühl.

Gummipuffer
Mißratene Kartoffelspeise.

Instrumentenbrett
Ablage für Musikalien aller Art außer Klavier und Orgel.

Kardantunnel
Erster Eisenbahn-Durchstich, konstruiert von Geronimo Cardano (1501–1577).

Kennzeichen
Rote Nelke im Knopfloch.

Autoanzeige, die klassischste:

Der Slogan: »Wenn Ted Kennedy einen VW gefahren hätte, wäre er heute Präsident«. Die Agentur: Doyle, Evans, Pornback & Partner.

Kolbenfresser
Liebhaber von rohem Mais.

Kotflügel
Beschmutzte Engelsschwingen.

Kühler
Komparativ von kühl.

Kugellager
Munitionsdepot.

Kuppeln
Strafbare Handlung, die Autofahrer wie auch Nichtautofahrer unterlassen sollten.

Nockenwelle
Süßspeisenwoge.

Radkappe
Breite Kopfbedeckung.

Reifen
Langsamer Entwicklungsvorgang.

Schalthebel
Mechanischer Vorwand, den Oberschenkel der Beifahrerin abzutasten.

Scheibenwischer
Fensterputzer.

Schlauch
Anderes Wort für Strapaze.

Schwimmernadel
Auszeichnung für Wassersportler.

Stoßstange
Schlankes Mädchen mit lockerer Moral.

Tank
Falschschreibung für Meeresalgen.

Tourenmesser
Pfadfinder-Schneidegerät.

Zierleiste
Kostspielige Beifahrerin.

Zündung
Mist, brennender.

Autonome Küche, Guide Michel zu

Führer zur Deutschen Hausmacher-Küche Ausgabe 83/84

Michel-Reifen veröffentlicht seit 1979 den berühmten »Guide Michel«-Führer zur Hausmacher-Küche in Deutschland, und wenn jemand weiß, wo's langgeht, dann sind wir das. Wenn sich Ihnen schon beim Anblick eines Hamburger-Ladens der Magen umdreht und Sie die Nouvelle Cuisine nicht mehr hören, riechen und schmecken können, dann haben Sie ein großes Problem: Was macht man unterwegs, fern von der heimischen Herdplatte und ohne Campingausrüstung, wenn der Magen knurrt? Ganz einfach: Man schlägt im »Guide Michel« nach, und wenn man dann auch noch Michel-Reifen fährt, heißt der Wahlspruch: »Ohne Platten an die Platte.«

Was wir unter Hausmacher-Küche verstehen:

Genau das: Essen, das zu Hause gemacht wird. Unser Führer enthält eine nach Bundesländern geordnete Aufstellung aller Privat-Häuser, die Sie zum Essen bei sich aufnehmen. Sie bezahlen wie in einem normalen Restaurant, aber Sie bekommen richtiges Essen, gekocht von richtigen Leuten, die nicht nur für ihre Familie kochen, sondern sich auch mit Ihnen an den Tisch setzen. Sicher, manchmal werden Sie gebeten, unterwegs einzukaufen und ein paar Zutaten mitzubringen. Sicher wird man Sie manchmal bitten, alle Zutaten für die Mahlzeit zu kaufen, dazu Brot, Wein, Dessert und wer weiß was noch alles. Aber wenn Ihnen das nicht gefällt, können Sie auch wegbleiben. Dann können Sie den »Kalbsbraten Hawaii« im Haus Kellners »Weißen Adler« essen, drei Erbsen im Reisring bei Eckbert Spritzigmann oder den Big Papp bei McWendys.
Wenn Sie also bei deutschen Familien Hausmannskost essen wollen, dann sollten Sie unbedingt im »Guide Michel« nachsehen. Unangenehme Überraschungen sind natürlich nicht zu vermeiden, aber Sie kommen wenigstens nicht ohne Vorwarnung.

Wie man den Guide verwendet:

Den »Guide Michel« zu benützen, ist ganz einfach: Sie drehen die Seitenscheibe Ihres Wagens herunter und fragen jemanden nach dem Namen des Ortes, in dem Sie sich befinden. Dann schauen Sie im Verzeichnis des Guide nach und schlagen die entsprechende Seite auf. Wenn Sie ein Haus gefunden haben, das Ihnen zusagt, dann fahren Sie dorthin und essen.

Was die Symbole bedeuten:

Alle Eintragungen haben ein paar Symbole am Ende des Absatzes. Jedes Symbol steht für eine bestimmte Sache, und Sie erhalten eine Menge Informationen, ohne daß wir ein mehrbändiges Lexikon mit kleingedruckten Angaben herausgeben müssen. Der Kasten auf Seite 13 zeigt Ihnen, was die Symbole bedeuten.

»Gute Fahrt, viel Glück und guten Appetit wünscht **Michel-Reifen,** die Firma, die dem Wort Gummi seinen zweideutigen Charakter nahm.«

DIE HAUSMACHER-HÄUSER: (Eine Auswahl)

BADEN-WÜRTTEMBERG:
Herr und Frau Häberle, Titiseestraße 1847, 7742 St. Georgen, Tel. (07724) 38597. Hier oben im Schwarzwald weiß man, was ein guter Eintopf ist. Die Häberles freuen sich über jeden Kohlkopf, mit dem Sie die gute Brühe anreichern. Frau Häberle hat einen brandneuen, chromglänzenden WMF-Schnellkochtopf, in den sie alles hineinwirft. Wenn sie anfängt, über die alten Zeiten zu reden, als man noch mit Baumrinde und Trockenmilch leckere Mahlzeiten zubereitete, dann sollten Sie bleiben und aufmerksam zuhören. Die nächste Steinzeit kommt bestimmt! Wenn Herr Häberle allerdings seinen Dia-Projektor hervorholt und die Urlaubsbilder aus Zwiesel zeigen will, dann sollten Sie laufen, so schnell Sie können. Zu Ihrem Auto!

Wir stellen vor: Michels SS-12.
Neu! Aus Michels Forschungslaboratorien. Der SS-12, der erste Reifen der Welt, der nicht nur einen Stahlgürtel aufweist, sondern serienmäßig auch noch mit Stahlhosenträgern geliefert wird.

BAYERN:

Vinzenz Obergirgl, St.-Honorat-Straße 4, 8104 Grainau. Kein Telefon. Der Vinzenz kann nur ein Gericht: Lüngerl mit Knödel, aber das kann er. Deshalb: Wenn Sie zum Frühstück, Mittag- oder Abendessen in Grainau sind, sollten Sie unbedingt beim Vinzenz reinschauen, hast mi? Wenn er seinen Enzian anbietet, sollten Sie nicht nein sagen. Sie können ihn auch gleich auf die Wunde schütten, wenn sein tollwütiger Dacke Bazi Sie in die Wade gebissen hat.

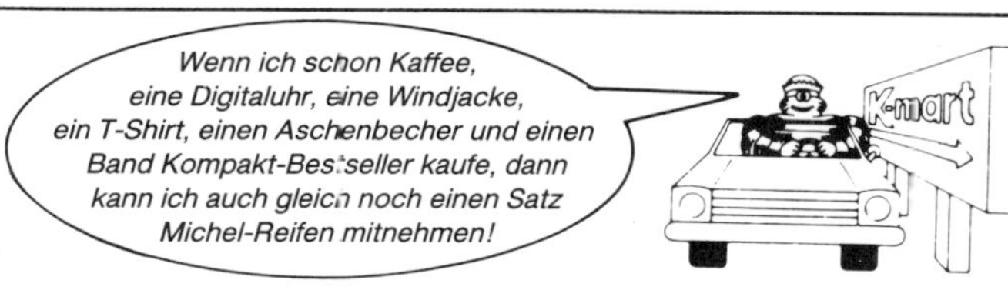

Michel-Reifen – jetzt erhältlich bei Tchibo, Onko, Eduscho, Aldi, Deutscher Supermarkt und Tengelmann.

BREMEN:

Fritz und Helga Dickmann, Am langen Kai 44, 2800 Bremen. Tel. (0421) 799812. Wenn Sie mit einem Haufen muffliger Erwachsener und verzogener Kinder um die beste Scheibe Rinderbraten streiten wollen, müssen Sie zu Fritz und Helga und ihren fünf Kindern. Hier ißt man preiswert, wenn man es schafft, Klein-Uwe bei den Erbsen zuvorzukommen und Erna die letzte Schale Pudding zu entreißen. Seien Sie nicht überrascht, wenn Helga als Bezahlung von Ihnen fordert, dem achtjährigen Helmut mal kräftig den Hintern zu versohlen.

HAMBURG:

Kai und Fietje Janssen, Fischmarkt 59, 2000 Hamburg 30, Telefon 040 372110. Hier bekommen Sie die schönsten, besten und schwersten Elbfische in ganz Hamburg, garantiert blei- und cadmiumhaltig, »unsere Mineralbuttjes«, wie Fietje zu sagen pflegt. Machen Sie sich darauf gefaßt, daß Kai bei jedem Bissen, den Sie in den Mund stecken, ruft: »Na schmeckt das nich' großartich!«, während Fietje sich die ganze Zeit darüber ausläßt, daß man eigentlich Vegetarier werden sollte. Auf jeden Fall einen Kasten Bier für Hein, den Untermieter, mitbringen, sonst könnte die Mahlzeit schmerzlich unterbrochen werden.

NIEDERSACHSEN:

Berndt und Sonja Grosser, Heidestraße 1, 2120 Lüneburg, kein Telefon. Wenn es in der Heide etwas im Überfluß gibt, dann ist es Lamm. Wenn etwas fehlt, dann der Humor. Bringen Sie also Kräuterbutter mit und lassen Sie die dummen Witze im Auto. Da Berndt schon auf die 70 zugeht, müssen Sie die Heidschnucken schon selbst fangen, scheren, schlachten und für sich und Berndt und Sonja zubereiten. Kartoffeln gibt's umsonst, Kohlsuppe auch. Berndt besteht darauf, daß Sie in Krügerrand-Goldmünzen zahlen, und wenn Sie Sonja nicht zustimmen, daß Adolf Hitler ein »verdammter Kommunistenfreund« war, dann spuckt Sie Ihnen ins Gesicht.

Wenn Sie keine Michel-Reifen fahren . . .	Sofort anhalten, Sie sind vorläufig festgenommen! Fahren Sie zum nächsten Reifenhändler und entschuldigen Sie sich bei den deutschen Autofahrern!

NORDRHEIN-WESTFALEN:

Zbigniew und Kriszta Kwiatkowski, Glückaufplatz 2, 4650 Gelsenkirchen-Buer-Erle, Telefon (0209) 6671047399 oder 546128. Bei beiden Anschlüssen erhalten Sie die Auskunft »vorübergehend nicht erreichbar«. Keine Sorge, man spricht deutsch. Die Kwiatkowskis servieren die besten Kutteln und spülen alles mit einer großen Menge klarer Flüssigkeit hinunter. Es sollte Sie nicht stören, daß Kriszta Sie noch vor dem Dessert gewaltsam ins Schlafzimmer schleppt. Zbigniew nimmt das gelassen und mit noch etwas klarer Flüssigkeit hin. Er ist ein netter Kerl, in all den Jahren hat er uns nur einmal verprügelt.

RHEINLAND-PFALZ:

Alfons und Frieda Berger, Weinstraße 4, 6740 Landau, Tel. (06341) 327. Die Bergers wohnen neben einem US-Militärlager und bieten eine amerikanische Küche der Superlative: Hot Dogs wie Gummi, Pommes frites wie Leder, Weißbrot, mit dem man den Fensterkitt ersetzen kann, paniertes Huhn ohne Fleisch, Frucht-Drinks, die zu 10 Prozent aus Frucht und 90 Prozent aus Drink bestehen, Salatdressing aus der Motoröl-Dose, Hamburger, die mit Paniermehl gestreckt sind, das mit Sägemehl gestreckt wurde. Zu allen Köstlichkeiten serviert »Freeda« leckeres Ketchup.

MICHEL-REIFEN

Symbol-Liste von oben nach unten:

Verdammt gutes Essen
Gutes Essen
Was zwischen die Zähne
Beide Augen zudrücken
Fraß
Abscheulicher Fraß

Wein, Weib und Gesang zum Essen
Harte Sachen zum Trinken
Weiche Drogen zum Nachtisch
Harte Drogen zu allem

Essen im Haus
Sie bringen die Zutaten
Sie werden bekocht
Sie kochen selbst
Sie kochen für alle
Sie werden gekocht
Hund im Haus
Hund in der Suppe
Katze im Sack
Pferd im Stall
Goldfisch als Heringsersatz
Es wird gegessen, was auf den Tisch kommt
Frau oder Tochter sind zu haben
Mann oder Sohn wollen was haben
Das Haus riecht seltsam
Hund ist nikotinsüchtig
Tochter tut's für Geld
Hausherr neigt zum Kannibalismus

Kitsch im Eßzimmer

Die ganze Familie will zum Film
Vorsicht: Grüne Männchen
Geisteskrank

Spülen Geschirr in der Badewanne
Verwechseln Nachttopf mit Suppenschüssel

Familie hat 1968 zum letztenmal geduscht

Verlangen, daß Sie ihnen Tennis beibringen
Klauen Ihr Geld

Beschuldigen Sie, die Tochter belästigt zu haben
Ermutigen Sie, die Tochter zu belästigen
Streiten in Ihrer Gegenwart
Sohn hat Anlagen zum Killer
Vater hat Erfahrung als Killer

Zeigen Dias vom Bayerischen Wald

Schütten auf alles Ketchup

B wie Bravourstück

B
Als stimmhaft gesprengter Lippenlaut stellt es zu Recht in der Musik das um eine Station erniedrigte h dar. B ist ein unentbehrlicher Buchstabe. Ohne B beispielsweise sähe der Barsch ganz unfein aus.

Babylonien
Ursprungs- und Heimatland der kleinen Kinder (siehe auch Amme, Ammenmärchen). Die Storchensage greift häufig darauf zurück, ohne allerdings in Details zu gehen. Babylonische Sprache = kindliche Urlaute, daher auch babylonische Sprachverwirrung).

Bach
Johann Sebastian. Erfinder des Bacchanals. Hierzu Bache = seine Frau. Die nach seinem Ururururenkel, dem amerikanischen Schlagerkomponisten Burt Bacharach, benannte gleichnamige Stadt am Rhein veranstaltet jährlich Bachfestivals.

Backbord
Bäckerei auf Seeschiffen. Hier werden – analog zur Kombüse – Backwaren und andere Leckereien auf See hergestellt, zum Beispiel Backfische, Backpfeifen usw.

Backe
Vier fast entgegengesetzt liegende, auffällige Körperpartien beim Menschen. Davon in der Trivialsprache: »Er grinste über alle vier Backen.«

Background
Tortenböden, auch ganz allgemein aus Hefe- oder Mürbeteig hergestellte Backwaren-Unterlagen, die mit Obst, Streusel und ähnlichem belegt werden (siehe Backbord).

Backhand
Beim Bäcker bevorzugte Arbeitshand (Rechtshänder = die Rechte, Linkshänder = die Linke, Beidhänder = beide.) Backhendel (od. – händel) = Vor dem Backofen ausgetragene Fachsimpelei mit nicht selten tragischem Ausgang.

Backpfeife
In weiterer Bedeutung akustisches, in Backöfen eingebautes elektronisches Signal, die Beendigung des Backvorganges schrill und durchdringend signalisierend.

Balbier
(Eigentlich: Baalbier) In Baalbek zu Ehren der höchsten westsemitischen Gottheit hergestelltes bierähnliches Getränk von hoher Stammwürze (balbieren = Baalbier brauen, Bb. herstellen).

Baldur
Tonlage (vergleiche auch: Pallmoll).

Ball
Runder, griffiger –, Balaleika: harmonisch länglicher –, Ballerina: runder griffiger harmonisch länglicher Körper. (Vergleiche Ballermann = Partner von Ballerinen).

Balljunge
(Balljunges) Freudiges Ereignis bei der Familie der Bälle, häufig nach rauschenden Ballnächten.

Balz
Paarungsspiele bei Vögeln. Davon abgeleitet: Balzac = bei einigen exotischen Arten eigentümlich abrupt verkürzte Form des Paarungsspiels.

Bambi
Außerordentlich beliebter, mehrfach preisgekrönter Vorname von jungen Rehen (weiblich). Analog dazu Bambus = für Rehböcke.

Ban
(kroatisch) Würdenträger. Banane = die dem Ban beigegebene Würdenträgerin.

Barbar
In einer Bar befindliche Bar (ähnlich wie das moskowitische »Puppe in der Puppe«), z.B.: Milchbar, in der sich zusätzlich eine auch Alkohol ausschenkende Bar befindet, Begegnungsstätte für Halbwüchsige und Erwachsene zum Zwecke der Annäherung der Generationen.

Barbier
Überteuertes, in Nachtlokalen ausgeschenktes Bier. (Beliebte Alliteration: Barfüßiger Barzahler barbierte barbusige Bardame . . .).

Barkasse
1. Geschäftsabschlüsse, bei denen auf bargeldlose Überweisungen beiderseitig verzichtet wird. 2. Zahlstelle für barzahlende Barbesucher.

Barock
Von Bardamen bevorzugtes aufreizendes Kleidungsstück (meist Minibarock).

Barsch
Speisefisch, der außerordentlich viel Glück bei seiner Namensgebung hatte. (siehe auch **B**).

Barscheck
Ecke in Gewässern, die mit großer Vorliebe von Barschen, meist zur Laichzeit, aufgesucht wird.

Barsortiment
Vorrätig gehaltenes, unterschiedliches Angebot (Getränke etc.) in stark frequentierten Nachtclubs.

Barthel
Ursprünglich Mostträger. Seit 1937 auch eine kleine Bar im Vatikan.

Baseball
Wenn die Cousine mit ihren Bällen spielt.

Baumkuchen
Vorwiegend aus Holzmehl hergestellte Backwarenspezialität, aus dem Bayerischen Wald.

Bazi
In der Medizin gebräuchliche Abkürzung für Bazillenträger, den Ausstreuern von Infektionen.

Beatrice
Beatmusik ausübende Person weiblichen Geschlechts, häufig im Rahmen einer holländisches Beatricenband.

Beethoven
Ludwig van. Niederländer, gebürtig aus dem holländischen Flecken Beethoven mit dem deutschen Vornamen Ludwig. Seine Vorfahren galten als Spezialisten im höfischen Gartenbau.

Beichtkind
Ein in Sünde gezeugtes, während der Beichte Neugeborenes.

Beifuß
Wichtiger Befehl im Rahmen der Hundedressur. Das Tier hat sich nahe am rechten Fuß des Ausbilders niederzulassen.

Beileid
Holzhackerschwur.

Beirut
Richtiger: bei Ruth. (»Ich bin bei Ruth eingeladen«, resp. »Gefährlich ist, bei Ruth zu lieben.«)

Bergamotte
Im italienischen Bergamo heimisches, stark verbreitetes Schadinsekt (scherzhaft auch für aufreizende weibliche Bewohnerin Bergamos).

Bermudainsel
360 kleinere, dreieckige Eilande im Atlantik, südöstlich von Nord-Karolina.

Bernhardiner
Bezeichnung für Friseur in der schweizerischen Bundeshauptstadt. Die Haardiener von Bern kreierten u.a. den eidgenössischen Apfelschuß-Schnitt, bei welchem mit dem Pfeil der Scheitel gezogen wird.

Bernstein
In Bern gewonnener Naturstein, aus dem besonders klangvolle Flügel hergestellt werden.

Bialistok
Spazierstock mit eingebauter Reitgerte; benannt nach seinem Erfinder, dem polnischen Pionierleutnant Gregorszc Bialyi. Wegen der geringen Nachfrage nur in zwei Exemplaren verbreitet.

Bigamie
In der Gebrauchssprache zusammengezogen. Richtiger: Big amie = dicke, beleibte, starke Freundin.

Bigotterie
Anbetung zweier Gottheiten.

Binnengewässer, norddeutsche
Verläßt man die Osnabrücker Bahnhofswirtschaft einmal nicht durch die Eingangstür, sondern durch das Toilettenfenster zum Hof und wendet sich dann scharf nach Ost-Nord-Ost, dann stößt man überrascht und kurz über lang auf das Steinhuder Meer.
Der Ursprung dieses Gewässers mit seinen verschwiegenen Untiefen und Strandhotels geht auf das Jahr 1476 zurück, als in der zu allem entschlossenen Bevölkerung zum ersten Male der Gedanke aufkeimte, der drohenden Wasserplage durch das Ausheben eines ordentlichen Binnengewässers Herr zu werden. Schon 1483 war das Loch so groß, daß man eine komplette Kirchenkasse darin hätte unterbringen können, was während des überraschend angesetzten Religionskrieges unter Leihbischof Schlumpf tatsächlich auch geschah. Die Entdeckung des Pflaumenschnapses 1485 verzögerte das Werk erheblich. Und Anfang des 16. Jahrhunderts begann der Arbeitseifer merklich nachzulassen, als Würfelspiel, der große Durst und das Interesse am anderen Geschlecht Einzug in Steinhude hielten. Und so entschloß man sich dann schweren Herzens, aber der Not gehorchend, den Bau 1868 für vollendet zu erklären und das Tümpelloch im Rahmen einer dreijährigen Kümmelorgie auf den Namen Steinhuder Meer zu taufen. Wer heute von Steinhude nach Mardorf watet, weiß, daß Niedersachsen ohne das Steinhuder Meer um ein Stück Wasser ärmer wäre.

Bismarck
Einziger deutscher Staatsmann, der sich nach einer Herings-Zubereitungsart nannte.

Blabla
Eingehende, intensive Erörterung schicksalhafter Gegenwartsproblematik, meist bei Podiumsdiskussionen, Anhörungen u. ähnl.

Blutopfer

»Keine Angst, gnä' Frau, wir opfern nur Jungfrauen. Und spätestens bei der 24. Stufe ist Ihre Tochter keine mehr . . .«

Bobby
Scherzhafte Bezeichnung für weibliche Benutzer britischer Bobbahnen.

Berufssatiriker, der beste von allen

Der beste Satiriker von allen an seinem Schreibtisch, wenn ihm mal wieder kein Licht aufgegangen ist.

Was darf die Satire? fragte einstmals einer der Großen des Gewerbes, ein Herr namens Kurt Tucholsky, um gleich selbst die Antwort zu geben: Alles! In der neuen, dem Kommerz aufgeschlossenen Welt ergaben sich dieser Äußerung wegen schon viele Mißverständnisse. So bezog der beste Satiriker von allen die Antwort direkt auf sich, will heißen: Der beste Satiriker von allen darf alles, schreibt alles und kassiert alles. Dabei muß sofort einschränkend gesagt werden, daß er zwar alles schreibt, nicht jedoch höchstselbst: Er läßt schreiben, um all den Verpflichtungen des Satiriker-Berufes wie Interviews mit Presse, Funk und Fernsehen, Verhandlungen mit Verlegern, Agenten und Regisseuren nachkommen zu können. Es ist jetzt erstmals gelungen, einen der jungen Ghostwriter des großen Meisters zu einem Bericht aus dem Alltag zu bewegen.

Es geschah am späten Abend.
Der beste Satiriker von allen war am Telefon. Er kam sofort zur Sache: »Mir soll eine ganze Seite in einem Lexikon gewidmet werden. Also schreib mir einen Text über mich. Am besten in Form einer Kurzgeschichte, so wie meine Leser es von mir gewöhnt sind.«
»Alles klar,« rief ich. »Den Text werde ich in zwei Stunden rüberbringen.«
»Junge, ich bin gar nicht zu Hause. Ich bin auf einem literarischen Ball in Möhringen.«
»Ich bringe den Text auch nach Möhringen,« bot ich an. »Wo liegt dieses Möhringen?«
»Keine Ahnung,« sagte der Meister. »Frage die beste Ehefrau von allen, oder schick mir den Text bis morgen mit der Post.«
Der Meister legte auf. Der Text war leider erst nach vier Stunden fertig. Ich hatte eine blonde Literaturagentin eingebaut (93–58–90), die spröder gewesen war, als ich dachte.
Ich raste zur Post, raste zurück, sank ins Bett – das Telefon läutete.
Der beste Satiriker von allen war am Apparat. Er kam sofort zur Sache: »Ich mußte kurz nach New York. Ist die Geschichte fertig?«
»Ja, aber auf dem Weg nach Möhringen,« winselte ich. »Ich erzähle sie schnell: Eine blonde Literatur-Agentin sagt, die US-Prime-Rate um die 15% bedeutet Inflation und der Dollar wird langfristig schwach –«
»Man sollte nur auf Schweizer Franken abschließen,« unterbrach mich der Meister. »Aber ich muß jetzt in die Madison Avenue wegen meinen satirischen T-Shirts. Schick das Manuskript inzwischen nach Zürich.«
Für mich begann das Warten auf eine neue Nachricht.
Doch niemand rief an.
Bis auf einen mysteriösen Herrn: »Mit wem spreche ich?« fragte der Mysteriöse.
»Tippex,« sagte ich, »Rainer Maria Tippex hier.«
»Wann wurden Sie geboren, Tippex?«
»Am 5. September 1958.«
»Was war das für ein Tag?«
»Ein sonniger,« sagte ich. »Aber genau weiß ich es nicht mehr. Ich müßte erst mein Mütterlein fragen –«
»Was für ein Wochentag?« unterbrach der Mysteriöse.
»Ein Sonntag,« rief ich.
»In diesem Fall erhalten Sie eine Botschaft: Pegasus kann nicht auf dem Gitter reiten. Meldung Michelin 1. Ende.«
Das Telefon schwieg von da an hartnäckig. Keine Nachricht vom Meister. Ob meine Geschichte so schlecht war?!
Verzweiflung, Fieberträume, bis –
Der beste Satiriker von allen war am Telefon.
Er kam sofort zur Sache: »Du hast mir den Text nicht geschickt.«
»Aber ja! Ins Baur au Lac nach Zürich!«
»Ich bin in Paris,« sagte der Meister.
»Davon weiß ich nichts,« wimmerte ich.
Der Meister lachte: »Dann hast du ›Pegasus‹ nicht verstanden. Ich war kurz beim Geheimdienst wegen einer Geheimausgabe der gesammelten Werke. Ich mußte dann nach Paris wegen der Comic-Version. Ein Agent sollte dich benachrichtigen: ›Pegasus kann nicht auf dem Gitter reiten. Meldung Michelin 1.‹ ist doch leicht zu verstehen!
›Pegasus‹ bin ich. Bei ›nicht auf dem Gitter reiten‹ fragen wir uns, welche Gitterkonstruktion zur Zeit nicht benutzt werden kann: der Eiffelturm! Ergo bin ich in Paris. Und ›Michelin 1‹? Im Guide Michelin steht im 1. Arrondissement an 1. Stelle das Ritz. Hier hättest du mich demnach erreichen können. Aber ich muß nach Madrid. Schick mir eine Kopie dahin. Und sicherheitshalber je eine nach Johannesburg, Bangkok und Oslo.«
Als ich meine Briefe aufgab, kam ich mir vor wie ein Postexpedient. Ich habe nichts gegen Postexpedienten. Ich arbeite aber lieber im angestammten Beruf. Zu Hause fühlte ich mich seltsam unmotiviert. Mir fehlte der Kontakt zum Meister. Einen ganzen Tag hörte ich nichts von ihm. Und wartete wieder. Zwei Tage. Es läutete. Der beste Satiriker von allen war am Telefon. Er kam sofort zur Sache. »Ich bin wieder zu Hause. Deine Geschichte liegt mir vor. Du mußt sie umschreiben. Sie stellt mich falsch dar.«
Eine Welt brach für mich zusammen.
»Vergebung, Meister,« schluchzte ich, »ich habe Euch als humorvollen Menschen –«
»Eben,« unterbrach mich der Meister. »Satiriker haben keinen Humor. Dafür fehlt ihnen einfach die Zeit.«
Das hatte ich übersehen.
Der Meister hingegen hatte es klar erkannt.
Er ist wirklich der beste Satiriker von allen.

Bosch, Hieronymus, der Himmel von

Die Vorstellung, nach vollbrachtem Dasein auf Erden in die Gefilde des Himmels einzugehen, finden wir bei vielen Religionsgemeinschaften. Doch wie sollen wir uns diesen Ort nun vorstellen? Hieronymus Bosch (1450–1516), für seine himmlischen Visionen berühmt, erläutert seine bildliche Darstellung folgendermaßen: »Für mich persönlich stellt der Himmel den Ort dar, in dem die ekstatische Seele die allumfassende Vision des Guten und Schönen kontempliert, nachdem sie im Zustand der Gnade verstorben ist, d.h. nach einem Leben im Einklang mit den Gesetzen der Natur. Hoffentlich stimmt das auch, wenn nicht, kommt morgen der Groß-Inquisitor vorbei und bricht mir die Daumen.«

Briefmarken

Das große eigene Briefmarkenalbum ist die Wirbelsäule des grenzenlosen philatelistischen Frohsinns. Philatelistischer Frohsinn ist der frohsinnigste, weil er die ganze Welt umspannt. Der frohsinnige Philatelist ist auch wissensdurstig. Er giert danach zu wissen, was ein 5-Gramm-Luftpostbrief aus dem Tschad nach Büsum zur Zeit der Tischtennisweltmeisterschaften im Tschad in der Landeswährung kostete. Aber er lernt noch mehr:

USA

Die Vereinigten Staaten von Nordamerika drucken Marken zum Träumen. Träumen Sie weiter:

Gelobtes-Land-Amerika-Serie 1973

Vorgewärmte Rasiercreme

Hundebiskuits mit Käsegeschmack

Antistatische Wollsocke

Weiblicher Intimspray

5-Cent-Marke zu Ehren des Erfinders des Elektrischen Stuhls, Q. Forbes Kroger, aus Anlaß des 75jährigen Jubiläums des Heißen Stuhls

Nationen im Aufbruch

Das kleine Feld der Briefmarke wirkt wie ein Brennspiegel historischer und wirtschaftlicher Umwälzungen. Ein Zweiersatz der

Republik Sudan

veranschaulicht, wie man mit einer Briefmarke auch haushalten kann.
Beide Regierungen bedienten sich derselben Marke, mit wenigen Retuschen.
So wurde Geld gespart für mehr Panzer und Kanonen fürs Volk.

Anfang
Mai 1969
Held der Revolution

Ende
Mai 1969
Held der Gegen-Revolution

Schlafende Riesen

Schiere Perfidie zu behaupten, unsere großen schlafenden Partner sind groß und schlafen nur. Zwei Briefmarken – ein Beweis:

Kanada erinnert an den Besuch
von Dr. Jekyll und Mr. Hyde
1969

Dr.-Jekyll-Wert
gültig 9–24 Uhr
(Tagespost)

Mr.-Hyde-Wert
gültig 24–9 Uhr
(Nachtpost)

Italien feiert
Rom – Reggio Calabria –
Expreß: 100 Tage
unfallfrei

Volksrepublik China

Mao-Serie 1972

Gedenkmarke Vorsitzender Mao telefoniert beim Schwimmen im Jangtse mit dem 1. Polizeiminister und berichtet: eine männliche Leiche treibt vorbei

Gedenkmarke für 2307 Rote Kulturrevolutionäre, die im Jangtse ertranken, als sie Maos Telefon haben wollten

Frankreich

Dreiersatz 1928

Flugpionier Nonguissier auf der Route Paris–Rio

Flugpionier Framboise auf der Route Paris–Rio

Tragischer Zusammenstoß von Flugpionier Nonguissier und Flugpionier Framboise

Bundesrepublik Deutschland

Adenauer Sonderwert o. J.

Gedenkmarke anläßlich der Heiligsprechung von Dr. Konrad Adenauer. Die Ausgabe gelangte nicht an die Schalter.

Die Bundespost rechnete mit der Heiligsprechung des Bundeskanzlers, saß aber einem Aprilscherz des »Spiegel« auf. Die Marken wurden jedoch nicht vernichtet, damit die Post – schnell wie sie ist – die Gedenkmarke (hier Dr. Adenauer als hl. Konrad) zur Hand hat, wenn es soweit ist.

Geschenkmarken-Serie 1983

Neuer Service der Post: der Preis ist diskret überdruckt: Der Empfänger sieht nicht, wie teuer die Geschenkmarke war

Sonnenblumen (100 DM)

Alpenveilchen (200 DM)

Stiefmütterchen (300 DM)

Weltspartag 1977

Bundespräsident Walter Scheel, der nicht auf gewöhnliche Briefmarken wollte, war bereit, auf der Sonderbriefmarke zu erscheinen, die zum Weltspartag 1977 an die Bedeutung des Pfennigs erinnern sollte. Die Marke – Werte 13, 27, 53, 81 Pfennig – gelangte nicht zur Ausgabe, da die Bundespost nach Fertigstellung beschloß, künftig keine Pfennigbeträge, vielmehr nach mittelfristiger Planung nur noch volle Mark-Beträge zu erheben.

Brennpunkte der Frühgeschichte 1982

Gedenkserie Volksheld Schinderhannes 1981; Fingerabdrücke der Rechten

Zwei Gedenktage im gleichen Monat
50 000 Jahre Handlesekunst 100 000 Jahre Neandertaler

Großbritannien

Die Nation tritt auf der Stelle, aber ihre Briefmarken sind im Kommen. Sie werden sie alle sammeln wollen, wenn Sie noch leben, wenn sie kommen.

Fairneßserie 1983

WEGEN STREIKS NOCH NICHT AUSGEGEBEN

Der Dezimalpenny wird eingeführt	50 Jahre Igelschutz	Alkoholverbot abgeschafft	Pubs an Sonntagen geöffnet

Bücher, Buch der

Wie eine erst jetzt entdeckte Schriftrolle enthüllt, war die allererste Bibel eine Schöpfung großer Zeichner, von denen Gustave Doré der bedeutendste ist

»Gib dir keine Mühe. Das ist Onan.«

»Wenn ihr alle gut zugehört habt, wißt ihr, was zu tun ist. Also, ich wiederhole noch einmal: Die Plage beginnt morgen früh um sieben.«

»Nur so bleibt's bei mir dran.«

Buch der Listen

In vielen Haushalten stehen ganz oben im Bücherschrank viele geschmackvoll in rotem Marocain gebundene Bücher. Es sind die Jahresbände des Buchs der Listen. In ihnen sind die bedeutsamsten Ereignisse des abgeschlossenen Jahres in leicht überschaubarer, knapper Listenform festgehalten. Beispielsweise sind die ungewöhnlichsten Patente des Jahres aufgelistet:

- Energiegewinnung durch Goldhamster, der in einer Käfigtrommel rotiert.
  Patent: Hans G. Kreuzpointner, Schloß Aichbichl
- Die Heizsohle; Schuhsohle, die durch eine Batterie im Absatz beheizt wird.
  Patent: Inuk Kalvak, Godthåb, Grönland
- Der Gießschirm. Regenschirm mit kleinen Löchern, durch die das Regenwasser fällt. Dank einer undurchlässigen Spannhaut unter dem Schirm wird das einfallende Wasser gespeichert. Umgedreht ist der gefüllte Regenschirm sogleich als Gießkanne verwendbar, wegen seiner Kapazität allerdings weniger für die Bewässerung von Blumentöpfen als für jene größerer Beete geeignet. Angesichts zunehmender Wasserknappheit und steigender Kosten auch für Industriestaaten interessant.
  Patent: Tavish MacTavish, Loch Ness, Schottland
- Der Schokoladeschnorchel. Um Unfällen oder Erkältungskrankheiten bei badenden Kindern vorzubeugen, wird das Schnorchelmundstück aus Spezialschokolade gefertigt. Wenn es aufgegessen ist, taucht das Kind im allgemeinen wieder auf.
  Patent: Luitgard-Traudelinde Böck, Husum
- Redestrom. Strom wird gewonnen durch Umwandlung von Schallenergie in Strom. Ein Baby kann – bei korrekter Ausrichtung des Geräts auf die Schallquelle, hier Mund – sich selbst seinen Brei warmschreien. Kühe beleuchten den Stall durch Muh-Schallstrom. Eine lautstarke Person im Haushalt verringert Energiekosten erheblich.
  Patent: Mike, gen. Ohm Krüger, Quakenbrück
  Dem Erfinder wurde für sein Buch »Mein Redestrom« der »Friedenspreis des Deutschen Buchhandels« zuerkannt.

DER OBERVOLTA-TALER, AUFGELISTET

Für einen Obervolta-Taler erhält man in:

Japan:
eine alte Socke

England:
ein Gorgonzola-Käseplätzchen

Frankreich:
eine alte Françoise-Hardy-Platte

Belgien:
zehn Minuten auf einem guten Fahrrad

Deutschland:
zwei Kugellagergehäuse (leer)

Schweiz:
10% eines Matterhorn-Plastiksouvenirs

Erfindungen, die angemeldet, aber noch nicht patentiert wurden (D. Pat. angem.):

- Der Klarsichthammer. Dieser Hammer hat einen Kopf aus Glas, durch den man deutlich sieht, wohin man hämmert. Ein großer Vorteil: Man schlägt sich nicht mehr auf den eigenen Finger.
- Viereckglobus. Statt der sperrigen Rundform hat dieser Globus die Gestalt eines Würfels, was ökonomisch ist und die Transportkosten um 23% (ink. MWSt) senkt.
- Der Rundkamm (›Maokamm‹). Dieser Kamm mit gebogenem Griff hat nur Zähne an den beiden Enden und eignet sich zum mühelosen Kämmen von Haarwuchs an den Schläfen bei Glatzenträgern.
- Die Automatik-Spaghetti-Gabel. Sie wird – mühelos – von Hand aufgezogen und rotiert selbsttätig auf Knopfdruck am Griff. Ladegewicht bis zu 50 Gramm.
- Die Kühlkrawatte. Lauthals stöhnt da mancher, wenn er bei Hitze auch noch eine Krawatte tragen muß. Die Kühlkrawatte (KK) hat ein Kühlelement (KK/K), das von einem Minicomputer gesteuert wird und gleichbleibende Kühltemperatur hält. Kühltemperatur stufenlos einstellbar.
- Das Schlüsselokel. Es handelt sich um ein Monokel in Form eines handlichen Trichters. Das kleine Ende wird einfach in das gewünschte Schlüsselloch eingesetzt. Das hochwertige Linsensystem vergrößert das Gesehene für das menschliche Auge am Schlüsselokel.
- Die Rheumapfeife. Diese Heilpfeife hat zwischen Mundstück und Pfeifenkopf einen beliebig langen Schlauch. Dieser Schlauch wird beim Rauchen um schmerzende Körperteile herumgeführt (gewikkelt). Die Anwärmung der rheumatischen Körperteile wirkt schmerzstillend oder -lindernd.
- Das zeitrelative Sandchronometer (›Einsteinuhr‹). Zeit ist relativ, wie Einstein bewies. Wer unter Zeitdruck leidet, wird gerne zu der zeitrelativen Sanduhr greifen. Der Sand rinnt von oben durch eine sinnreich verengte Öffnung so langsam nach unten aus, daß jede Minute verdoppelt und die Zeit damit verlängert wird. (Einstein: ›Dadurch, daß die Zeit verlangsamt wird, wird sie verlängert.‹)

Oder da ist die Liste der listigsten, pardon, lustigsten Druckfehler des Jahres:

- »Aus alt lach neu«
- »Schneeflittchen und die sieben Zwerge«
- »Wandern ohne Gebäck«
- »Erdbeben mit Schlagsahne, 3,50 DM«
- »Liederabend im Kursaal. Es singt: Kummersänger Friedrich Fischer-Dieskau«
- »Rosenthals Erfolgsrezept: 90% Willi, 10% Fleiß«
- »Monsignore Runkel lebte 35 Jahre im Zölibad.«
- »Möglichst wenige Kinder sollten in einer Sonderschule müssen.«

Zuverlässig bietet das Buch der Listen auch einen Überblick über die neueste Steuergesetzgebung. Beispiel: Haustierhaltung. Steuerlich erfaßt werden ab 1. d. J. auch:

- Wolpertinger – Steuerhebesatz 100%
- Werwolf – Steuerhebesatz 100%
- Schnapsdrossel – Steuerhebesatz 113% zuzüglich Vergnügungssteuer
- Laubfrosch-Steuerhebesatz 150% der jeweils geltenden Fernseh- und Rundfunkgebühren, da als Wetterfrosch gleichwertig, sonst aber lustiger.

Es fehlt auch nicht die Liste der neuen witzigen Autoaufkleber, darunter:
»Denk nicht an deine Frau. Fahr vorsichtig!«

Bücher, die exklusivsten der Welt

Kein verlegerischer Aufwand wird heutzutage gescheut, die größten, schönsten und luxuriösesten Geschenkbände seit Gutenbergs 42-zeiliger Bibel – neben diesem Lexikon natürlich – zu erschaffen. Wir beschränken uns auf einige, sorgfältig ausgewählte Beispiele.

SÄMTLICHE CHOCOLADE-MINIATUREN DER HERZOGIN VON KORIANDER NACH DEM CODEX SAROTTICUS DER MÖNCHE DER ABTEI SAN SAROTTI IN DEN ABRUZZEN.
Mit einem Anhang: Erotische Pralinen-Creationen des Chevalier de Seingalt, d. i. Casanova.
Offizin Guntram Hüpfli, Niederbipp.
Kaum vorstellbar: Nach dem Superknüller der letzten Buchmesse, der abschließenden Monographie von Dr. Scholl über »Bemalte Zehennägel aller Völker und Zeiten« (bisher der größte Wurf der Lichtdruckkunst Guntram Hüpflis) beschert uns der Niederbipper einen Luxusband in Schuber, der als Delikatesse alle anderen Titel mit ähnlichem Thema vergessen läßt.
Der Jahrhundertband reproduziert in patentiertem Verfahren – Hüpfli ist anderen Druckern um Lichtjahre voraus – das bezaubernde handgeschriebene Manuskript mit handgemalten Miniaturen auf Pergament aus der Hand der Mönche des Klosters San Sarotti, das im Verlauf der Napoleonischen Kriege in Schutt und Asche gelegt wurde. Wunderbarereweise wurde der mittelalterliche Codex Sarotticus aus den Flammen gerettet.
Der Abt und damalige Pralinemeister Dulcitius widmete die hochgotische Handschrift der Gönnerin des Klosters, der Herzogin von Koriander und den Damen ihres Hofes. Das Prachtwerk verblieb im Kloster, das der Herzogin und den Damen ihres Gefolges jederzeit offenstand.
Der Betrachter speichelt, wenn er Blatt um Blatt die süßesten Zeugnisse tausendjähriger Mönchskultur vor Augen hat – in der Tat ein Augenschmaus, der überdies nicht dick macht.
Nicht missen möchten wir auch die erotischen Schokolade-Kreationen, die jener Mann hinterlassen hat, der wie kein anderer das süße Leben kannte: Casanova.
Dieser Band hat zwei Schokoladenseiten, denn zwei Meisterwerke der Chocoladekunst vereinigten sich in einem Prachtband.
Die Druckkunst Hüpflis läßt keinen Wunsch offen. Die Chocolade schmilzt sozusagen vor den Augen des Betrachters.
Der Zweieinhalb-Kilo-Komplett-Band: DM 396,–
Der Eineinhalb-Kilo-Auswahlband: DM 198,–
Der Ein-Kilo-Knusper-und-Knabber-Band (ohne Nougat): DM 98,–

KLACKS! DAS FASZINIERENDE UNIVERSUM VON FLECKEN, KLECKSEN UND ROST . . .
Wer einmal die erhellende Vielfalt des tiefenpsychologischen Tintenkleckses im Rorschachtest mit eigenen Augen erfahren hat, dem erschließt gerade dieser Band eine neue Dimension der Formenvielfalt mit ihrem unerschöpflichen Reichtum verborgenen Sinns. Die Welt von Flecken, Klecksen, Rost . . . Sei es der fröhliche Fleck im sanften Rot von Tomatensauce auf einer Silberkrawatte; sei es der herzhafte Fettfleck auf der Jacke, wie ihn nur frische provenzalische Bouillabaisse hervorzaubern kann – oder sei es die Arabeske von aufspritzendem Olivenöl, das aus einer warmen Sardinendose auch bei noch noch so vorsichtigem Hantieren mit dem Büchsenöffner entweicht und auf der frischgereinigten Popelinhose seine unauslöschliche »Tanzspur« hinterläßt . . . In der Farborgie dieses Bildbands sind sie nicht ausgespart: die Muster spielerischer, in sich erfüllter Kreativität, wie sie das Leben allenthalben hervorzaubert.
Da tropft satt die Ölfarbe vom Pinsel auf den Perserteppich . . . Schon eine Farbstudie wie diese, aus der Hand des Meisterfotografen Alain Schnuckler-Blasowitz, ist den Preis des ganzen Bandes wert. *Sonderpreis vor Weihnachten: DM 78,–*
Ladenverkaufspreis nach Weihnachten: DM 58.–
Später im Kaufhaus: DM 3,95

DIE WUNDERBARE WELT DES KAFFEETISCHS
Ein Buch über den Kaffeetisch – für den Kaffeetisch. Mit einer Überraschung, die im Buchrücken steckt.
Der international renommierte Kenner des Kaffeetischs Alarich Tschibowsky beschreibt die Geschichte dieses ebenso schönen wie nützlichen und funktionsgerechten Möbelstücks vom frühesten Kaffeetisch, den wir kennen (dem pharaonischen kaf'tik, einer flachen Kalksteinplatte, die auf den Rücken von vier knienden Sklavinnen gelegt wurde) bis hin zum modernen Expressotisch futuristischer italienischer Designer.
3500 Illustrationen. Davon 8000 in Farbe.
»Die wunderbare Welt des Kaffeetischs« ist nicht nur ein Meisterwerk der Druckkunst, sondern auch der Schreinerei bzw. der Steinmetzerei. Im Buchrücken verbergen sich vier Tischbeine, die, herausgezogen und aufgeklappt, in den Buchrücken eingeschraubt werden können (Dt. Pat. ang.) Die Vorderseite des Prachtbands dient Ihnen als Kaffeetischplatte! So einfach ist das . . .
Erhältlich in PVC, Afromosia, Palisander, Basalt, Rosengranit oder Marmor.
Preis je nach Material und Gewicht von DM 98,– (PVC – 7 Kilo) bis zu DM 1998,– (Carrara-Marmor – 23 Kilo)

Last not least: das Buch der Bücher – **DAS GOLDENE BUCH DER LEEREN WORTE**

Dazu in einem gesonderten Anhang **»DAS GOLDENE SCHATZKÄSTLEIN DER LEEREN VERSPRECHUNGEN«** – dies alles in einem Band aus reinem Gold! Seite für Seite, volle 960 Seiten: pures, 24-karätiges Gold! Der Text ist eingepunzt. Silber-Finish von Hand.
Ein Muß für jeden, der auf eingepunzte Silbertexte in Goldblättern zwischen zwei soliden goldenen Buchdeckeln nicht länger verzichten möchte.
Dieses Werk ist sein Geld wert! Jetzt auch in purem Gold! Der Preis wird aufgrund des Londoner **Goldfixings** täglich errechnet.
Richtpreis DM 100000,– einschließlich Kette, an die dieser echte Hausschatz gelegt werden kann.
Nur solange Vorrat reicht!

Boccia
Kugelspiel vergl. Boccacio = enthustiastischer Spieler mit zwei Kugeln.

Bockbier
Molke aus der Milch des Geißbocks. Geißbockbierfeste sind in Bayern volkstümlich.

Bodelschwingh
Sportart, noch nicht olympisch; bodelschwinghen = mit einer Flasche (= bottle!) im Arm Swing tanzen.

Böll
Kurz, hart hintereinander abgefeuerter Böller (s. dort).

Böller
1. In längeren Abständen betätigter Böll (s. dort). 2. Heinrich Böll, wenn er über sich hinauswächst.

Bogash
Charles Dickens (1882–1952). Bruder der Gebrauchtlyrikerin Emily Brontë Bogash (1888–1942), Verfasserin der einzigartigen, 560 Verse umfassenden *Ode an den Schwamm.*

Bolero
Eine Art Jacke, die von Pianistinnen bevorzugt wird und erstmals von Ravel getragen wurde.

Bolzano
Unfair spielender, italienischer Fußballspieler (von – italianisiert – Bolzen = derb, systemlos, rücksichtslos – hart spielen, häufig durch gelbe oder rote Karten vom Schiedsrichter geahndet).

Bonne
Im Raume der Bundeshauptstadt der Bundesrepublik Deutschland stationierte Nonne.

Bordelle
Maßeinheit für Marineschreiner.

Borghese
Vorwiegend auf Borg lebendes römisches Adelsgeschlecht. (Bedeutendstes Mitglied unserer Tage: Björn Borg.)

Borgia
Ebenfalls auf Borg lebendes spanisches Adelsgeschlecht. Von Lucrezia Borgia stammt die Kunst des lukrativen Borgens ohne Rückzahlabsicht.

Bosch, Robert
Deutscher Erfinder. Seine herausragendste Erfindung ist die Böschung mit Steinpackung, Stufen und Baumbepflanzung.

Bozen
jemanden aufziehen, bevorzugt an der Nase herumführen. (Nasenbozen usw.).

Brahms
See-Besitzer im Norden Deutschlands, der Häuser an Politiker vermietet oder verkauft.

Brechtisch
Adjektiv zur Bezeichnung einer Theaterinszenierung mit sehr kleinem Budget für das Bühnenbild.

Bremsbacken
Hinterteil der Bremse (Stechfliegenart).

Brombeere
Strauchgewächs. Aus ihr wird der wichtige chemische Grundstoff Brom (Br) gewonnen. (vergl.: Brombeerfalter = Fachkräfte für den notwendigen ersten Aufbereitungsvorgang bei der Produktion von Brom.) Die Früchte werden fachgerecht und handlich gefaltet.

broschieren
Mit einer Brosche schmücken. Broschüre = eine stets mit einer Brosche Geschmückte.

BRT
Abkürzung für Bundesrepublik Teutschland, vorzüglich von rechtsorientierten Gruppierungen gebraucht.

Brustkasten
Ersatz für Büstenhalter.

Bürokratie, kriminalpolizeiliche

»Im Gegenteil, Chef, der Abschiedsbrief läßt Selbstmord eher ausschließen. Da steht nämlich: ›Der Revolver ging versehentlich los, als ich ihn reinigen wollte.‹«

Bücherei
Ein von einem Bücherwurm gelegtes Ei.

Buffo
Männliche »Kaltmamsell«. In der Gastronomie Verantwortlicher für das kalte Buffet.

Buhle
Buhlerin. Pendant zum Bullen; gebräuchlich in der Fleckviehzucht. Bulletin = von den Viehzüchterverbänden herausgegebene regelmäßige Zucht-Überschauen.

Busch
Wilhelm. Führte das Buschhemd bei der Kolonialtruppe ein.

Buchhaltung, primitive

C wie Casanova

C
Ist der dritte und letzte Buchstabe im ABC. Seine Bedeutungslosigkeit ist kaum noch zu unterbieten, spielt er doch in der deutschen Sprache einzig und allein in Verbindung mit h und k eine große Rolle. Die alten Römer sprachen es in allen Fällen als k aus, Cicero als Kikero, daher auch das Kikerikio. CO_2 stellt (im Jahre 2000) die chemische Formel für Atemluft dar. Trotz aller Negativa bildet C den Anfangs- und Grundton für eine eigene Tonart = C-Dur. Ohne C würde Cha-Cha-Cha zu einem bloßen Gelächter werden . . .

Caballero
Kutscher = von Cab, leichter zweiräderiger Wagen.

Caine, Sir Michael
Geadelter, englischer Erzähler. Herausragend seine Frauen-Schicksal-Romane in hoher Auflage. Sprichwörtl.: »Caine war ihr Schicksal«.

Caligula
Römischer Kaiser Stiefelchen = Die stets von ihm aus Eitelkeit einige Nummern zu klein gewählte Schuhbekleidung plagte ihn so, daß er seine Untertanen grausam unterdrückte, indem er ihnen ständig auf der Brust stand. Verständlicherweise wurde er das Opfer einer Verschwörung. Seither achtet die Schuhindustrie streng aufs Schuhwerk.

Callgirl
Mädchen, das jedem Ruf folgt, ohne auf den eigenen zu achten.

Cambridge
Brücke über dem Cam (England), an dessen Ufern der berühmte Camenbert gedeiht.

Capra
(lat.) Ziege. Mehrzahl: Capri, meist in Grotten gehalten.

Castro, Fidel
(Fiedel Castro) = Geigenkasten, Behältnis zum Aufbewahren von Saiteninstrumenten, das sich zum Schmuggeln von Zigarren eignet.

Cellini
Benvenuto. Er erfand als Gastarbeiter in Celle die Kniegeige (Cello) und das Cellophan, um sie darin einzuwickeln.

Charleston
Alle von Charles (Karl) neu in Kraft gesetzten guten Umgangsformen. Charles guter Ton erfreut sich neuerdings allgemeiner Beliebtheit.

Chromosomen
Glänzende Erbanlagen.

Clausewitz
Aus dem späten Mittelalter überlieferte heitere Anekdoten, wie sie in Einsiedeleien (Klausen) gerne erzählt wurden.

Coca-Cola, die geheime Formel von
Ein Teil Coca, und dann noch ein Teil Cola.

Collier
Teures Schmuckhalsband, mit dem eigentümlicherweise vornehmlich schottische Schäferhunde ausgestattet werden = Collies.

Corps
(franz.) Körperschaft. (Corps de Ballet = tanzende Körperschaft von hohem sinnlichen Reiz.)

Courths-Mahler
Hedwig, Erzählerin, geb. Mahler. Ihre zahlreichen Unterhaltungsromane empfand man zu ihren Lebzeiten nur als »courthszes Malheur«, ein Gefühl, das sich in der Folge als instinktlos erwies: Ihre Themen sind noch heute hochaktuell.

Cromwell
Nicht rostende, verchromte Stahlwalze.

Curie, Marie
Ihr gelang zusammen mit ihrem Gatten, Pierre Curie, die epochemachende Entdeckung einer ganzen Anzahl weltberühmter Curiosa wie z. B. der Curry-Wurst.

China, die Verwestlichung von

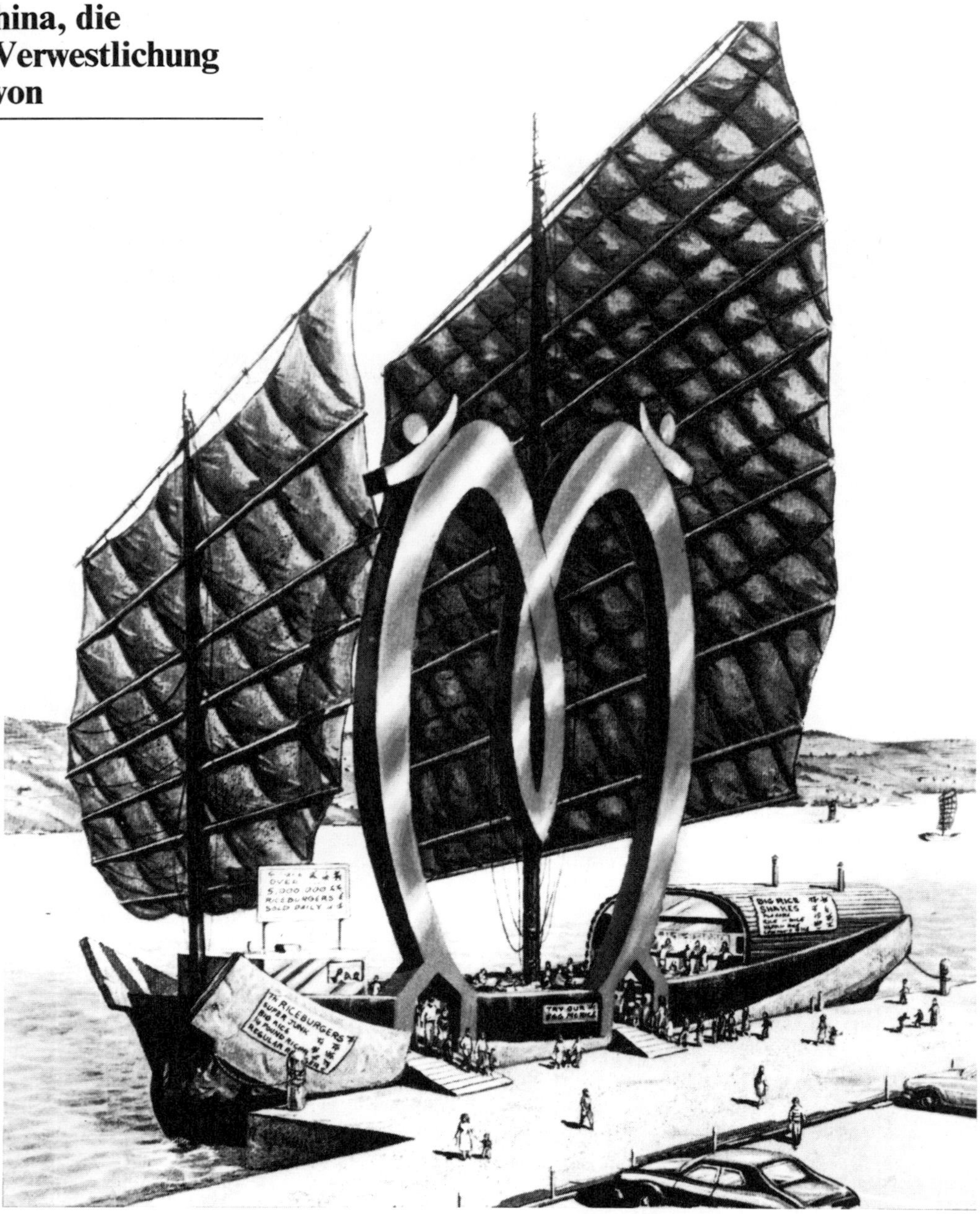

Ming Donald's

Dies ist der Name einer neuen Restaurantkette, die nach dem Erfinder des gemeinen Cantonburgers benannt wurde. Die schwimmenden Gaststätten haben nach Ansicht westlicher Marktstrategen den Vorteil, daß Besucher im nachhinein kaum beurteilen können, ob ihnen vom Essen schlecht geworden ist oder von den Bewegungen des Schiffes. Gegen das nachempfundene Firmenzeichen läuft die Millionenklage eines amerikanischen Herstellers, der unter dem gleichen Signet die Produkte »Big Mäng« und »Fisch Ming« in den Handel zu bringen gedachte.

Busentempel
Die 60000 leerstehenden Pagoden des Landes stellten einen gewaltigen Ballast für Chinas Parteispitze dar, weil sie sich für die Aufzucht von Peking-Enten als unrentabel erwiesen. In die Bresche sprangen westliche Porno- und Karatefilmer. Trotz scharfer Konkurrenz aus Hongkong und Hollywood stehen die deutschen Titel »Blutjunge Verführerbande« und »Das nackte Frauenstrafbataillon« kurz vor ihrer Uraufführung.

Aktion Rote Kolonne
Da Benzin für Privatfahrzeuge noch rationiert ist, haben viele Chinesen ihre Westautos fest auf einen Sattelschlepper montieren lassen. Über das Fahrtziel entscheidet eine paritätische Kommission, in der jeder Fahrgast eine Stimme und der Fahrer als Parteimitglied fünfzig Stimmen hat. Während des Transports werden die Wagen von potentiellen Rechts- und Linksabweichlern verbrannt.

Marx und hopp

Endlich setzt sich auch in China gesundes Konsumdenken und Wegwerfmentalität durch. Das hat amerikanische Investoren dazu bewogen, das größte Einkaufszentrum der Welt zu planen. Es wird sich – auf einer Länge von 2450 Kilometern – an der Chinesischen Mauer entlangziehen und künftigen Generationen fußlahmer Käufer einen Eindruck davon vermitteln, was der »Lange Marsch« damals wirklich bedeutet hat.

Comic-Cube, Theorie des

Am Anfang war der Würfel: Das wird inzwischen durch die Weltwürfel-Theorie bestätigt. Unser Planet – wie alle Sonnen und Planeten in der Galaxis – hat Würfelformat. Seine Kanten wurden lediglich durch den Mißbrauch der Weltgeschichte zur Ellipsenform abgeschliffen. ›Die Würfel sind gefallen‹ sprach nicht Cäsar, sondern Gott der Herr bei der Erschaffung des Weltalls, so auch ein paar Milliarden Jahre später der Erfinder des Würfelzuckers.

Cowboys aus aller Herren Länder

Pygmäen-Cowboys: klein, aber fein

Mehr als sieben Jahrzehnte Hollywood-Monopol auf dem Gebiet des Western sind schuld, daß in weiten Teilen der Welt der Eindruck entstanden ist, Cowboys gäbe es nur in Amerika. (Auch ehrvergessene italienische Filmemacher haben bekanntlich diese lukrative Lüge verbreitet.) Die Wahrheit sieht anders aus! Eingeweihte wissen inzwischen, daß beispielsweise schon in den achtziger Jahren des vorigen Jahrhunderts ein gewisser James »Buffalo Bambutu« Jigwa mit den Pygmäen-Cowboys seiner Rodeo-Show durch Afrika gezogen ist. Teamarbeit war die Stärke der kleinen Männer, und es hat wohl nie und nirgendwo bessere Nashornreiter und Blasrohrschützen gegeben. Leider wurden sie bald das Opfer ihres Könnens. Alkohol, Drogen und die erotischen Anforderungen hochgewachsener Groupies waren zu viel für diese tapferen Cowboys. Sie starben – versoffen, verhurt, verlacht und vergessen – unter einem Affenbrotbaum in der Nähe von Kolwezi.

Hindu-Cowboys: die Hüter der heiligen Kühe

Der indische Cowboy weiht sein Leben dem Dienst am allmächtigen Brahma-Bullen, dem großen Hindu-Gott. Cowboys wurden aus den Reihen der Unaussprechlichen rekrutiert, die damals noch unter den Unberührbaren rangierten. Sir Percy Throttlebottom sah 1621 als erster Europäer, wie die Cowboys eins der festlich geschmückten Tiere durch Delhi trugen. Auf seine Frage, ob der Bulle nicht laufen könne, erwiderte der Vormann: »Klar doch. Aber Wischnu sei Dank – das hat er nicht nötig!«

Eskimo-Cowboys: Helden des Nordens

»Chinchook! Chinchook!« brüllte der Trailboß und schwerfällig setzte sich die unübersehbare Herde der Pinguine in Bewegung. Sie zogen von Rothschild Island in der Antarktis nach Point Barrow am Nordpolarmeer, entlang dem Pan-American Highway. Das Leben der Cowboys war hart und gefährlich. Walspeck und Schnee waren ihre einzige Nahrung, und ständig mußten die Ritter des hohen Nordens mit einem Überfall heimtückischer Pinguindiebe rechnen. Doch die Eskimo-Cowboys taten klaglos ihre Arbeit. Und es störte sie auch nicht, daß die meisten Pinguine, kaum am Ziel, auf Nimmerwiedersehen im Meer verschwanden. Mit Permafrost in den Knochen und einem munteren Song auf den blauen Lippen ritten sie zurück in die Antarktis, wo schon eine neue Herde wartete. Nur wenige Verse der Eskimo-Hymne sind überliefert. Leider verlieren sie in der freien Nachdichtung viel von ihrer ursprünglichen Kraft:

»Schlaft ein, kleine Pingies, schlaft ein. Wenn nicht, gibt's mit dem Walroßzahn eins in die Fresse.«

Schweden-Cowboys: auf der Suche nach dem Sinn des Lebens

Die meisten schwedischen Cowboys waren früher begabte Jungregisseure, die sich für das harte Filmgeschäft als zu sensibel erwiesen hatten. Ihr Mißerfolg machte sie zu verbitterten Einzelgängern, umgetrieben von Schuldgefühlen, Scham und anderen typisch schwedischen Qualen wie Trockengelegtsein und Frostbeulen. Erst in der Wildnis, allein mit den Elchherden, konnten sie ihren morbiden Gedanken nachhängen. Dort hieß es schweigen und über das siebte Siegel grübeln. Die Herden liefen unterdessen unbeaufsichtigt herum und vermehrten sich hemmungslos. Zur Unterbrechung des trüben Alltags beging ein Schweden-Cowboy entweder Selbstmord, oder er vergewaltigte eine junge Birke beziehungsweise brachte einem Elchkalb das Schachspiel bei.

Griechen-Cowboys: vom Aussterben bedroht

Im Lauf der Jahrhunderte ist die Bedeutung des Cowboys in Griechenland ständig zurückgegangen. Dazu trug das Vordringen des gemeinen Hausschafs nicht unwesentlich bei. Um 1900 traten Cowboys vor allem als Sänger und Tänzer in Erscheinung. In den dreißiger Jahren – das Radio hatte die Variétés verdrängt – blieben ihnen nur Zirkus oder Freak-Show. Heute ziehen noch ganze vier Cowboys durchs Land, singen für ein Glas Ouzo in den Tavernen oder zeigen an den Straßenecken Kindern ihre billigen Tricks.

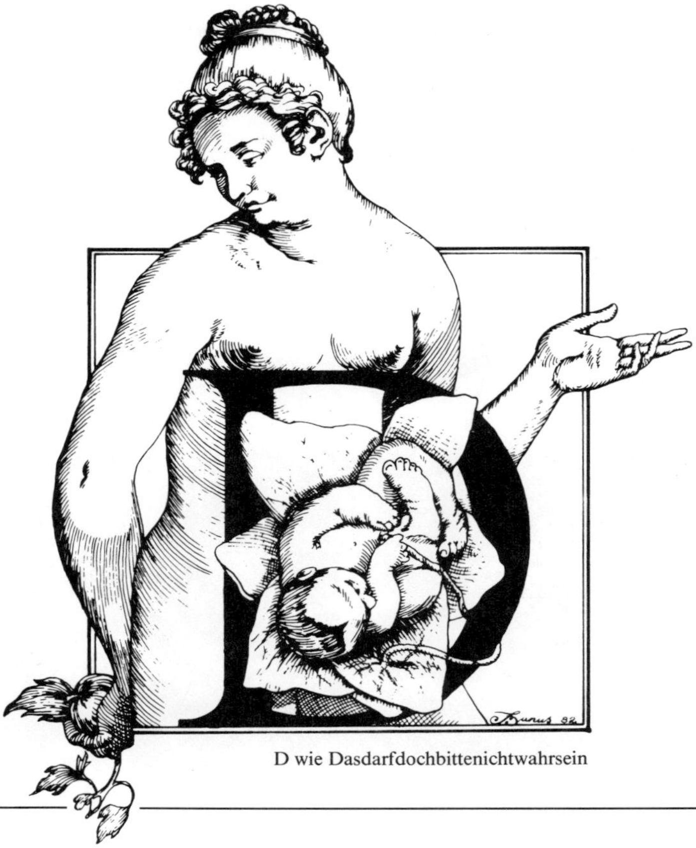

D wie Dasdarfdochbittenichtwahrsein

D
Eigentümlicherweise ein weiterer, ein 4. des nur drei Buchstaben umfassenden ABC's. Als stimmhafter Zahnlaut unentbehrlich für Dental-Medizin. D ist unentbehrlich auch in der bildenden Kunst; Dadaismus wäre ohne D ein nicht ganz stubenreiner adaismus.

Damenhut
Begleitschutz für weibliche Reisende.

Damogles
Griechischer Schwindler.

Dankwart
Früher – männlicher Vorname. Dankwart = Bruder Hagens im 2. Teil des Nibelungenliedes, der die Pferde wartete, weshalb ihm Dank gezollt wurde. Wer heute die Pferdestärken wartet, heißt in Teutschland zu recht Tankwart.

Darlehen
Fiktion einer Geldsumme, die man bekommt, wenn man sie nicht benötigt und dann benötigt, wenn man sie nicht bekommt (sogn. paradoxes Darlehen).

Darlington
Englische Stadt in der Grafschaft Durham, in der nur Lieblinge (Darlings) den Ton angeben.

Darwinscher Ohrhöcker
Fortsetzung am oberen Teil des hinteren Randes der menschlichen Ohrmuschel, von Darwin zum ersten Mal gedeutet und zwar entwicklungsgeschichtlich als Abstammungsnähe zum Affen. Beim Mann entschieden häufiger und deutlich ausgeprägter als bei der Frau.

Decke
Gewebte Fläche, nie zu lang, stets zu kurz, Maßkriterium, nach dem man sich streckt (vergl.: Deckenlicht = in die Decke eingewebte Beleuchtungstechnologie, die die Orientierung beim Unterkriechen erleichtert).

Deckel
Volksmund, offenbar eine Art Amboß. (»Ich hau' ihm ein's auf den D.«).

Defloration
Gartenbautechnischer Begriff = Entblümelung, die Entfernung abgeblühter Flora auf Blumenbeeten, Rabatten, Ziersträuchern (häufig verwechselt mit Deflation).

Defraudant (wiener.)
Respektvolle Bezeichnung für Verwandte.

Degas
(franz.) 1. Begriff aus der Fechtkunst = Freischlag (degagieren: sich freimachen). 2. –, Edgar, franz. Maler, der seine Modelle stets freigemacht malte.

Degen
Blanke Waffe für Kampf und Sport. Degeneration = Geschlecht der blank bewaffneten Degenfechter.

Dein
Der am häufigsten, vorwiegend mit mein verwechselte Eigentums-Begriff.

Delegation
Ausschuß (meist staatlich) Bevollmächtigter, sich auf Kosten der Steuerzahler auf Reisen delektierend (ergötzend).

Delphine
Im griechischen Altertum in der Stadt Delphi orakelnde Pythien (Priesterinnen); delphisch = zweideutig.

dem
Zeigefürwort (z. B. »Wem gehört das denn?« – »Dem –!«) Die Demag AG vertritt diese Interessen.

Dementi
Von (lat.) dementia = Schwachsinn infolge einer auf Gehirnerkrankung beruhenden Geisteskrankheit, die sich in chronischer Richtigstellung energisch abgeleugneter Behauptungen äußert.

Demoiselle
(franz.) Fräulein. (Davon Demoikratie = Jungfrauenherrschaft insb. bei Naturvölkern).

Denken, das
Im Deutschen sächlich, weil stets unproduktiv. Denkmodell = enthüllter, unproduktiver Gedanke.

Denkmal
Fast immer pflegebedürftig (Denkmalpflege); dagegen Denkmalpflegel = mit den Denkmälern großer Persönlichkeiten seinen Unfug treibend.

Denkschrift
Loseblattsammlung leerer Blätter.

Denksport
Derzeit bequemste, ungefährlichste Sportart (noch keine olympische Disziplin).

Denkzettel
Wird stets verabreicht, ist aber apothekenpflichtig (Denkrezept).

Dependance
Idiotenreigen beim Bunten Abend im Irrenhaus.

Depp
Dummkopf (volkstümlich), davon: Depesche = Schreiben eines Dummkopfes, meist stichwortartig, gestammelt, unvollkommen; Departement = Verwaltungsbehörde für staatlich anerkannte Dummköpfe, bürokratisch aufgeblähte Behörde; Depot = hier werden D. aufbewahrt, zur Verfügung gehalten; Depression = Pressen von D. bei der Massenherstellung; Deputat = Zuteilung von D. meist an Behörden; Deputation = Abordnung von D.

derb
Grob, ungehobelt; davon Derby = Treffen von Grobianen (England), die Pferde quälen.

Derwisch
Eigentl. der Wisch (des Wisches, dem Wisch, den Wisch = »gib ihn her, den Wisch« usw.); auch kumpelhafte Anrede für einen Sozialdemokraten in arabischen Ländern.

Descartes, Erwin
Franz. Erfinder des Cartenspiels.

»Deutschland erwache!«
Früher häufig gebrauchter, bis heute vergeblich gebliebene Aufforderung an in Mitteleuropa ansässige Schlafmützen.

Devise
(Einzahl) Wahlspruch. Mehrzahl: Devisen = Wahlsprüche, vergl. auch Devisenberater = Verfasser zündender Wahlsprüche.

Diarium
(lat.) Tagebuch, davon Diarrhöe = innerlicher Drang zum Tagebuchschreiben, dem sich nur starke Geister zu entziehen vermögen.

Diät
Leichte Kost, gut verdaulich für jedermann.

Diäten
Üppige Kost, verdaulich nur für Politiker.

Dichtkunst
Fertigkeit, Wasserhähne, Abflüsse, Leitungen, Behältnisse, auch Eimer abzudichten.

diesig
Von Dieselmotoren bei fehlerhafter Zündung verursachte Sichtbehinderung durch Vernebelung (häufig im Herbst).

Dietrich von Bern
Hakenförmiges Stück Draht zum Öffnen von Schlössern, zuerst und dann vorwiegend in Bern hergestellt.

Dilettant
Liebhaber, unfachmännisch, ungeschickt. Dilettieren = sich als Liebhaber ungeschickt, unfachmännisch anstellen.

Dina
Weibl. Vorname. (Davon männlich = Dinar. Sie begründeten zusammen die nach ihnen benannte Dinarische Rasse der Dinasaurier.)

Diplom
Urkunde, durch die eine Auszeichnung verliehen wird (vergl. auch Diplomatie = Kunst, eine solche beurkundete Auszeichnung zu erlangen).

Diskus
Sportliche Wurfscheibe. Diskussion = sich solche Scheiben an den Kopf werfen.

Doggerbank
Ruhebank für müde gewordene Doggen, aber auch andere Hunderassen, meist bequem mit Kissen ausgestattet.

Dogmatiker (engl.)
Hundesachverständiger.

Diplomatie

»Merkt euch, Leute: Jeder von euch ist Botschafter seines Landes. Man urteilt nach eurem Verhalten . . .«

Dolchstoß
Eine immer wieder neu und interessant aufgewärmte Heiligenerzählung, die sogen. Dolchstoß-Legende.

Doppelkopffuchs

Neuartige Züchtung von Biologen des Tiergenetik-Labors von Cheltenham. Diese Fuchsart hat zwei Köpfe auf einem Körper und soll in Zukunft in der Landwirtschaft als ökologisches Ungeziefervertilgungsmittel eingesetzt werden. Tests haben ergeben, daß Doppelkopffüchse mindestens eineinhalb mal so klug sind wie die herkömmlichen Füchse mit einem Kopf.

Douglas
Verfechter der unbedingten Wäschehygiene; Douglashemd = das ihm gehörige, in regelmäßigen Abständen gewaschene H. (»Ich hab' es getragen sieben Jahr und kann es nicht tragen mehr«) = zuerst erwähnt und dichterisch gerühmt von Friedrich von Schiller.

Drehbank
Um die eigene Achse bewegliche Sitzgelegenheit, die Beobachtungen nach allen Richtungen zuläßt (für Wächter, Jäger, Gesetzeshüter, Politiker etc.).

Dänken, Eric van und an; neuere Ausgrabungen

Exklusiv: Vorabdruck aus den demnächst erscheinenden *Gesammelten Kontoauszügen von Eric van Dänken,* dem weltberühmten Autor von »Meine Reisen nach Bakschisch«

Das Bild zeigt den Autor vor Schliepmanns Grabungsstätte: Vom nahegelegenen Kapernaum, der Operationsbasis Jesu, sieht man über den herrlichen See Genezareth ins öde Tal des Toten Meeres, das 395 m unter dem Meeresspiegel, und damit in der tiefsten Depression dieses oder eines anderen erforschten Planeten, liegt.

Die komplizierte Marschroute Jesu durch die Wildnis von Judäa (von Skeptikern nachzulesen bei Mt 4,7–11; Mk 1,12–13 und Lk 4,1–13!) ergibt, aus 183 km Höhe betrachtet, das Profil des Hohenpriesters Joseph ben Kajafas. Trug Jesus radioaktive Spurenelemente bei sich, um Beobachtern am Himmel den ersten Steckbrief der Weltgeschichte zu übermitteln?

12. Februar 1953. Feuchtkalter Nebel hing über den grauen, abweisenden Bergen Galiläas. In diesem Ödland nördlich des Toten Meeres hatte Jesus Christus vor knapp zweitausend Jahren Zuflucht gesucht, um zu meditieren und sich dem bösartigen Ränkespiel des Obersten Gerichtshofs der Juden in Jerusalem zu entziehen. Und nun spürte der brillante Amateurarchäologe Hans Schliepmann akribisch den verwehten Spuren unseres Heilands durch die weglose Wildnis nach. Er wagte nach den vielen vorausgegangenen Enttäuschungen nicht zu hoffen, ausgerechnet an diesem Tag dort das zu finden, von dessen Existenz er all die Jahre überzeugt gewesen war.

Plötzlich gab der Boden nach! Der vierundfünfzigjährige Schliepmann stürzte ungefähr 4,80 Meter in die Tiefe. Ohne auf Abschürfungen und Wunden zu achten, ließ er seine grinsenden arabischen Assistenten sofort den Schutt in dem Graben ausheben, in den er so nichtsahnend gestolpert war. Schliepmann sagte mir später: »Das isch de glücklichschti Sturz gsi, wo je ä Mensch gmacht hed. Zerscht hämmer nur Töpferscherbe gfunde, vo dere Art, daß d'Wissenschaftler, wo sie zwee, drey Scherbe zämmegsetzt gha händ, zu de Feststellig veralaßt worde wäre: ›Jo! Das isch en neobabylonischi Immigrantekultur gsi, zirka 580 vor Chrischtus.‹ Ich pfieffe uff Töpferscherbe und vertrample sie. **So!** Geh mer weg mit Scherbe!«

Nach diesem heftigen Angriff auf die traditionelle Archäologie beschrieb Schliepmann die großartige Entdeckung, die lange Jahre undankbarer Grabungen im Heiligen Land rechtfer-

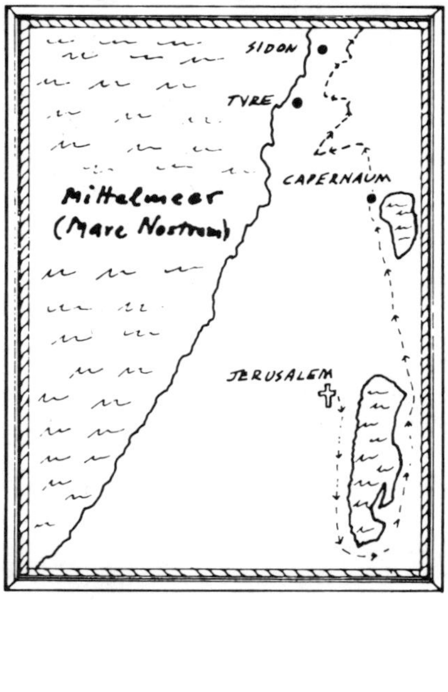

tigen sollte: **Ein Paar Sandalen, die einst unser Herr Jesus Christus getragen hatte!** »Ich ha sie näbe dem rätselhafte Apparat us Metall gfunde, dessen Verwendigszwäck ich ned kenne«, erklärte er, ehe er die Stimme senkte, als fürchte er, belauscht zu werden, und im Flüsterton sagte: »Gsähnd Sie de Name, wo i d'Schuahsohle ibrönnt isch: **Jesus!** Muaß ich da no meh sage?«

Das muß er in der Tat nicht! Die hermetisch vernagelten Gehirne selbstgefälliger »Archäologen« und jener, die eifersüchtig über ihre Interessen wachen, müssen diese ungeheuerliche Entdeckung von der Hand eines »bloßen Amateurs« natürlich ablehnen, da all ihre großzügig finanzierten und offiziell anerkannten Ausgrabungen nur zerbrochenes Geschirr und Wäschereizettel in Keilschrift zu Tage gefördert

Unveröffentlichtes russisches Foto der Mondrückseite. Zeigt das in den Westen geschmuggelte Bild einen Willkommensgruß Außerirdischer an uns?

haben. Kein Wunder also, daß sie Schliepmanns Entdeckung herunterspielen wollen, während jeder, dessen Verstand nicht von institutionalisierten Dogmen vernebelt ist, diese Entdekkung nur als Revolution und Beginn eines neuen Verständnisses der Menschheitsgeschichte werten kann.

Betrachten Sie die Sandalen, von denen ich das einzige existierende Foto besitze. Apologeten des wissenschaftlichen und religiösen Establishments werden natürlich lauthals ihre Echtheit bestreiten.

Man wird kleinlich fragen: »Wo wurden die Artefakte gefunden? In welcher Schichtung? Wie nahe waren sie bei anderen Artefakten welcher Periode? Wie war Schliepmann ausgerüstet? Welches Klassifizierungssystem legte er zugrunde? War er überhaupt qualifiziert, einen Fund von dieser Bedeutung zu machen? Welche **berühmte Universi-**

In allen Kulturkreisen finden sich Spuren der plötzlich auftretenden Außerirdischen und der Liebestragödien, in die sie auf der Erde gerieten.

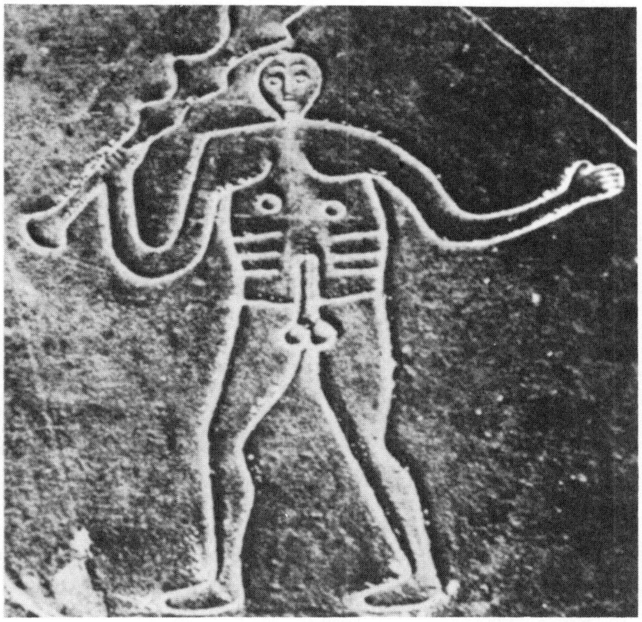

Der winkende »Kreideriese« in der Ebene von Salisbury ist nur aus der Luft zu erkennen und sollte wohl die großen, blonden, blauäugigen Schönheiten von Kythere auf die Erde locken.

tät oder welcher **multinationale Industriekonzern** hat dem unorthodoxen Unternehmen die unerläßlichen Weihen verliehen?« Was für eine Unverfrorenheit! Was für eine unüberbietbare Heuchelei! Wenn etablierte Wissenschaft und Klerus sich so offensichtlich verschwören, um unbedeutende Haare zu spalten, bemerkt sogar der sogenannte »Laie«, daß es nach Korruption stinkt. Was, fragt man sich, suchen diese Herrschaften eigentlich so verzweifelt zu verbergen? 1)

Nun lassen sich natürlich gegen Schliepmanns Funde leicht Einwände erheben. Aber um wie vieles einfacher ist es doch, diese Einwände beiseite zu schieben, da ein Blick auf die Sandalen, von denen ich das einzige existierende Foto besitze, die Wahrheit schlagartig erkennen läßt! Normale deduktive Logik, frei von allen doktrinären Scheuklappen, zwingt einfach zu der richtigen Schlußfolgerung: Wer sollte schon 33 n. Chr. in Palästina diese speziellen Sandalen getragen haben? Man müßte erwarten, daß sie dem kurzen, breiten phänotypischen syrosemitischen Fuß entsprechen, aber das Gegenteil ist der Fall. Der Besitzer dieser Sandalen hatte einen Fuß von 24,765 cm Länge und exakt 7,62 cm Breite, was einem Einheitsfußquotienten von 3,25 entspricht, wohingegen Forschungsergebnisse an der Universität Nürnberg-Erlangen 1940 deutlich machten, daß der Fußquotient des typischen Hebräers näher bei 2,01 liegt. Fußquotienten von mehr als 3,06 hingegen sind ausschließlich für indoarische Rassen wie die Ostfriesen, Skandinavier und einige Finnen charakteristisch! War also Jesus, wie so viele tapfer behaupten, gar kein Jude, sondern ein Arier?

Sehen Sie sich doch Schliepmanns wunderbare Sandalen noch einmal genau an! Ist eine andere Schlußfolgerung gerechtfertigt? Ist eine andere Schlußfolgerung überhaupt **ehrenhaft?** Würden Sie es **wagen,** zu einem anderen Schluß zu kommen? Wie? Na also.

ISVS: Die Sandalen sind mit römischen, nicht mit hebräischen Schriftzeichen gekennzeichnet: ein wohl eindeutiger Beweis! Rechts neben den Sandalen ein metallischer Gegenstand, der mit Methoden hergestellt ist, die angeblich erst Benvenuto Cellini im 15. Jahrhundert entwikkelte.

Fußnote 1)
Bekanntlich hat man selbst Funde verschwiegen, die unter solch vorgeblich »unabdingbarer« Schirmherrschaft gemacht worden sind. Ich erwähne nur die seltsamen »Trockenbatterien« von Baalbek und die teflonbeschichteten Töpferwaren aus den Puebloruinen im Südwesten der USA. Ebensowenig ins offizielle Bild paßten offenbar Dutzende von hervorragend erhaltenen ägyptischen Mumien im Ewigen Eis von Spitzbergen. All diese im offiziellen Auftrag gemachten Funde werden der Öffentlichkeit von einer rücksichtslosen Archäologie-Mafia bis heute vorenthalten. Vielleicht sollten wir dankbar sein, daß Hans Schliepmann »nur« ein »Amateur« war!

Die Rückkehr der atlantischen Raumfahrer nach sechstausend Jahren wurde sogleich von allen Künstlern der alten Kulturen aufgegriffen, in deren Ruinen ich die einzigen existierenden Kopien anfertigte.

Und das bringt uns zu der wichtigen Frage: War der Arier Jesus demzufolge ein kytherischer Raumfahrer? Denn bekanntlich stammen ja die Indo-Arier von den Atlantern ab, deren »Vaterland«, der nebulose Kontinent Atlantis, 9007 v. Chr., wie Plato berichtet, in einem Tag und einer Nacht versank. Die daraufhin von der Supertechnologie ihrer Heimat abgeschnittenen Atlanter auf der skandinavischen Halbinsel entwickelten sich deshalb im Laufe der Zeit zu edlen Wilden zurück. Die hochtechnisierte atlantische Zivilisation war zweifelsohne zum Weltraumflug befähigt und hatte Kolonien auf Kythere, dem zweiten Planeten des Sonnensystems errichtet, der heute fälschlich Venus genannt wird und angeblich unbewohnbar ist. Von Kythere aus wurde die Erde überwacht, wie die Abbildungen von untertassenähnlichen Fluggeräten, die in vorchristlichen Jahrtausenden in Südamerika, Ägypten und Europa entstanden, einwandfrei beweisen. Riesengebilde wie die Pyramiden wurden (mit Hilfe kytherischer Antischwerkraft-Werkzeuge) 2) errichtet, um die Kytherer zur endgültigen Rückkehr auf die Erde zu ermutigen.

Die ständigen Rückschläge ließen die Kytherer das Interesse an der Erde verlieren, bis die Römer ihr Weltreich errichtet hatten. Statt sich drastischer Mittel wie in Sodom und Gomorrha zu bedienen, versuchten es die Kytherer nun mit der sanften Tour. Ein einzelner Mann sollte der Menschheit die Grundlagen der Zivilisation beibringen. Und dieser Mann war der kytherische Agent Jesus!

Für ihr Experiment wählten die Kytherer mit Bedacht Judäa. Sie waren absolut sicher, daß, wenn sie die schlimmsten Barbaren des Planeten bekehren könnten, sich automatisch alle anderen Nationen auch diesem erhebenden Beispiel anschließen würden.

Die überlieferten Darstellungen der atlantischen Raumfahrer beweisen, daß die Archäologen der Gegenwart nicht die ersten waren, die sie aufs heftigste attackierten.

Und hier nun bekommt der zweite von Schliepmann gefundene Gegenstand seine Bedeutung: Er war flach und rechteckig mit den Abmessungen 5,75 × 2,5 × 1,25 cm und wog ungefähr 54 Gramm. Er war aus einer Eisenlegierung gefertigt, die schon stark oxidiert war. Ich konnte ihn nur einen kurzen Augenblick betrachten, doch der genügte, um das supertechnologische Innere zu erkennen, von dem ich das einzige existierende Foto besitze. Ehe ich den Gegenstand näher untersuchen konnte, machte sich Schliepmann jedoch schon auf den Weg, um auf dem Berg Ararat Grabungen anzustellen. »Merkwürdigerweise« hat man danach nie wieder von ihm gehört. Nur das einzige existierende Foto, das hier erstmals veröffentlicht wird, gab er mir zu treuen Händen.

Der Metallgegenstand war zweifelsohne ein Funksprechgerät, mit dem Jesus notfalls eine Rettungsmannschaft zu Hilfe rufen konnte. Nun ließe sich natürlich die überflüssige Frage stellen, was schiefgelaufen ist, wo doch alles sonnenklar ist: Jesus hat sein Funksprechgerät bei den Sandalen im Straßengraben liegengelassen, **und zwar genau dort, wo Hans Schliepmann es fand!**

Die lange Nacht im Garten Gethsemane war also offensichtlich ein verzweifelter Versuch, sich daran zu erinnern, wo das rettende Funksprechgerät abgeblieben war, da er ja nun mit Maßnahmen des Hohen Gerichtshofes rechnen mußte.

Seine Gefangennahme brachten ihn (und die öffentliche Meinung der Kytherer) gegen die Menschheit auf. Die Folge waren Fischvergiftung, finsteres Mittelalter und dann natürlich vor allem noch die Fischer-Chöre.

Fußnote 2)

Wie sonst hätte man tonnenschwere Blöcke aus Muschelkalk und Granit zu Bauwerken türmen können, die selbst Rasierklingen schärften (Beweis dafür, daß die alten Ägypter Stahl kannten!).

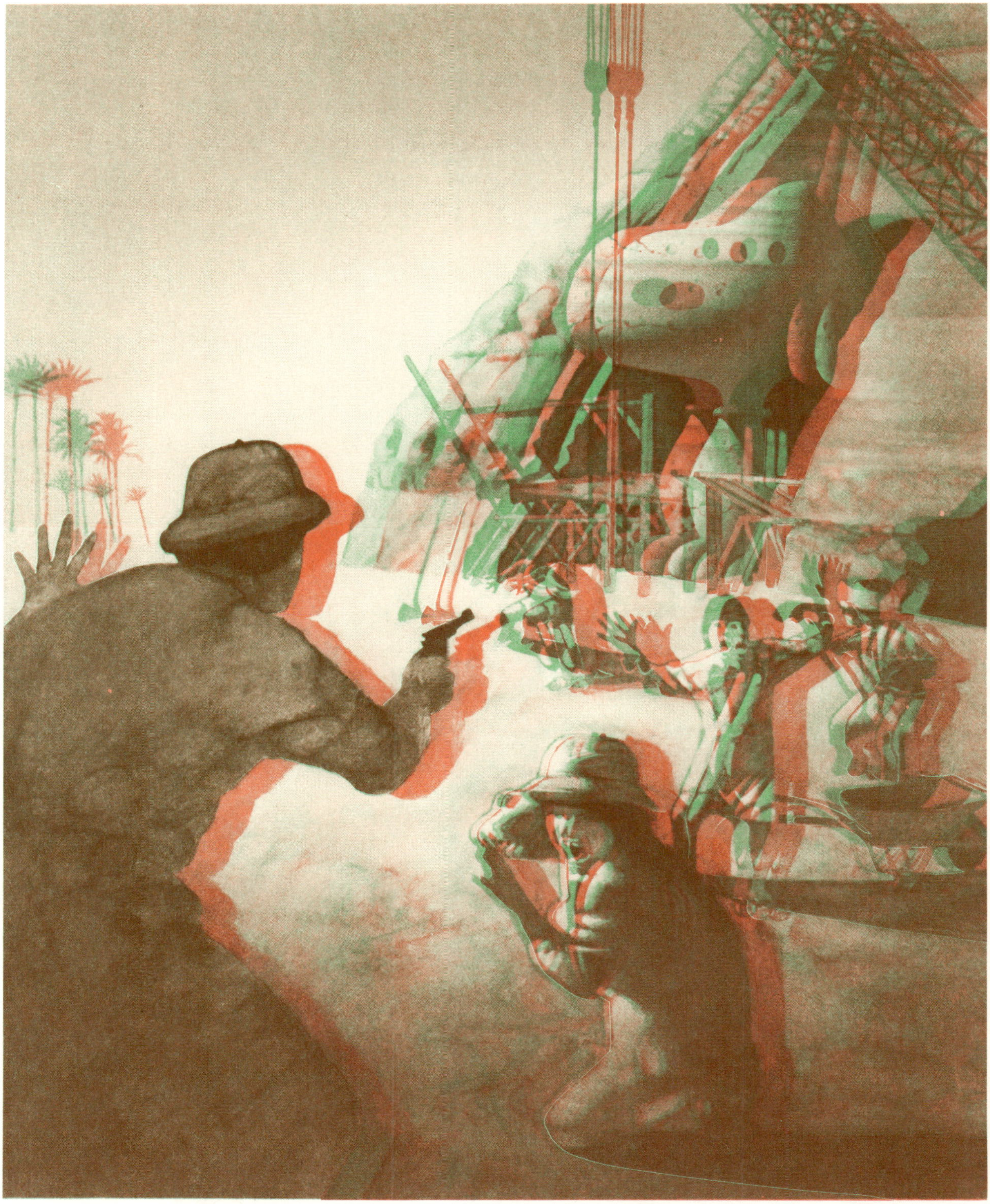

Das kollektive Unbewußte, das Jung so gern erwähnte, hinterließ schon im Altertum seine Spuren. So manche Kunstfigur von heute ist eine unbewußte Erinnerung an frühere Zeiten und damit ein Beweis für die Strategie der Götter, Spuren in die Gegenwart zu legen. Leider zerstörte ein eifersüchtiger Archäologe das Artefakt, dessen einziges Foto ich besitze, kurz nach seiner Ausgrabung.

Drachenwesen, à la Tolkien, ohne Ende

Jung-Siegfried weist den feuerspeienden Drachen aus Kriemhilds Kemenate mit dem stolzen Ausspruch: »Die deutsche Frau raucht nicht!«

König Arthur wirft die fünf Ringe über das Schwert Excalibur, um seinen Beitrag für die Tombola bei den Sommerspielen auf Schloß Camelot zu leisten.

Der Tolkien-Fan-Club von München-Pasing eilt Gandalf zu Hilfe, um ihm in seinem Kampf gegen die finsteren Mächte beizustehen.

drei
Zahl, die von vielen Zählern häufig nicht erreicht wird.

dreschen
Intensive literarische Betätigung, z. B. Verse dreschen (vergl.: Dreschmaschine = neuerdings elektronisch gesteuerte Versedreschm. mit hohen Ausstoßzahlen).

Drift, kontinentale

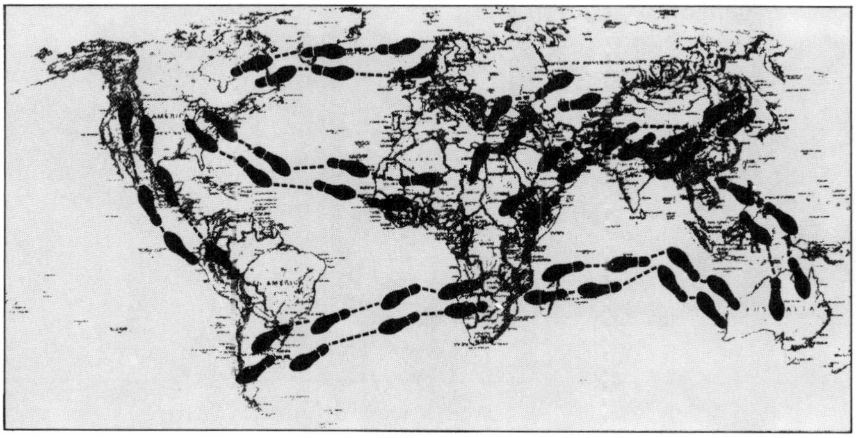

Die Geophysiker waren verblüfft, als in den 60er Jahren erstmals die Theorie von der Kontinentaldrift aufgestellt wurde: Die Kontinente sind alles andere als statisch, sondern bewegen sich offenbar auf riesigen tektonischen Platten über unseren Planeten. Die früheren Umrisse unterscheiden sich ganz erheblich von den gegenwärtigen.
Jetzt sind die genauen Einzelheiten dieser Drift, die sich über Jahrtausende hinweg vollzogen hat, zum erstenmal genauer erklärt worden. »Es sieht ganz so aus, als ob sich die Kontinente im Tanzschritt fortbewegt haben«, behauptet Dr. Leopold Vagron von der erdwissenschaftlichen Fakultät an der Ruhr-Universität in Bochum. Bei einem Kongreß der Internationalen Geophysikalischen Vereinigung erläuterte Dr. Vagron kürzlich seine Entdeckungen im Detail.
»Der Tanz begann offenbar kurz nachdem sich die Erde abgekühlt hatte. Einige Milliarden Jahre ging es dabei ganz ruhig und nett zu. Der Tanzschritt war eine Art altmodischer langsamer Walzer. Astrophysikalische Erkenntnisse lassen den Schluß zu, daß die Sonnenstrahlung zu dieser Zeit wesentlich geringer wurde und das Spektrum sich mehr in den blauen Bereich verschob. Sehr romantisch. Ich glaube, daß sich damals eine Menge Kontinente ineinander verliebten. Doch dann wurde der Rhythmus beschleunigt. Der Charleston kam auf, der Jitterbug, der Slop, der Twist und der Boogaloo. Schließlich machten sich einige Kontinente in dunkle Breitengrade davon, und die Tanzschritte degenerierten zu einer Serie wilder Verrenkungen.«
Nach Dr. Vagrons Theorie konnte das nur zu Sex und Gewalt führen. »Stratigraphische Anomalitäten zeigen an, daß Mittelamerika in einen unbesetzten Ozean verschleppt und ober- und unterhalb des Isthmus von Panama »betatscht« wurde. Hawaii, das einmal eine kompakte Masse war, wurde in kleine Stücke zerschlagen, weil es sich an China herangemacht hatte. Es gab widerwärtige Messerkämpfe, von denen der Grand Canyon als deutlichster Überrest Zeugnis gibt. Die Kontinente tanzten so friedlich am Anfang. Ich weiß auch nicht, was in unsere moderne Zeit gefahren ist.«

Drill, militärischer
Straffe Einübung militärischer Handgriffe, häufig mit Hilfe der Drillmaschine – im Militärjargon auch Unteroffizier.

Drôme
Département in den französischen Alpen. Urheimat der paarhüfigen Drômedare.

Drosseln
Gattung weitverbreiteter Singvögel. Drosselbart = bei dieser Vogelart typische Behaarung am Schnabelansatz (vergl. auch drosseln = für Drosseln charakteristische, typisch langsame, gedrosselte Flugweise nach Ausfahren ihrer Drosselklappen.

Druckluft
Seit Gutenberg in der Fachsprache die heiße Luft in den Zwischenräumen der Druckzeilen in Buch- und Presseerzeugnissen.

Duden
Häufig gebraucht bei Verteilung von Gegenständen = ich den, du den, er den – usw.

Dürer
Einwohner Dürens (Stadt bei Aachen).

Durst
Nach neuesten Forschungen unstreitig schlimmer als Heimweh.

Dusche
Ein Tropf-, Fall- oder Sturzbad; wird gewöhnlich kalt verabreicht.

Dschingis Khan, Ende von

»In den Geschichtsbüchern wurde es wieder einmal ganz anders dargestellt.«

E wie Etappenhasen

E
Fünfter Buchstabe im Alphabet, entstanden aus dem griechischen Schluckauf Epsilon.

Ebba
(fries. niederd.) Weiblicher Vorname (vergl. auch männl.: Ebbe, germ. Stammform: Eber).

Ecklohn
Gehalt des Gegners Luthers.

Ede
Kurzform für Eduard (vergleiche: Edeka = für Eduardine). Edison = Frucht aus der Verbindung von Ede und Edeka.

Edelweiß
Begriff aus der Waschmittelwerbung.

Edinburgher Plätzchen
Weltbekannte schottische Spezialität, deren Rezept leider nur bruchstückhaft erhalten geblieben ist. Man weiß nur noch, daß es folgendermaßen begann: Man leihe sich 2 Pfund Mehl, 12 Eier, 1 Pfund ...

Eheschließung, erste der Welt
Die erste Eheschließung der Welt wurde 50003 v. Chr. abgehalten und mit nur sechs Worten besiegelt: **grabsch, klatsch, beiß, tret, ich** und **will**.

Eheschwierigkeiten

»Teil unseres Problems war, daß sie n. Chr. war und ich v. Chr.«

Eichendorff
Häufiger Ortsname, Flecken, in denen dort gezüchtete Zwerghühner außergewöhnlich kleine Eier (Eichen) legen.

Eichenspinner
Schmetterlingsart, die nach der Kopulation kleine Eichen legt und dann einspinnt.

Elfmeter
Durchschnittliche Größe männlicher Elfen.

Entente
Ergebnis der Jungferngeburt einer Ente.

Epopöe
Diskret in höheren Gesellschaftskreisen für Hinterteil (»ich fiel auf meinen E.«).

Eriwan
Zentrale elektronischer Medien in der Union der Sozialistischen Sowjetrepubliken. Unerschöpfliche Informationsquelle in der UdSSR akkreditierter Korrespondenten.

Eskapade
Unüberlegter Seitensprung eines amoralischen Schulpferdes während der Dressur.

Eskimo
Völkergruppe um den Polarkreis. Der Eskimono ist das dort gebräuchliche, aber auch in Europa beliebte, mantelartige Gewand, von Männern und Frauen gleichermaßen getragen. Folkloristisches Festgewand bei Feierlichkeiten nach geglückter Seehundsjagd.

Exakt
Vom Volkswartbund sittsam verhüllte Statue.

Exkrement
Körperlicher Auswurfstoff. Wichtige Redensart: »Er fiel von einem Exkrement ins andere«.

Expansion
Frühere Gästeunterkunft.

Exzellenz
Ehrentitel für entlassene Strafgefangene.

End, happy, berühmter Filme

West Side Story

Love Story

Spartakus

Easy Rider

Vom Winde verweht

King Kong

Erfinder, große, unbekannte

KLAPPSTUHL, FELIX
(1796–1842)

Begann 1812 als Bürolehrling im Kontor der Firma Semmel & Zeislitz. Zwar hätte es den jungen Mann eher zur Leichenfledderei oder zu den Husaren, eventuell noch ins Diplomatische Korps gezogen, indes, der Vater hatte es anders gewollt und Felix Klappstuhl fügte sich. Schon damals ärgerte sich der junge Felix immer wieder, daß er bei Feierabend in den herumfliegenden Aktenbergen den Ausgang nicht fand, daß er beim Durchstöbern der Akten auf eine junge Kontoristin fiel oder unter den unzähligen losen Blättern seine Hose nicht wiederfand. Da muß es doch etwas geben, was das Zeug zusammenhält, murmelte er auf dem Weg in die Kantine ein ums andere Mal, und dieser Gedanke beschäftigte ihn auch des Abends, wenn er in seiner kleinen Dachkammer mit der Pfarrköchin würfelte.

Noch im gleichen Jahr trat der junge Mann in das Büro seines Vorgesetzten und wies aus dem Fenster. Dort, auf einem Leiterwagen, lag das erste Modell der von Klappstuhl entwickelten Büroklammer, drei Meter lang und aus Edelstahl, mit wuchtigen Klausen, die bis zu 300 Akten packen konnte. Aber Klappstuhl war noch nicht zufrieden. Zu groß und unhandlich war das neue Gerät, und noch im nämlichen Monat verkaufte er es an die Kriegsmarine und begann ein kleineres Modell zu basteln. Schon im folgenden Frühjahr hatte er beim Patentamt in Untertürkheim eine neue Ausführung angemeldet. Jetzt bekam man die Klammer immerhin durch die Tür. Wenig später wartete Klappstuhl mit einer weiteren Neuerung auf. Seine jüngste Büroklammer konnte nun schon von nur zwei Männern getragen werden; sie fand später in der Fallenstellerei als Wolfseisen Verwendung und war alles in allem aber doch nicht ganz das, was Klappstuhl vorschwebte. Erst 1842 hatte er eine Büroklammer entwickelt, die seinen Vorstellungen am nächsten kam. Klein und handlich, geruchlos und leicht zu reinigen. Doch das Schicksal war dem Erfinder nicht gut gesonnen. Am Tage der Fertigstellung verlor er bei einer Vorführung vor der Schiedskommission Bremen in einer scharfen Kurve die Gewalt über seine neue Büroklammer, prallte gegen einen Aktenschrank, wobei ihm die Büroklammer unter den Händen explodierte und seinem Erfindungsdrang ein jähes Ende setzte.

56786 v. Chr.

»Da kommt der Spinner!«

ZAPF, QUIRIN
(1801–1877)

Fässer aus Holzdauben werden zwar, lange vor Falstaff, bereits bei Plinius erwähnt. Die Kelten sollen darin Gekeltertes schon gelagert haben, als Diogenes und die Weinvorräte des klassischen Altertums noch in Tontöpfen lagerten. Doch von diesen Holzfässern, aus denen Obelix weiland zuviel Zaubertrank erwischte, bis hin zu den maschinell gefertigten, die wir heute zu leeren gewöhnt sind, war es ein weiter, alkoholreicher Weg.

Vor allem ein Problem machte selbst geübten Trinkern zu schaffen: Viele Generationen von Weintrinkern waren nach jedem Faß ebenso angeschlagen wie dieses selbst, da sie es nicht mehr zu verschließen wußten und, um in den Genuß des edlen Naß' zu gelangen, nichts tun konnten als sich reihum darunterlegen – bis sie darunterlagen.

Oft schon im Vollrausch wurden Daumen, Zehen und andere Körperteile als Notstopfen erprobt, aber meist als unzureichend wieder zurückgezogen.

Erst der stark bezechte Würzburger Ratsherr Quirin Zapf fand eine Lösung, als er eines Nachts den Anblick des ungetrunken verrinnenden Würzburger Stein nicht mehr ertrug, sein soeben aufgetragenes Brathendl (»Müßt zwischenreyn was essen, Herr!«) ergriff und mit voller Wucht in das Spundloch trieb.

Jedenfalls erkannten und bestaunten seine weniger trunkenen Mitzecher vor ihm die wundersame Wirkung: Was vordem als wilder Sturzbach in den Weinkeller sich ergossen hatte, das tropfte jetzt gemächlich, eben durch einen Hahn.

Damit ist die Geschichte dieser segensreichen Erfindung eigentlich schon erzählt. Es galt nur, den Bratgeruch zu beseitigen und die Anatomie des Hahnes um die (sinnreich angebrachten) Innereien wieder zu vervollständigen – und der Zapfhahn war geboren.

1895

Die Fernseh-Spieluhr, erfunden von A. R. Dorian, ließ Marionetten nach vorgestanzten Programmrollen tanzen. Dies wurde als Politkritik mißverstanden, und daher kam's zum Verbot.

DOTTERGELB, ERASMUS VON
(1836–1902)

Während Columbus, wie die meisten Entdecker (zum Beispiel das nach ihm benannte Ei), mehr kaputtmachte als vervollständigte, wurde ein kleiner königlicher Aushilfskellner namens Erasmus von Dottergelb, der Töpferei gelernt hatte, über Eitrümmern zum Erfinder. Wie manche Menschen kein Blut sehen können, so konnte er keine Scherben sehen, und seien es auch nur Schalenscherben von einem Ei.

Und während er diese mit der einen Hand sorgsam zusammenklaubte und das vollends geschälte Ei mit der anderen behutsam zum Munde führte (es war fünf Minuten gekocht, wachsweich, wie er es liebte), sann er darüber nach, wie man künftigen Ungeborenen aus dem Hühnergeschlecht einen Halt im Leben geben könnte, ohne daß ihre edle Hülle zerstört würde. Gab es nicht Federhalter? Kerzenhalter? Büstenhalter? Warum sollte es nicht auch Eierhalter geben?

»Nicht so säumig!« rief in diesem Augenblick der königliche Küchenmeister so laut, daß dem erschrockenen Erasmus das angebissene Ei aus der Hand fiel und – zum Glück Gelbes nach oben – in einem leeren Salznäpfchen landete. Da saß es, paßte und hatte Luft!

»Ei, freilich!« strahlte unser unbekannter Eierfreund, warf dem Küchenchef noch in selbiger Minute die Servierschürze vor die Füße, nahm wieder sein erlerntes Handwerk und die Herstellung von Eierhaltern auf, die man ihrer Form wegen und, weil man sie anfangs für Schnapsbecher hielt, Eierbecher nannte.

Den Eiern half diese Erfindung freilich am allerwenigsten. Sie werden weiterhin geklopft, gepellt, geköpft und gegessen. Aber wenigstens sehen sie ihrem Ende jetzt aufrecht entgegen.

KAVIAROWA, SWETLANA
(1913–)

Der schlimmste Störenfried des Stör (wie so vieler wunder-, aber leider eben auch eßbarer Lebewesen) ist der genußsüchtige Mensch. Er war es zur Zeit der Zaren, die bekanntlich nicht nur in Saus und Braus lebten, sondern auch in Sekt zu baden und in Kaviar zu waten pflegten, während der Mann auf der Straße seine Eier zählen konnte.

Heute, dank der Verdienste der glorreichen Sowjetregierung, sind Störeier zum täglichen Brot eines jeden Sowjetbürgers geworden, der sie sich kaufen kann.

Die Existenzbedrohung für ihren Erzeuger aber hat sich dadurch noch vervielfacht, und die Relation zwischen Störfang und Störnachwuchs ist empfindlich gestört.

Dieser Gedanke störte wiederum Swetlana Kaviarowa, eine ehemalige Störnäherin, die in ihrem erlernten Beruf keine Zukunft mehr sah (weil sowjetrussische Wäsche nicht mehr kaputtgeht und man also auch keiner Hausnäherin mehr bedarf!) und die seither im Kombinat »Roter Rogen« als Oberkonserviererin tätig war.

Warum, fragte sie sich, behandelt man die Störe anders als die Hühner? Warum nimmt man ihnen das Leben und nicht nur die Eier? Ihr Verbesserungsvorschlag fand Anklang: Heute werden bereits elf Prozent der schwarzen Delikateß-Kügelchen durch Kaiserschnitt gewonnen. Swetlana Kaviarowa aber trägt den Titel »Heldin der Störarbeit« und erfüllt zusammen mit hundert weiteren Störnäherinnen stolz ein Übersoll, wenn es gilt, immer noch mehr Stören – um einige tausend Eier leichter – mit geschickten Nadelstichen den Weg zurück ins nasse Element zu ebnen.

Dem Kaviar aber schmecken selbst Kenner nicht an, um wieviel menschlicher er heute gewonnen werden kann!

1882

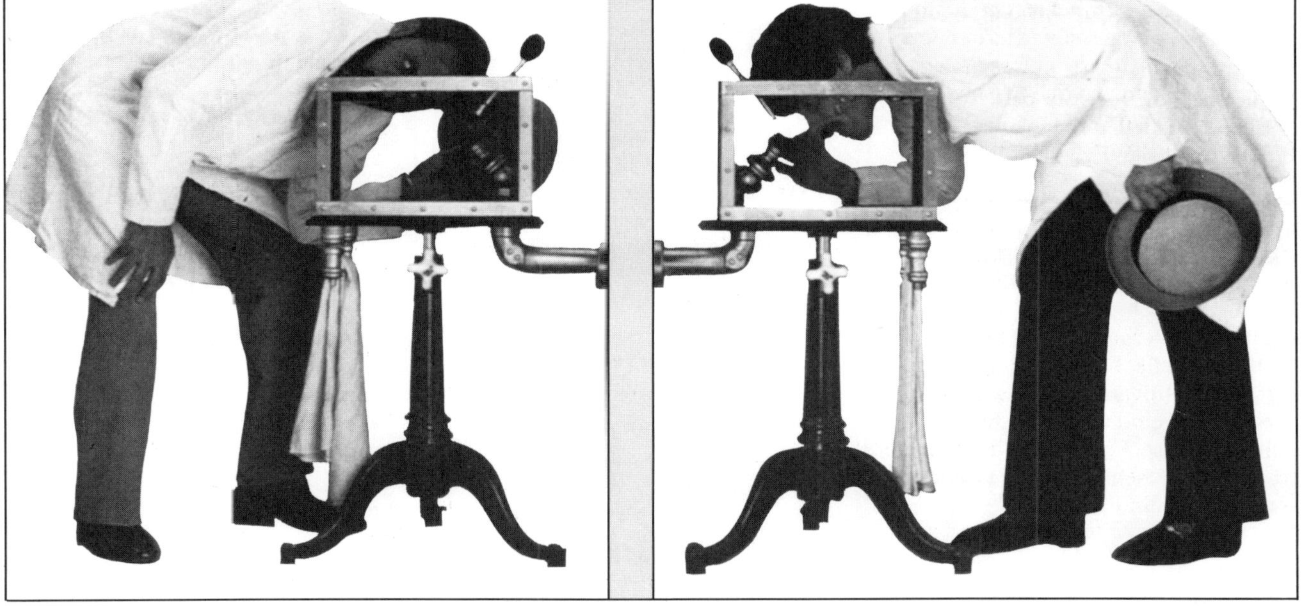

Das hydraulische Telefon wurde von Alexander Graham Bread erfunden und machte sich die Tatsache zunutze, daß Schallwellen unter Wasser größere Entfernungen zurücklegen als in der Luft. So einfallsreich dieses frühe Fernsprechgerät war, so ungeeignet erwies es sich letztlich, weil es sich nur für kurze Gespräche eignete.

Etikette, diplomatische

Etikette kommt von Ethik, wie Etymologen bündig nachgewiesen haben. So ist es. Etikette ist ethisch. Die Formen der Höflichkeit sind eine Lebenshilfe und erleichtern alle Schwierigkeiten des Alltags. Sie erleichtern vor allem auch das Miteinander der Völker, weshalb von altersher die Etikette zum Rüstzeug der Diplomatie gehört. Nationen und Länder sollten mit der Etikette des geschriebenen Worts so gut vertraut sein wie jede Debütantin oder erfahrene Gastgeberin. Außerdem zeugen nett formulierte Kriegserklärungen oder annehmbar gestaltete internationale Zurückweisungen von der Mitgliedschaft in einer guterzogenen Länderfamilie. Wer von uns könnte sich schon über einen bevorstehenden Gala-Holocaust oder einen Putsch mit Punsch aufregen, wenn das Ereignis richtig angekündigt worden ist.
Es liegt auf der Hand, daß eine verfeinerte Etikette die Spannungen in der Welt auf wunderbare Weise mindern könnte. Etikette bindet feindliche Gefühle auf einer umgänglichen, gesellschaftlich akzeptablen Ebene. Jeder, der eine Machtposition innehat, sollte sich vor Augen halten, daß der Austausch von diplomatischen Noten von Land zu Land ungefähr in drei Kategorien abläuft: in förmlichen und formlosen Ankündigungen sowie Drohungen. Obwohl das Äußere einer eleganten Drohung ungemein wichtig ist, werden wir uns hier vorwiegend mit förmlichen und informellen Mitteilungen beschäftigen.

FORMELLE MITTEILUNGEN

Formelle, formbewußte Mitteilungen sind stets angebracht und akzeptabel, sogar unter Verbündeten. Die vertraute, traditionelle Formulierung verhindert jedes Mißverständnis, was besonders unter Feinden ein wichtiger Gesichtspunkt ist. Formelle Mitteilungen ergehen im wesentlichen als Einladungen oder Ankündigungen.

> *Österreich*
> *lädt Sie auf das höflichste ein:*
> *Zu einem Weltkrieg in Europa.*
> *Beginn: Sofort. Dauer: Unbestimmt.*
> *U.A.w.g. Militärkleidung erwünscht.*
> *Gasmaske nach Wunsch*

In diesem Falle hat sich das Gastgeberland – ein empfehlenswerter Vorsatz – bemüht, die Länge des vorgesehenen Ereignisses nach bestem Vermögen zu bestimmen. So etwas ist angebracht, damit die Gäste vorausplanen können. Zugleich zeigt sich darin die Großzügigkeit des Gastlandes; Österreich versichert seinen Gästen, daß niemand zu gehen braucht, solange er sich noch vergnügt; der ganze Tonfall läßt erkennen, daß Spätankömmlinge und Unentschlossene ebenfalls willkommen sind – ein sicheres Zeichen, daß wir es hier mit einem rücksichtsvollen Gastgeber zu tun haben.
Gelegentlich jedoch weichen Länder vom eleganten Formalismus solcher Einladungen ab. Hierin liegt ein gutgemeinter Versuch der Gleichmacherei, der aber fehl am Platze ist:

> HALLO, LEUTE!
> DIE VEREINIGTEN STAATEN
> VERANSTALTEN
> IN SÜDVIETNAM
> EIN KLEINES
> AUFTRUMPFEN
> MIT PRIVATEM ABKOCHEN
> KOMMT ALLE, HÖRT IHR?
> BRINGT EIGENE TRUPPEN
> MIT

Der Verstoß gegen den guten Geschmack, der mit dieser Einladung begangen wird, liegt auf der Hand. Das Ereignis erfordert eigentlich eine *formelle* Erklärung, einigen Ländern scheint es aber gleichgültig zu sein, ob sie ihren Freunden auf die Zehen treten. Wie zu erwarten war, nahmen nur wenige Länder an diesem Ereignis teil. Das Gastgeberland mußte sehen, wie es mit all den Bomben, Flugzeugen, Panzern und anderen verderblichen Waren, die der Partyservice angeliefert hatte, allein fertig wurde – eine peinliche Situation.
Es gibt natürlich auch Ausnahmen:

> Liebes Nazi-Deutschland!
> Es tut mir wirklich leid, daß ich gehen mußte, während Dein entzückender Krieg noch im Gange war. Aber ich habe in Amerika viele Paten mit Familien, die mich gerade besuchen kommen, und die muß ich schleunigst begrüßen.
> Viel Glück.
> Italien

Man sieht: eine kleine handschriftliche Notiz ist auch bei einer Überraschung angebracht. Mit großer Bekümmerung ist jedoch die verstärkte Verwendung sogenannter Formschreiben zu registrieren. Dem Ton nach weder formell noch formlos dienen diese Zwitter gesellschaftlicher Kommunikation allein der Bequemlichkeit, da sie vorgedruckt sind und vom Absender nur noch ausgefüllt werden müssen

> Deutschland
> GIBT SICH DIE EHRE, SIE EINZULADEN
> zu EINEM Blitzkrieg
> ZEIT: Vor Tagesanbruch
> ORT: Polen
> UND ZU EINEM ANSCHLIESSENDEN EMPFANG
> IN: Warschau

Plant ein Land zahlreiche ähnliche Ereignisse, beispielsweise wiederkehrende Terroristenüberfälle überall auf der Welt, können solche Vordrucke zeitsparend sein – sie wiegen den Verlust an Eleganz aber bei weitem nicht auf. Bestürzend, in welchem Maße diese Unsitte um sich greift.
Sind wir in Etikette-Fragen auf das Niveau von Barbaren zurückgefallen? Hoffentlich nicht! Schließlich geht der Versand förmlicher Ankündigungen auf eine lange Tradition zurück, die wir unbedingt erhalten müssen, wenn wir unser kostbares Erbe höflichen Umgangs nicht aufs Spiel setzen wollen. Aufstrebende Nationen scheinen dies instinktiv zu erfassen:

> *Die Vandalen bitten alle Goten, Wikinger und sonstigen Bartträger zu einem Nachmittag mit Plündern und Vergewaltigungen.*
> *Zeit: Wenn der Große Rote Ball in den Himmel steigt.*
> *Ort: Im Dorf am Fuß des Berges, der spuckt.*

Abgesehen von den Mängeln der Gestaltung und dem Fehlen eines U.A.w.g. ist der Ton dieser Einladung formvollendet. Man kann sicher sein, daß unsere alten Freunde den Einladungsvordruck auf jeden Fall abgelehnt hätten. Und das sollte für uns alle gelten.

FORMLOSE MITTEILUNGEN

Wollten Sie nicht schon hin und wieder nach dem Füller greifen und einem Mitmenschen eine wahrhaft persönliche Nachricht zukommen lassen, um für ein Geschenk zu danken oder für eine gelungene Veranstaltung, zu der Sie eingeladen waren; oder um Ihr Mitgefühl auszusprechen – auch wenn Sie das alles gar nicht so meinen! Das ist der Stoff, aus dem die Etikette gewoben ist. Auch Nationen haben ab und an den Drang, doch ihnen ist es in der Regel noch weniger ernst. Dieser Drang zur persönlichen Absprache verschlägt uns auf das stürmische Meer der formlosen Mitteilung. Hier treiben wir zuweilen ohne Orientierung in dem Bemühen, unsere Reaktionen auf die Ereignisse in den internationalen Gewässern des Lebens angemessen zu formulieren. Solch ein Unternehmen ist stets riskant, fehlt doch das sichere Ruder der förmlichen Sprache, um uns sicher in den Hafen des guten Geschmacks zu steuern. Dennoch führt kein Weg daran vorbei, denn schreibt man solche Briefe nicht, fühlt man sich monatelang miesest.

Die einfachste Art der formlosen Mitteilung ist ein ganz normales ›danke schön‹, das für ein erhaltenes Geschenk ausgesprochen wird. Hier gilt die Regel: Es ist genau auszudrücken, was das Geschenk dem Empfangenden bedeutet und aufzuhören, ehe etwas wirklich Herzliches geäußert wird. Der folgende Text ist hierfür ein vollkommenes Beispiel:

> Liebe USA!
>
> Als die vielen geheimnisvollen Kisten angeliefert wurden, hatte ich ja keine Ahnung! Was für eine tolle Überraschung: die Sendung zu öffnen und Dein Geschenk darin zu finden – Düsenjäger! Ein denkbar passendes Präsent! Ich war so aufgeregt, daß ich sie sofort im benachbarten Libanon ausprobieren mußte. Wir haben sie alle zerdeppert.
>
> Schalom!
>
> Dein dankbares Israel

Wie man allerdings einer Nation richtig dankt, ohne zu übertreiben, wird immer ein Problem bleiben. Ein gangbarer Weg ist der, einige Höhepunkte des Besuchs herauszugreifen und zur Grundlage des Dankschreibens zu machen:

> Liebe Tschechoslowakei!
>
> Du bist wirklich ein großartiger Gastgeber. Ich glaube, keinen Besuch habe ich bisher so genossen. Die Zerstreuungen, für die Du gesorgt hast, waren ebenfalls wirklich stark, angefangen von der Verhöhnung meiner Truppen bis hin zum massiven Widerstand auf dem Wenzelsplatz.
>
> Es war wirklich eine schöne Zeit, und ich hoffe, Du bietest mir bald Gelegenheit wiederzukommen.
>
> Rußland

VERSCHIEDENE ANWENDUNGEN

Zu Beginn sind wir schon auf einige enggefaßte Anwendungsbereiche formeller Einladungen eingegangen. Nur wenigen Leuten oder Nationen ist dagegen klar, daß die förmliche Mitteilung trotz der mehr oder weniger vorgegebenen Formulierung für eine Vielzahl von Dingen eingesetzt werden kann. Egal in welcher Situation – eine formelle Nachricht wird niemals enttäuschen. Zum Beispiel läßt sich ein Neuankömmling formvollendet ansagen:

> DER AFRIKANISCHE KONTINENT
> GIBT VOLLER STOLZ
> DIE GEBURT
> DES TSCHAD
> BEKANNT
> 1 284 000 Quadratkilometer
> Land und Wirtschaft sind wohlauf

Wie angenehm ist es doch, über ein freudiges Ereignis auf diese Weise unterrichtet zu werden! Handelt es sich jedoch nicht um eine Neugeburt oder gar um etwas, das zuvor einem anderen gehört hat, sollten die Umstände nur ganz vorsichtig angedeutet werden:

> *DIE VOLKSREPUBLIK CHINA*
> *IST SEHR GLÜCKLICH*
> *ÜBER DIE ADOPTION*
> *VON TIBET*
> *Alter: 1 523 Jahre*

Muß eine Veranstaltung räumlich oder zeitlich verlegt werden, nachdem die Einladungen hinausgegangen sind, hat schnellstmöglich eine formelle Benachrichtigung zu ergehen. Man sollte dabei nicht vergessen, den Grund für die Verzögerung und das ursprünglich vorgesehene Ereignis mit Zeit, Ort etc. anzugeben. Vielbeschäftigte Nationen können auf ihrem Veranstaltungskalender nicht alles genau im Auge behalten:

> INFOLGE EINER KLEINEN
> ÜBERRASCHUNG IN DER
> NORMANDIE WIRD
> DEUTSCHLANDS
> ÜBERNAHME DER
> WELTHERRSCHAFT
> ZUNÄCHST VERSCHOBEN

Was für ein Trost ist es doch, von anderen Ländern höflich und rechtzeitig auf solche Entwicklungen aufmerksam gemacht zu werden, so daß man andere Pläne machen kann.

Es gibt in den internationalen Beziehungen tatsächlich kein Ereignis, das sich nicht auf höfliche, formvollendete Weise abhandeln ließe. Voraussetzung ist die Bereitwilligkeit, die diplomatische Etikette samt persönlicher Findigkeit anzuwenden mit dem Ziel, die Grundregeln förmlicher Kommunikation auf die eigenen Bedürfnisse zurechtzuschneiden. Etikette läßt sich unbegrenzt anpassen.

Zum Schluß soll hier ein besonders gelungener Text, willkürlich herausgegriffen, zitiert werden, der die obengenannten Regeln auf eine mustergültige, ja nahezu vollkommene Weise beherzigt:

> **Señor Martin Bormann,**
> **ehem. Angehöriger der S. S. des Großdeutschen Reiches, bedauert, am Nürnberger Kriegsverbrecher-Prozeß der Alliierten sowie an der dem Urteil folgenden Hinrichtung infolge Krankheit/oder dringender Geschäfte – er weiß es nicht mehr genau – nicht teilnehmen zu können.**
> **Er möchte aber allen Beteiligten beste Grüße ausrichten und sie informieren, daß er nur Befehle ausgeführt und die meiste Zeit des Krieges ohnehin verschlafen hat.**

F wie Fensterln

F
Als stimmloser Lippen-Zahn-Reibelaut bei Zahnärzten nicht weniger beliebt als das B. In der Musik Symbol für Erotik: das F-Loch (in der Geige).

Fach
Unterteilter Raum in Schrank, Schreibtisch usw. Facharzt = Spezialist für erkrankte Fächerpalmen. Fachidiotie = auf Fächer fixierte Geisteskrankheit (harmlos: Fachsimpel).

Fall
Steigerung von F. = Fall (Leo): Falla (Manuel de –), Fallada (Hans).

Falschgeld

»Nach Auskunft der Bank war Ihr letzter Scheck ein Placebo, Frau Bergner.«

Faultier
Rabiater Fußballspieler.

Faustball
Festlichkeit in Goethes Dichtung »Faust«, 1. Teil: Walpurgisnacht; 2. Teil: Klassische Walpurgisnacht.

Fichte, Johannes Gottlieb
Bepflanzer des Fichtelgebirges.

Fischer, S. Verlag
Verlegt nur große, keine kleinen Fische.

Fiskus
Äußerst unangenehme Liebkosung, die Kopf und Kragen kosten kann.

Fernsehspiel, das kleine

»Die Schlafzimmerszenen sind aber nicht sehr überzeugend!«

Finosaurier

Saurier, die auf der Strecke blieben

154984812 Jahre lang, der Mensch hatte seinen behaarten Fuß noch nicht auf die Erde gesetzt, wurde dieselbe von gigantischen Echsen bevölkert, von Reptilien, die dem seriösen Naturkundler und dem Fan drittklassiger Horrorfilme aus Japan gleichermaßen vertraut sind. Jedem dieser dinosauren Standardmodelle vom Typ Tyrannosaurus Rex oder Brontosaurus, die vom Fließband der Mutter Natur purzelten, gingen jedoch Dutzende von evolutionären Ro-80-Modellen voraus, die im Kampf ums Überleben auf den hinteren Plätzen endeten. Wir zeigen hier einige dieser Paläolithen, die schon frühzeitig der Geier holte.

Der **Protzosaurus,** ein Fleischfresser mit winzigem Kopf, frühheumatisches Zeitalter. Er erreichte die lichte Höhe von 15 Zentimetern und konnte verständlicherweise nur mit großer Mühe andere Lebewesen davon überzeugen, sich auffressen zu lassen. Aus diesem Grund tat er sich mit dem **Winzosaurus** (Höhe: 5 Zentimeter) zusammen und wurde so zum Thesaurus (wörtlich übersetzt: Der Schrecken der Wasserpfützen). Als solcher verhungerte er rasch (siehe auch unter: Ausgehungert).

Sumpfige Küstenstriche waren vorübergehend das Habitat des kurzlebigen **Odolosaurus.** Dieser, eine harmlose Schlammsau in den Gebieten zwischen Land und Wasser, hätte sicherlich länger als nur von 300000002 bis 39000000 vor Christi Geburt leben können, doch konnten die Sumpfnachbarn seinen Mundgeruch nicht ertragen.

Der **Dreiradoclops** war eine Darwinsche Fehlleistung, Resultat einer Liaison zwischen einem Bicycledon und einem vierrädrigen Kaheffzettaurier, die sich an einem öden Sonntagnachmittag vor vier Millionen Jahren zufällig trafen. Ihre Nachkommen überlebten, obgleich ausgerüstet mit Hilfsmotor, nicht das nächste Zeitalter.

Wenig bekannt ist das Schicksal des **Vinosauriers** (Delirium tremendis). Er ernährte sich von fermentierten Früchten und hatte die weiße Riesenmaus als natürlichen Feind.

Der **Kamikazaurier** (Kamikazus bonsai) hatte als Ausgleich für seinen plumpen Körperbau eine aerodynamisch vorteilhafte Dreidecker-Tragflächen-Anatomie. Er erreichte eine Höchstgeschwindigkeit von 426 km/h. Allerdings nur einmal.

Der einzige Dinosaurier, der überhaupt kein Hirn besaß, war der gemeine **Debilosaurier,** auch Zweischwanzechse genannt. Seine kurze Lebenszeit (28 Minuten und 35 Sekunden) muß als wenig komischer Scherz von Mutter Natur betrachtet werden. Die gesamte Spezies fiel intellektuell überlegenen Lebewesen, darunter dem Gummibaum, zum Opfer.

Die Zeit überging den **Onanosaurier.** Genau das wollen wir auch tun.

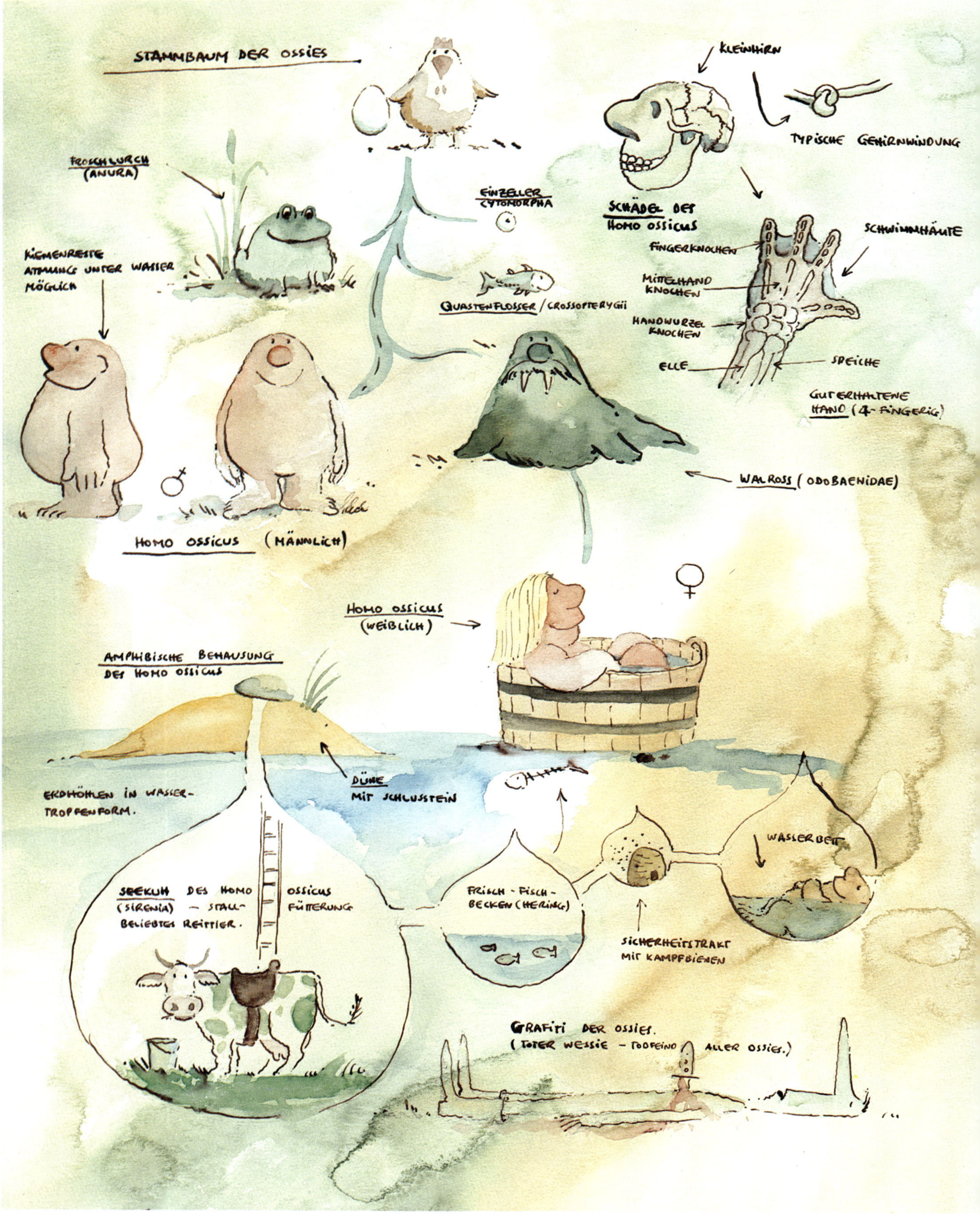

STAMMBAUM DER OSSIES
KLEINHIRN
TYPISCHE GEHIRNWINDUNG
FROSCHLURCH
(ANURA)
EINZELLER
CYTOMORPHA
SCHÄDEL DES
HOMO OSSICUS
SCHWIMMHÄUTE
FINGERKNOCHEN
KIEMENRESTE
ATMUNG UNTER WASSER
MÖGLICH
MITTELHAND
KNOCHEN
QUASTENFLOSSER / CROSSOPTERYGII
HANDWURZEL
KNOCHEN
ELLE
SPEICHE
GUTERHALTENE
HAND (4-FINGERIG)
WALROSS (ODOBAENIDAE)
HOMO OSSICUS (MÄNNLICH)
HOMO OSSICUS
(WEIBLICH)
AMPHIBISCHE BEHAUSUNG
DES HOMO OSSICUS
ERDHÖHLEN IN WASSER-
TROPFENFORM.
DÜNE
MIT SCHLUSSTEIN
WASSERBETT
SEEKUH DES HOMO OSSICUS
(SIRENIA) – STALL-FÜTTERUNG
BELIEBTES REITTIER.
FRISCH-FISCH-
BECKEN (HERING)
SICHERHEITSTRAKT
MIT KAMPFBIENEN
GRAFITI DER OSSIES.
(TOTER WESSIE – TODFEIND ALLER OSSIES.)

Folklore der Ossies, vergessene

Das vergessene Volk der Ossies

Es handelt sich hier um eine ethnologische Skurrilität, die ihre Entdeckung einem trunksüchtigen Volkskundeprofessor verdankt, der seine Vorlesungen mit den Worten einzuleiten pflegte: »Ossies glau'm oder nich' . . .«. Da er seine weiteren Erkenntnisse nicht mehr sauber artikulierte, waren seine Studenten weitgehend auf Vermutungen angewiesen, und so entstand Ende der 50er Jahre eine verzweigte O.-Forschung mit Zentrum Univ. Aurich (Standardwerk: Prof. Schlamper/Doctores Leer und v. Schatteburg »Die Ossies – Laune der Natur oder Strafe Gottes?«, Aurich 1962, 3 Seiten, 4 Abb.)

Die im folgenden dargebrachten Fakten werden allgemein als gesichert angesehen:

Angesiedelt in den Grenzen etwa des heutigen Ostfrieslands und seiner vorgelagerten Inseln, lebten die O. als primitiver Volksstamm etwa seit der Zeitenwende, um schon bald darauf wieder von der weltgeschichtlichen Bühne zu verschwinden. Bereits wenige Jahrhunderte später, am Hofe Karls des Großen, ist von ihnen nur noch beiläufig in Form von »frîsgaggen« die Rede, kurzen Spottliedern also, die wir möglicherweise schon als Urformen der heutigen »Ostfriesenwitze« ansehen dürfen (Osram von Wattenscheid: »Das Eindrehen einer Glühbirne im Lichte karolingischer Spottgesänge«, Aurich 1977).

Die körperliche Erscheinung der O. war unauffällig; mit ihrer gedrungenen Statur, Rundschädeln und langen, nachschleifenden Armen fügten sie sich ideal in das Landschaftsbild ihrer Heimat ein (Ekki Sachse: »Mimikry in Ostfriesland«, Bildband, Neumünster 1980). Andeutungsweise Schwimmhäute zwischen den Zehen ermöglichten es den O., kurze Entfernungen auf der Wasseroberfläche zurückzulegen (vgl. auch Leerer Bote v. 28. 6. 78: »War Jesus ein Ossie?«).

Das Wasser war für die O. überhaupt von zentraler Bedeutung. Frühe Quellen berichten von anhaltenden Bemühungen der O., Wasser aus dem – reichlicher vorhandenen – Tee zu gewinnen, was jedoch an den erheblichen Rum-Rückständen scheiterte.

Das Wasser als Quell allen Lebens existiert auch in der Vorstellung der O.; so soll der erste O. seinerzeit dem Meer entstiegen sein, weswegen die Wellen bis auf den heutigen Tag brechen. Die politische und soziale Ordnung der O. ist nur ungenau erforscht (Onno Knickrehm: »Zur zeitkommunikativen Bedeutung des Krabbenpulens«, Pullach 1971). Es scheint, daß dieses Volk wie eine Dorfgemeinschaft organisiert war, mit einem Ältestenrat, etlichen angesehenen Persönlichkeiten und der üblichen Menge Dorftrottel. Berichte über eine Königin in Nixengestalt dürfen wir getrost ins Reich der Fabel verweisen – nach übereinstimmender Auffassung handelte es sich um die Frau des Dorfschmieds, welche Schuppen hatte.

Die den O. benachbarten Volksstämme, insbesondere die Wessies (im Westen) und – weniger – die Süssies (im Süden), machten den O. anhaltend schwer zu schaffen, unterjochten sie, beuteten sie aus und taten alles, ihren Untergang herbeizuführen oder ihnen wenigstens das Lesen beizubringen.

Was letztlich aus den O. geworden ist, werden wir wohl nie erfahren – was indes von nicht wenigen Wissenschaftlern ausdrücklich begrüßt wird.

Folklore-Festivals in aller Welt

FESTIVAL DES »EROTISCHEN FILMS HINTERM EISERNEN VORHANG«
1.–7. Mai, Rybnik, Südpolen, »Filmpalast des reifen Proletariers«

Man gewinnt erregende Einblicke in das kollektive und private Leben in Osteuropa. Zur Aufführung gelangen Meisterwerke von Regisseuren wie Rényi Laszlo (»Harter Stahl in schwarzer Spitze«, »Selbstkritik mit heißen Fingern«, »Unterm Traktor wird gejodelt«) und István Béla (»Solidarität in heißen Nächten«, »Laß jucken, Genosse«, »Revisionisten ohne Frauen«, »Das wüste Erntekollektiv«, »Komsomolzen-Report, Teil V«). Neu diesmals: Super-8-Filme! In den Pausen ist Gelegenheit, Landwein zu trinken, den die Gäste selbst mitbringen müssen.

FRUCHTBARKEITSTÄNZE DER KIOWA, KRÄHENINDIANER UND DER SEMINOLEN
Irgendwo, Frühjahr bis Herbst, irgendwann, Voranmeldung bei Mrs. Martha Pfahl.

Diese großartigen Naturburschen, erstmalig auf einer gemeinsamen Veranstaltung, zeigen Hüpftänze, den »Winne-Tusch«, die »Lederst-Rumpfbeuge«, den umwerfenden »Stinktier-Tanz« und – als Höhepunkt – den »Bärentöter-Walzer«. Man munkelt, daß die Kiowa zusätzlich einen Tango einstudieren wollen. Ein einmaliger Blick in die Volksseele des Roten Mannes!

SCHRECKENSTAGE IN DEGGENDORF (BAYERN)
Ab 12. Juni vierzehntägig bis Oktober

Ein Muß für Horror-Fans! Mit Busausflug ab Pentatoningen, der bekannten Schreckensstätte. Die Hütte des Druiden Paregori, berüchtigt wegen seiner Neigung, Gegenstände unzerkaut zu verschlingen: Das Örtchen wird zu besichtigen sein, wo vor elfhundert Jahren das grausige Ritual der Peristaltik stattfand. Der Würz- und Abschmeckhof wird gezeigt, mit seinen schrecklichen Gartenliegen und zerkratzten Beistelltischchen ist er nahezu unverändert geblieben. Ein beliebtes Schmankerl ist das Einsperren einiger ausgewählter Teilnehmer in das Verlies des berühmten Türmers von Deggendorf (2. Jhdt. v. Chr.), der von eben diesem Turm aus eine Handvoll Heuschnupfenviren ausstreute, welche den gesamten Bayerischen Wald entvölkerten, und deren Nachwirkungen heute noch zu spüren sind. Allerhand Skelette, Fledermäuse und greulich kostümierte Gnomen sind in der Großen Halle von Axthausen zu sehen, einem abschreckenden Steinbau, der außerdem für seine Sammlung stark nachgedunkelter Ahnenporträts bekannt ist.
Den Nachmittag krönt ein Hackfleischessen in einem der Verliese des Schlosses.

WALISISCHES BUCHSTABIER-WOCHENENDE
Merthyr Tydfil (Wales), 3./4./5. September

Bewerber jeden Alters werden sich auch in diesem Jahr zusammentun, um denjenigen herauszufinden, der die Namen der umliegenden Dörfer und ihrer Bewohner richtig buchstabieren kann. Höhepunkt wird die Enthüllung einer vier Meter hohen Statue aus bemaltem Torf sein, die Richard Burton darstellt. Diese soll an den Gewinner gehen, falls es in diesem Jahr einen gibt.

SANDBILDER DER KIDDIK,
Nordafrika, 19. Mai

Eine anthropologische Sensation ersten Ranges erwartet denjenigen, der es einrichten kann, am 19. Mai in der Nähe von Ksar El Kibir (Marokko) zu sein: Die Kiddik, ein erst kürzlich entdeckter Stamm marokkanischer Wüstenzwerge, zeigen dort ihre Sandmalereien. Die Kiddik, so genannt, weil man sich ihrem Wohngebiet von zwei Seiten nähern kann, verständigen sich untereinander, indem sie Sand dergestalt auf den Boden streuen, daß Bilder und Symbole entstehen. Auf dem Marktplatz von Ksar El Kibir wird, wenn es die Windverhältnisse erlauben, eine Auswahl ihrer interessantesten Gespräche, aber auch ein wenig heiteres Geschwätz gezeigt.

Friedensnobelpreis, Bewerbung um den

Seit im Jahre 1901 der erste Nobelpreis für die Erhaltung des Friedens verliehen wurde, haben kriegerische Auseinandersetzungen spürbar nachgelassen. Schlagen Sie nur mal ein Geschichtsbuch auf: In der Antike fanden fast jedes Jahr neue Kriege statt, während in unserem Jahrhundert nur der Erste und der Zweite Weltkrieg, der Spanische Bürgerkrieg, die Kriege in Korea sowie Vietnam und Kambodscha, drei Kriege im Nahen Osten und Israel, Bürgerkriege in Angola und Rhodesien und einige andere unwichtige Kriege – wie jener um die Falkland-Inseln – stattfanden. Damit auch Personen, die nicht jeder als Friedensfreund kennt, eine Chance haben, führte das Komitee im Jahre 1980 den offiziellen Bewerbungsbogen ein. Auch Sie können dabeisein, deshalb drucken wir obenstehend ein Muster des Antragsformulars ab:

Bewerbungen müssen bis zum 31. März (Datum des Poststempels) in Oslo sein. Die Halbfinal-Teilnehmer werden so rechtzeitig eingeflogen, daß sie vor dem Abschluß-Quiz noch die Dynamit-Fabrik besichtigen können.

Mitmachen, mitgewinnen! Bewerben Sie sich auch für andere Nobelpreise! Wählen Sie aus einer der anderen Kategorien den Nobelpreis, der Ihren Talenten am meisten entspricht. Bitte beachten Sie: Die Gesamtzahl Ihrer Bewerbungen soll nicht in mehr als drei Kategorien pro Jahr erfolgen:

Nobelpreis für den geselligsten Junggesellen des Jahres
Nobelpreis für den besten Banküberfall
Nobelpreis für den albernsten Modegag des Jahres
Nobelpreis für den schnellsten Dirigenten
Nobelpreis für die aromareichste Tasse kalten Kaffees
Nobelpreis für das unverständlichste Theaterstück der Saison

Futurismus, ein historischer Rückblick

Mit den Rufen »Füllt die Museen mit Pasta!« und »Der Papst ist eine Posaune!« feierten Hunderte von italienischen Kunstenthusiasten in Mailand am 1. Mai 1982 den 70. Geburtstag des italienischen Futuristen Umberto Braccioli. Zur gleichen Zeit fand in der Galerie Gelli eine futuristische Retrospektive mit dem Titel »Futurismus: Wahnsinn oder Geisteskrankheit?« statt, ein zeitgemäßer, großartiger Tribut an den Geist des Modernismus und der allumfassenden Rebellion, der seinen radikalsten Ausdruck in der Arbeit von einem Dutzend Malern, Dichtern und Komponisten während der fruchtbaren Jahre 1909 bis 1918 fand.

Viele der alten Standardwerke sind in einer ständigen Ausstellung zu sehen: Bracciolis »Dynamismus eines die Treppe herabsteigenden Hundes«, Marinara-Spaghettis »Der Lärm der Großstadt kriecht ins Taxi und schlägt dem Anarchisten Gaggi ins Gesicht«, Giacomo Bellis »Dynamische Studie: Dampfturbinen tanzen über einen Balkon beim Ball Tabarin« und viele mehr. Ebenfalls zu sehen ist das Original-Manuskript des *Manifesto Futuristo,* von Braccioli mit der Hand geschrieben und von fünf Künstlern – dem Kern dieser kurzlebigen, aber einflußreichen Gruppe – unterzeichnet. Die Hauptgrundsätze des *Manifesto* seien in einigen Abschnitten wiedergegeben.

»Unsere vollkommene Verachtung für alles, was von Motten zerfressen, von Würmern befallen, mit Eselsohren versehen und mit dem Tempo von Schnecken behaftet ist, kurz, alles was rückwärts gerichtet erscheint, läßt uns vor Ärger und Wut hinken. Haß kocht in unseren Adern, Haß auf die jämmerlichen und pathetischen und fossilen Formen von »Kunst«, die heute von den neurasthenischen Feiglingen der sogenannten Akademien gesegnet wird – von diesen Schwächlingen und Scharlatanen und Schaumschlägern, denen die schlafwandelnde Öffentlichkeit so schnell und mit sklavischer Hörigkeit folgt. Von jetzt an muß alles, was rückschrittlich, traditionell und archaisch ist, aus unserem Gesichtskreis verbannt werden. Unser Zeitalter wird von der Geschwindigkeit bestimmt: Von nun an sind der Dynamo unsere Mutter, der Industriebetrieb unser Vater, das Automobil unser Onkel, das Flugzeug unsere Tante, die Brücken unsere Vettern, das Dampfschiff unser Großvater und die Lokomotive unsere Großmutter aus Turin, die uns Melonen und Käse zu Weihnachten schickt.

Laßt jeden, der sich für einen wahren Maler hält, sich nackt ausziehen und mit Klärschlamm einreiben. Laßt jeden, der es wagt, Bildhauer zu sein, erst eine Kardanwelle des Ford T-Modells an seinem eigenen Torso befestigen. Laßt jeden, der für sich die Bezeichnung »Künstler« beansprucht, als erstes seinen Kopf in einen Eimer Benzin stecken und uns dann sagen, was er dort findet.

Bemüht euch nicht! Wir wissen es bereits. Solch ein Mann riecht die Düfte des neuen Zeitalters, eine Ära der Bewegungen, des Lärms, der Stärke. Laßt uns unser Schicksal zu den Sternen rufen: Heute ist nicht gestern! Heute ist heute! Oh, ihr eselhaften Landsleute, o Nation der Feiglinge, Narren und Impotenten: Wir scherzen nicht. Wir meinen es wirklich. Wir kochen vor Wut über alles, das den Modergeruch des Alten, Abgetakelten, Überholten an sich hat.

Daher fordern wir:

Werft eure Eltern in den Abfluß und schließt euch uns an, uns, die wir trunken um eine Fabrikhalle tanzen und den Kelch süßer Industrieabwässer trinken. Begleitet uns, wenn wir mit aller Kraft in den Zentralgalerien der Uffizien furzen; stimmt in die Freudenrufe ein, wenn wir die Pietà mit Glühbirnen bewerfen; helft uns, wenn wir die Sixtinische Kapelle mit schockierenden, obszönen Rufen erfüllen. Laßt mit uns die Hosen herunter. Falls noch Zeit zum Malen bleibt, hier sind unsere Grundsätze:

Wir erklären:

1) Alles muß Bewegung, Geschwindigkeit, Kraft sein. Kommt nicht ein vorbeifahrendes Auto von der Straße in unser Haus, küßt unsere Frau auf die Wange und streckt sich neben uns auf der Couch aus? Fällt nicht ein Kind, das auf dem Gehsteig Kästchen-Hüpfen spielt, in ein Schaufenster und mischt sich dort unter Trockenfrüchte, kläffende Hunde und vielfarbige Lichtreflexe?

2) Universaler Dynamismus und simultane Plastizität müssen als komplementäre Beziehung zwischen kongruenten, kontinuierlichen Bewegungen und dreidimensionaler Kontinuität betrachtet werden, egal, was das bedeutet.

3) Jedem, der über uns die Nase rümpft, soll man die Zähne einschlagen, auf den Kopf hauen und die Nase plattklopfen. Anschließend muß man ihn einfach ignorieren.

Wir fordern:

1) Gemälde mit grellen Farben, lautstarke Musik, Skulpturen mit scharfen Kanten und Kunden mit Blankoschecks.

2) Mehr Maschinen, mehr Industrie, mehr Dreck, mehr Getöse, mehr Bewegung und mehr Chaos. Freies Aspirin für alle!

3) Die sofortige Zerstörung aller Museen und Bibliotheken. Wenn die Gemälde betrachtet werden wollen, dann sollen sie uns zu Hause besuchen. Bücher können an den Marktständen verkauft werden, wie Tomaten.

4) Bis nächsten Donnerstag müssen wir als Genies anerkannt sein, es sei denn, wir geben unserem jugendlich-künstlerischen Spleen eine Richtung, bei deren bloßer Vorstellung wir selbst zu zittern anfangen.

Andere futuristische Manifeste in der Ausstellung waren Bellis »Futuristisches Manifesto, Bleistifte, Füllfederhalter und Radiergummis betreffend«, Carlo Carambas »Wie man starke Gerüche malt« und Patellas »Anweisungen an futuristische Klavierstimmer«. Die Öffentlichkeit leistete ihren Beitrag in der Form wahlloser Autounfälle, unzähliger Verkehrsstaus, gewaltsamer Auseinandersetzungen mit der Polizei und gemeinsamen Absingens von Chorälen auf den Plätzen im Zentrum. »Ich bin stolz, heute hier zu sein und den Triumph der futuristischen Idee miterleben zu dürfen«, kommentierte der italienische Staatssekretär für Kultur, Udo Connoli. »Unsere moderne Industriegesellschaft ist die Frucht der Arbeit all dieser großen, verrückten Spinner.«

Maria Belli, die einzige überlebende Tochter von Giacomo Belli, gab den Ereignissen ihren Segen, indem sie sich vor einer Reihe von Generatoren fotografieren ließ. In der Galerie selbst betrachteten Hunderte von

Umberto Braccioli: *Dynamismus eines die Treppe herabsteigenden Hundes,* 1912, Ölgemälde; Museo La Sagna, Mailand.

Besuchern bewundernd die Gemälde und Plastiken einer Schule, die unerschrocken mit der Übersetzung von Bewegung, Ton und Dauer in zweidimensionale Formen experimentierte. Während diese Versuche nicht von Erfolg gekrönt waren, wurden sie doch von allen Seiten der Kunstwelt kommentiert. »Ich kann mich des Eindrucks eines gewaltigen Widerspruchs nicht erwehren«, schrieb der deutsche Expressionist Franz Marc an Wassily Kandinsky. »Es verhält sich so: Obwohl ich ihre Gemälde und Skulpturen verabscheue, finde ich ihre Ideen dennoch abstoßend und idiotisch.« Kandinskys Erwiderung war knapp und zustimmend: »Ich auch.«
Seither gehören der Futurismus ebenso wie die Futurologie unwiderruflich der Vergangenheit an.

FIX, PRÄ-

Allzu viele Wörter unserer deutschen Sprache sind nur verwendbar mit Präfix – »Präfix« zum Beispiel.
Wenn mehr von diesen verf(l)ixten Wörtern auch ohne fixes Präfix verwendbar wären, dann wäre die deutsche Sprache sehr viel reicher. Ein paar Beispiele: »Wirsch« (ohne UN), »Terhose« (auch ohne UN), »Uruh« (ohne KÄNG!)
Weitere Beispiele:

Alphabet, der
Im Gegensatz zum Analphabet ist der Alphabet ein Mensch, der lesen kann. Zugkräftig in der Werbung für die Frankfurter Buchmesse: »Man ist wieder Alphabet!«

Hold
Gutartiger Riese.

Kretion
Hildegard Knef behandelt eigene Eheprobleme in ihren Büchern mit größter Kretion.

Kubine
Vereinsamte Nebenfrau.

Kustik
Lehre von der Stille.

Laucht
Person, die NICHT durch einen Lauch gezogen wurde – oder umgekehrt. Durchlaucht dagegen ist eine solche.

leidigen
»Leidige nicht meine Intelligenz!« Adam zu Eva. Kleopatra zu Cäsar.

Mokratie
Die Volksrepublik Polen ist ein gutes Beispiel für effiziente Mokratie.

Perlativ
Lt. Bismarck regt nichts so sehr zum Widerspruch an wie ein Superlativ. Verwenden Sie statt Superlativ lediglich Perlativ. Sie werden glaubwürdig.

Perte
In Bonn verderben viele echte Perten in Fragen der Außen-, Innen-, Welt-, Wirtschafts-, Kultur-, Finanz-, Verkehrspolitik u. v. a. den Brei.

Stinenzler
Süchtiger Mensch.

Flasche
Fußballspieler, der stets neben das Tor schießt. Flaschenbaum = Baum mit aufgehängten Fußballspielern.

Flaubert
(franz. gespr. Flohbär) Von Ungeziefer stark befallener Grisly.

Fleischbeschau
Trotz häufig falscher Interpretation tatsächlich nichts anderes als die amtliche Untersuchung des horizontalen Gewerbes auf Herpesbefall u. ä.

Fleischwolf
Maschine, durch die unliebsam gewordene, aufmüpfige Mitarbeiter wieder im Betriebsalltag integriert werden können (durch den F. drehen).

Fontane, Theodor
Dichter, berühmt geworden sind seine elegischen Fontanellen, die er in den Lücken zwischen seinen Schädelknochen produzierte.

Ford, Henry
Erfinder der nach ihm benannten uneinbringlichen Forderungen.

Forelle
Gemahlin des Schweizer Nervenarztes und Ameisenforschers Auguste Forel. Sie hatten zusammen fünf Kinder = Forellenquintett.

Fresken, prähistorische

»Die Qualität seiner Malerei nahm erstaunlich zu, nachdem er das Feuer entdeckt hatte.«

Fortpflanzung
natürliche Tarnung von Befestigungswerken, meist mit Büschen, Sträuchern und Bäumen. Fortifikation: falsch für Fortifraktion = Sprachregelung innerhalb einer Fraktion (»Fraktur reden«).

Fremdenindustrie
Industrielle Herstellung von Fremden, meist vom Fließband, in weniger frequentierten Erholungsgebieten.

Freud, Sigmund
Nervenarzt und Seelenkundler. Begründer der Psychoanalyse. Richtungsweisender Hauptsatz der Freud'schen Lehre: »Spaß an der Freud«.

Freytag, Gustav
Dichter, Historiker. Er wurde donnerstags geboren und weltweit berühmt durch Defoes Roman »Robinson Crusoe«.

Friesen
Humorvoller, germanischer Volksstamm. Erfinder des Frieses, eines waagerechten Flächenstreifens, gewöhnlich mit Reliefdarstellungen aus der Barbierzunft versehen (s. auch »Goldenes Fries«). Begeisterte Haarschneider = Frisöre.

Frostituierte
Sibirische Nutte.

Fudschijama (jap.)
Klage über Verlorenes.

G wie Geisterfahrer

G
als stimmhaft gesprengter Gaumenlaut für Hals-, Nasen-, Ohrenärzte besonders interessant in Griechenland. Weil: Ohne das G könnten die Griechen nur -riechen.

Gabelfrühstück
Rustikale Morgenmahlzeit, bei der mit dem Gabelstapler gespeist wird.

Gama, Vasco da
Trug als erster Weltumsegler zum Schutze seiner Füße gegen unvermutete Brecher die nach ihm benannten Gamaschen. Daher auch »Gamaschen haben = Angst h.«, z. B. bei hochgehender See.

Gastritis
Krankhafte Sucht, Besuche zu machen.

Gatte
Bezeichnung für Ehemann in gehobener Rede, Dramen und Tragödien. (Gatter = männlicher Gatte).

Gattin
Frau, die ihrem Mann hilft, jene Probleme zu lösen, die er nicht hätte, wenn er sie nicht hätte.

Geburtshelferkröte
(Trivialsprache) rustikale, burschikose Geliebte eines Gynäkologen.

Geburtenrückgang

»Wie man hört, gibt's Jahr für Jahr immer weniger von ihnen.«

Geburtsurkunde
Wird nur ausgestellt, weil man ohne sie keine Sterbeurkunde erhält.

Genie
FKK-Anhänger mit einem Gedächtnis für Gesichter.

Gemse, die
Die Gemsen bilden ein Reich weit oberhalb der Menschheit. In Höhen, wo der letzte Mensch verzagt, da liegt auf einem Parkett von Granit, Glimmerschiefer und ewigem Eis, bzw. Gneis, der Tanzboden dieser auf Höhenluft erpichten Bergantilopen. Ihre Lebensweise ist die gesündeste. Haschisch und Kokain sind verpönt in ihren schimmernden Bergpalästen, vor denen Krankheit und Siechtum kopfschüttelnd das Weite suchen.
Die wenigen Gletscherflöhe können der Gemse nichts anhaben, und die übrigen Bazillen machen ohnehin an den Pforten der Eisregion schleunigst kehrt.
So kann sich die Gemse ganz ihrer eigentlichen Aufgabe widmen, stolz, frei und unabhängig zu sein. Nicht zu Unrecht nennt man sie den Thunfisch der Alpen. Denn sie ist ein schmackhafter Braten und lebt, wie dieser, in geselliger Eintracht.

Genitalien
Gen Italien = Sizilien, Italien gegenüber (gebräuchl. im Code der Mafia).

Gerechtigkeit
Tugend, die jedem zuweist, was ihm von Rechts wegen zukommt (vergl.: höhere Gerechtigkeit = die jedem das verweigert, was ihm von Rechts wegen zukäme).

Geriatrie
Germanische Waffenkunde.

Gerichtsferien
(Gaunersprache, volkstümlich) vom Gericht verhängte Haftstrafe.

Gesandter
Ein von einer Regierung in das Ausland Geschickter. Dennoch sind geschickte Gesandte die Ausnahme.

Geschäftsgeheimnis
Geheimnis, in der Restriktion lukrative Geschäfte abzuwickeln.

Geschenk
Andere Bezeichnung für Wurst, mit der man nach dem Schinken wirft.

Geschichtsklitterung
Wahre, unbestreitbare, objektive, historisch-wissenschaftliche Geschichtsschreibung in autoritären Staaten.

Gesellschaft
Die herrschende Schicht in einem Gemeinwesen, deshalb fast immer schlechte G. (z. B. GmbH).

Gestern
Der Tag, an dem man den Wechsel hätte einlösen sollen. Auch meteophilosophisch: Unwichtiger Schneefall.

Gesundheitsamt
Staatliche Einrichtung, die sich ausschließlich mit Krankheiten abgibt.

Gewalt
Wird in der Gegenwart allgemein und ausschließlich in friedlicher Absicht angewendet.

Gläubiger
Von glauben, hoffen, etwa daß ein Schuldner seinen Verpflichtungen nachkommt (vergl. auch Kindheitsglaube u. ähnl.). Gläubiger werden häufig durch eine Offenbarung in ihrem Glauben gestärkt.

Gläubigerversammlung
Religiöse Veranstaltung der Gläubigen (damit der Glaube nicht ins Wanken gerät).

Glashaus
Populäre, aber dennoch völlig ungeeignete Behausung für permanente Steinewerfer.

Gleichgewicht
In der Weltpolitik nur dann hergestellt, wenn eine Großmacht das absolute, unstreitige Übergewicht errungen hat.

Gleichschritte
Menschliche Fortbewegungsart unter zeitlich gleichzeitigem Niedersetzen mehrerer gleichseitiger Füße.

Gluck
Hochmusikalische männliche Glucke. Sie zeigt ihre Bereitschaft, neue Weisen auszubrüten, durch ein charakteristisches Glucksen.

Gogh, Vincent van
Konstrukteur, Kleinwagenbauer. Sein Gogghomobil war in den 60er Jahren populär.

Goldfisch
Durch strenge Fischereiverordnungen Sportanglerinnen vorbehalten, die ihn sich möglichst geschickt an Land ziehen.

Gorilla
Primat. Lebt häufig zahlreich und gesellig in der unmittelbaren Umgebung von Regierungschefs oder Mafiabossen.

Gott
– erhalte Franz den Kaiser. Nationale Wunschhymne Österreichs, die ein natürliches Ende fand.

Gnu, Lebensraum des

»Ich bin immer glücklich, wenn ich ein Tier in seiner natürlichen Umgebung sehe!«

Gobi
mongoloide Dame zweifelhaften Rufes. In der abfälligen Beurteilung als »die wüste Gobi« breiten Bevölkerungsschichten geläufig.

Gobineau, Joseph Arthur
Franz. Graf; mit ihm hatte die w. Gobi eine ihrer zahlreichen in die Sittengeschichte eingegangenen Affären.

Goethe, J. W. v.
Gartenhausbesitzer in Weimar, Entdecker des nach ihm benannten Minerals Goethit. In der öffentlichen Meinung stark überbewerteter Schreiberling: Sein FAUST etwa ist fast ausschließlich aus Zitaten zusammengeschustert.

Götz von Berlichingen
Als Kernspruchäußerer Ehrenbürger des Freistaates Bayern.

Gottfried von Bouillon
Kreuzfahrer, der sich unterwegs ausschließlich von Fleischbrühe ernährte, so daß er mit Erfolg 1099 Jerusalem eroberte.

Grammatik
Voll Leid empfundene Matik. Die Betroffenen kapseln sich ab und verlieren das Interesse an ihrer Umgebung.

Gras
Pflanzenfamilie mit vielen variablen Unterfamilien, die beim Wachsen ein charakteristisches, unüberhörbares Geräusch macht.

Greene, Graham
Buk 1921 zum ersten Mal das damals noch hauptsächlich aus Grünkern bestehende Grahambrot.

Grillparzer
Abkömmlinge der Parzen (griechische Schicksalsgöttinnen), die sich mit Vorliebe von Gegrilltem ernähren (Grillparzerdiät).

Größte, der

Großeinsatz, Polizei im

»Ich halte ihn bei Laune, du läufst hintenrum, Kurt, und du, Werner, gehst bei der Menge mit deinem Hut sammeln.«

Grunewald
Berühmter Kiefernforst bei Berlin von Oktober bis April. April bis September als Grünewald bekannt. Die Holzauktionen finden niemals an grünem Holze statt.

Grundeis
Antriebsmittel für Gesäße. In der Trivialsprache: »einem geht der A. mit Gr.«

Gruppensex
Typisches Beispiel für angewandten Sozialismus: Er dokumentiert in sinnfälliger Weise die Vergesellschaftung der Produktionsmittel.

Guillotin
Franz. Arzt, der die schmerzlose Totaloperation, ohne vorherige Anästhesie, in der Medizin praktikabel machte. Allerdings ist die Mortalität dabei unerträglich hoch.

Gulasch
Munition, die aus eigens dafür konstruierten Kanonen verschossen wird. Der Gulaschkommunismus begründete seinen Herrschaftsanspruch auf den Einsatz dieser Waffe.

Gummibaum
Baum, der sich beliebig in die Länge oder Breite dehnen läßt, deshalb beliebt in Kleinwohnungen. Gummibäume werden gerne von Gummibären bewohnt.

Gummiknüppel
längliche, genormte Hartgummistäbe zur Errichtung von Gummiknüppeldämmen (unentbehrlich im Katastrophenschutz bei überschwappender Anarchie).

Gunst
Sächsisch für Kunst. Gleingunstbiene = Kabarett in Leipzig.

Gutach
Nebenfluß der Kinzig im badischen Schwarzwald (davon: Gutachten = in der Gutach herumplanschen).

Gutenberg, Johann
vervielfältigte zum ersten Mal, was seither besser vereinzelt geblieben wäre (wie z. B. dieses epochemachende Druckwerk).

Guinness-Buch der Rekorde

von Sir Alec Guinness

Restaurant, liebstes: *Hier sitze ich bei Zenzi Schmanklgruber auf dem Viktualienmarkt in München und warte auf meinen Teller Lüngerl mit Knödel. Und dazu bitte ein Guinness, Zenzi!*

Renner, der blödeste, *den ich je unter bekam. Das ist jener müde Flitzer, den ich in meinem Guinness-Buch der Weltrekorde mit beredtem Stillschweigen übergehe. Signore Grille, der mir diesen Schlitten andrehte, sollte in Dartmoor einsitzen. Lebenslänglich. Nicht mal das Licht im Handschuhfach funktionierte. Aber der Soda-Siphon in der Auto-Bar hat überhaupt nicht aufgehört zu spritzen!*

Von Rausgeschmissenes Geld in Restaurants bis Rollen, Film- Beste Ensemble-Leistung

Restaurants

Restaurant, teuerstes: Tour d'Argent, Paris. 16. Januar 1981. 4000 (viertausend) NF – und das OHNE NACHSPEISE! Das Ärgste: Mein Kollege Michael Caine hatte zum Dinner eingeladen. Als dieser Mistkerl die Rechnung las – bums, verschwindet er auf die Toilette wie ein Tourist beim ersten Urlaub in Mexiko. Ich zahle. 23.47 MEZ: Röchelnd ins Hotel. Die bohrendsten Schmerzen in der Brustgegend, wo ich immer die Brieftasche trage. Dieser Caine war für mich der bisher schwerste Schicksalsschlag.

Restaurant, verdächtigstes: Besser verdächtigste: Chinesische Restaurants rund um den Globus. Bei dem Kleingehackten weiß man nie ... Sicher ist Hund dabei. Ich darf gar nicht daran denken. Sonst kommt mir das Bellen. Wenn ich als Schauspieler – sagen wir, ich verkörpere gerade die Herzogin-Mutter von Chichester – anfinge zu bellen? Absurd.

Restaurant, abstoßendstes: Da war dieser gut genährte, nette junge Mann bei meiner »Stardust«-Agentur in Hollywood. Er lud mich ein, die gehobene amerikanische Küche kennenzulernen. Er hievte mich und sich auf einen Saloon-Hocker in Skunk's Hole, Wilshire Boulevard, Los Angeles. Er bestellte Rattenaugen auf Wurstburger (schmeckt wie geraspelte Plastik) und Prärie-Auster. Prärie-Auster ist – Stier-Hoden. STIER-HODEN. Dazu gab's – mir dreht sich heute noch der Magen um – Met. Honig-Most. Seither bin ich bei der »Golden Star«-Agentur.

Restaurant, liebstes: Wenn ich nach München komme, gehe ich zuerst zu Zenzi Schmanklgruber auf dem Viktualienmarkt. Sie kennt mich nicht, aber hat mal gehört, daß mein Name ungefähr wie bayerisch »Kini« klingt. Sie hält mich seither für einen ausländischen Wittelsbacher. In ihrem Laden steht ein Tisch, dort bekomme ich Lüngerl mit Knödel vorgesetzt (Knödel ist nicht gleich Kloß, s. u.). Ob ich Zenzi Schmanklgruber engagiere?

Restaurant, bestes: King George's Drive Inn. Esse dort immer gut zubereitetes Roast Beef mit all den typisch englischen Zutaten. Da geht einfach nichts drüber. Nichts.

Rohe Klöße: Die meisten von mir verspeist: Neuneinviertel. Im Fernsehen bei der Vorstellung meines Guinness-Buchs der Weltrekorde auf der Frankfurter Buchmesse. 13. Oktober 1982, 13.46 bis 14.12 MEZ. Nie wieder. Würde lieber mein eignes Guinness-Buch der Weltrekorde aufessen. Ich sage voller Trauer: Kloß ist für mich seither ein Schimpfwort.

Rollen, Film-

Beste schauspielerische Leistung: Kommandant in »Die Brücke am Kwai«. Meine Lieblingsrolle, wenn ich auch darin diesen oder jenen unverbesserlichen Kommißkopf vor denselben gestoßen habe. Wenn ich in Restaurants, Hotels oder Banken nicht schnell genug bedient werde, dann lege ich einfach los wie damals am River Krai. Wirkt Wunder.

Lächerlichstes Rollenangebot meiner Karriere, angenommen: Obi-Wan Kenobi in »Krieg der Sterne«, '77 war das. Man muß sich das einmal vor Augen halten: Ein Mann meines Rufs und meiner Erfahrung mimt einen eindimensionalen Einfaltspinsel in einer Kinderfabel in einer Weltraumschnulze – und das auch noch in einer Nebenrolle. Die Hauptrolle spielt ein – Computer! Warum ich den Obi-Wan Kenobi gemimt habe? Ich sag's Ihnen, liebe Freunde: Der saure Apfel war vergoldet. Zweieinviertel Prozent von den Einnahmen. Die Wahrheit ist fast immer so schlicht.
Lächerlichstes Rollenangebot meiner Karriere, abgelehnt: Nie eines.

Kamel, hinterhältigstes: Lawrence von Arabien, '62. Tötete mir den letzten Nerv. Un-er-träg-lich. Ich hätte diesen schmutzigbraunen Trampel von einem Dromedar in den Höcker schießen sollen. Das irre Biest spuckte dauernd in meinen Make-up-Koffer. Hinterhältig. Widerwärtig. Ekelerregend. Warum habe ich nicht auf einem Stoff-Kamel bestanden?

Beste Ensemble-Leistung: »Adel verpflichtet«, '49. Acht Rollen habe ich selber verkörpert. Das nenne ich Ensemblespiel.

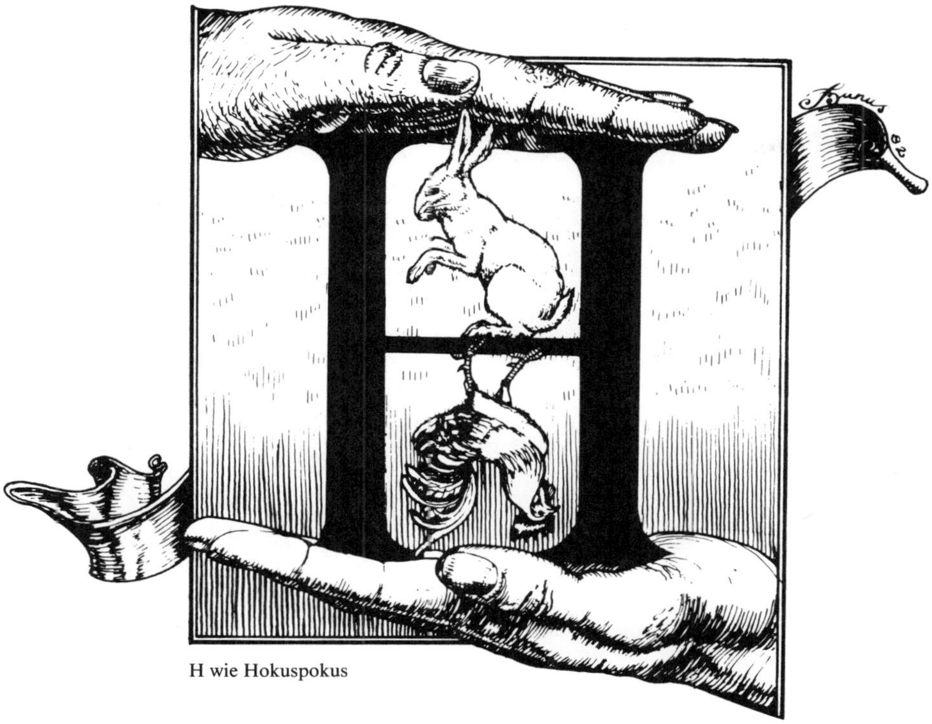

H wie Hokuspokus

H
Einer der sanftesten (weil Hauchlaut) im Alphabet; in Verbindung mit den übrigen Lauten jedoch häufig unverkennbar aggressiv (z. B. »**H**immel Arsch und Zwirn«, oder »Ich werde euch die **H**ammelbeine langziehen« usw.). Obgleich achter Buchstabe im ABC nur siebter Ton der C-Dur-Grundtonleiter, was sich infolgedessen leicht merken läßt.

Haag
Koffeinfreier Kaffee (vergl.: Haager Gerichtshof = internationales Gericht, das niemand Herzklopfen verursacht).

Haar
Fadenförmiges, in der Oberhaut wurzelndes Gebilde. 1. In ihm läßt es sich – allerdings nur im Plural – gut liegen. 2. Gerne verwendet als Suppeneinlage. 3. Bei Politikern stark gefährdeter Kopfschmuck, von dem sie bei jeder Wahl einiges lassen müssen. 4. Unentbehrlich als Transportmittel, mit dessen Hilfe vieles herbeigezogen wird. In der Haarpflege wird das H mit Vorliebe auch gerauft, statt geschnitten. Haare auf den Zähnen sind häufig, aber lästig und unhygienisch, da sich in ihnen Speisereste festsetzen können. Das H findet auch in der Industrie mannigfache Verwendung. Die Bearbeitung erfolgt in einem schwierigen Produktionsprozeß durch fachlich hochqualifizierte Haarspalter.

Haddschi
Stark erkälteter Mekkapilger.

Haft
Freiheitsstrafe, bis weit in die Neuzeit hinein bei Wasser und Brot. Vergl. auch Haftglas = Behältnis für das während der Haft ausgeschenkte Wasser.

Haftbeschwerde
Häufig nach Genuß allzu trockenen, altbackenen Brotes während der H.-zeit.

halb
Noch immer nicht ausgefochtener philosophischer Streitpunkt: 1. halbvoll, 2. halbleer. Gegenwärtig neigt die moderne philosophische Schule zu Definition Nr. 2 (im Alltag allgemein: Glas stets halbvoll, Kasse stets halbleer).

Halbwelt
immer die andere Hälfte des Erdballes.

Halogen
Gegenseitige Begrüßung von Erbfaktoren.

Halsabschneiden
Einer der ältesten Handwerksberufe. Noch immer sehr gewinnträchtig.

Hals, Frans
Nach längerem, unvorsichtigen Recken ausgefranster, nicht mehr ganz neuer Hals.

Halunke-Schurke
Graf Detlev von (1755–1808). Nur wenige historische Gestalten sind so eindeutig als Namensgeber für Begriffe der Umgangssprache identifiziert worden wie der ostfriesische (Deich-)Graf Detlev von Halunke-Schurke. Die Untaten des berüchtigten Grafen leben in dem volkstümlichen Begriff weiter, der für immer mit seinem Namen verbunden bleibt: Detlev.

Ham
(englisch) = Schinken (vergl. auch Hamlet: Schinken für Letten, im Zweifelsfalle auch Esten.

Handel
Der gewerbsmäßige Ein- und Verkauf von Gütern. – Händel = meist im Chor ausgetragene Meinungsverschiedenheiten beim H.

Handel, George Frederik
Englischer Botaniker. Züchtete zum ersten Mal erfolgreich das Händelkraut (z. B. die Händelwurz = Familie der Orchideengewächse) in Tontöpfen.

Handikap
Vorstehende, bei Seefahrern noch heute gefürchtete Felsnase an der Bucht von Handi.

Hallen- und Rasenwerbung

»Schnell mit dem Schwamm her – sein Werbeaufdruck ist völlig verschmutzt!«

»Seine Tage als Werbeträger dürften gezählt sein!«

Hilfe, Letzte

Der Tod überrascht jeden irgendwann, irgendwo. Das Sterben passiert häufig an entlegenen Plätzen – weit vom nächsten Beerdigungsinstitut entfernt; an Stellen, die nicht einmal ein geländegängiger Leichenwagen erreichen kann; unter widrigen Umständen (z. B. auf dem Schlachtfeld oder bei Naturkatastrophen), wo der Ruf nach dem Bestatter ungehört verhallt. Es können wichtige Minuten, ja sogar

Stunden vergehen, ehe ein geschulter Bestatter zu Hilfe eilt. In dieser kritischen Zeit, unmittelbar nach Eintreten des Todes, ehe nicht mehr korrigierbare Veränderungen am Leichnam stattfinden, kann ein kühler Kopf – ausgebildet in Letzter Hilfe – darüber entscheiden, ob der Tote ein unvergeßliches, harmonisches, würdevolles Begräbnis erhält, fein einbalsamiert und kunstvoll geschminkt – ein Bild ewigen Friedens und unendlicher Zufriedenheit für die trauernden Hinterbliebenen bietend – oder ob er unter unwürdigen Umständen, fest im schwarzen Sarg verschraubt, form- und lieblos unter die Erde kommt.

Eines muß man jedoch bedenken: Leichenbestatter sind keine Zauberer. Wenn jemand wie 150 Pfund Hackfleisch angeliefert wird, kann auch er nur begraben werden wie der Hauptdarsteller eines japanischen Horrorfilms.

Hier die wichtigsten Regeln der Letzten Hilfe:

1. Nerven bewahren! Stürzen Sie sich auf den Verschiedenen. Niemals wertvolle Zeit mit Wiederbelebungsversuchen vergeuden! Oft werden in diesen ersten Minuten gravierende Fehler gemacht, die das schöne Aussehen des Körpers durch laienhafte medizinische Behandlung endgültig zerstören, wie beispielsweise durch das Spritzen von Schlangenserum, das Anlegen von Aderpressen oder das Anbringen von Luftröhrenschnitten. Oft sind es auch die Dahingeschiedenen selbst, die sich in letzten Krämpfen winden oder in sinnlosem Todeskampf verzerren und so die schöne Gesichtsfarbe und den Teint ruinieren.

2. Jetzt den Verstorbenen sofort bewegungsunfähig machen. Sollte der Körper noch zucken, pressen Sie eine Wolldecke oder einen zusammengerollten Mantel minutenlang auf das Gesicht, und machen Sie den teuren Toten durch Zuhalten von Nase und Mund oder durch Mund-zu-Mund-Erstickung endgültig mundtot. Sollten seine letzten Muskelzuckungen oder der Todeskampf zu stark sein, schlagen Sie ihn wiederholt hinters Ohr, am besten mit einem sandgefüllten Socken oder mit der weichen Oberseite Ihres Stiefels. Nehmen Sie keinen harten Gegenstand (Stein oder Stock), wenn Sie bleibende Spuren vermeiden wollen. Wenn der Verblichene ruhiggestellt ist, wieder die erste Methode (Wolldecke oder Mantel) anwenden.

3. Sicherstellen, daß der Verstorbene so flach wie möglich liegt. Liegt ein Arm oder ein Bein wegen eines Bruchs

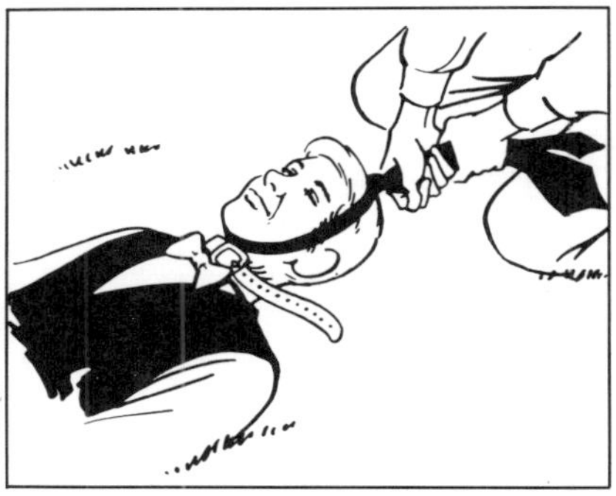

nicht gerade, bewegen Sie die Gliedmaßen langsam in Richtung Boden, indem Sie sich darauf knien. Lassen Sie sich dabei nicht durch Knirschgeräusche stören. Die Arme über den Bauch falten. Hat der Verschiedene sichtbare Wunden, diese mit dem Grundierungs-Make-up aus Ihrem Letzte-Hilfe-Kasten abdecken; falls Sie diesen nicht bei sich haben, legen Sie Moos oder Gras (bitte vorher die Erde abschütteln) über die Wunde.

4. Um zu vermeiden, daß überschüssiges Blut in den Kopf steigt und die Gesichtsfarbe verändert, nehmen Sie Ihren Gürtel oder Schlips und machen Sie eine Aderpresse um den Hals des Verstorbenen – ganz knapp unter dem Adamsapfel. Mit der Hand festziehen. Unbedingt darauf achten, daß der Tote nicht mit offenem Mund in Leichenstarre fällt! Binden Sie ein Halstuch oder einen Stoffstreifen zu einer

Schlinge, die Sie um das Kinn des Verblichenen legen. Zur Not hilft gut durchgekauter Kaugummi, den Sie dem Toten auf den Unterkiefer legen; dann das Gebiß zusammenpressen und etwa drei Minuten in dieser Position halten.

5. Jetzt die Brieftasche des Toten nach Verfügungen über Organspenden oder Obduktion zu Studienzwecken durchsuchen. Diese sofort verbrennen.

6. Bedecken Sie den Verstorbenen vom Hals bis zu den Füßen mit Kleidung, Tannenzweigen oder Erde. Wenn alles schön zugedeckt ist, legen Sie darauf die schwersten Steinbrocken, Holzstämme oder andere schwere Gegenstände, die den Körper ganz gleichmäßig bedecken. Dies verhindert, daß der Leichnam in einer unnatürlichen Haltung erstarrt, die auch jetzt noch (durch unkontrollierbares Muskelzucken) verursacht werden könnte.

Weitere Informationen über das Letzte-Hilfe-Programm und eine Adressenliste von Geschäften, die Letzte-Hilfe-Koffer führen, erhalten Sie von der örtlichen Zweigstelle des Toten Kreuzes. Oder schreiben Sie direkt an: Deutsches Kreuz, 9617 Bad Leichenhall, Frostfach 202.

Horrorfilm-Computer von Gahan Wilson

Gahan Wilson, ein amerikanischer Privatgelehrter und Medienspezialist, hat für TV-Konsumenten, die einer Überdosis von Horrorfilmen ausgesetzt waren, eine beachtenswerte Therapie entwickelt. Das Krankheitsbild sieht so aus: Die Opfer sitzen bis spät in der Nacht vor einem flimmernden Fernsehgerät und sehen zu, wie sich wieder einmal eine unsagbar dämliche Vampir-Saga in die Stunden nach Mitternacht schleppt. Unfähig, das Ding abzustellen, schimpfen sie ohne großes Engagement auf die ARD (oder das ZDF oder »das Fernsehen«), knirschen mit den Zähnen und knabbern mehr Salzstangen an einem Abend, als der Arzt für eine ganze Woche erlaubt hat. Und doch wissen sie genau: Beim nächsten Horrorfilm bleiben sie wieder

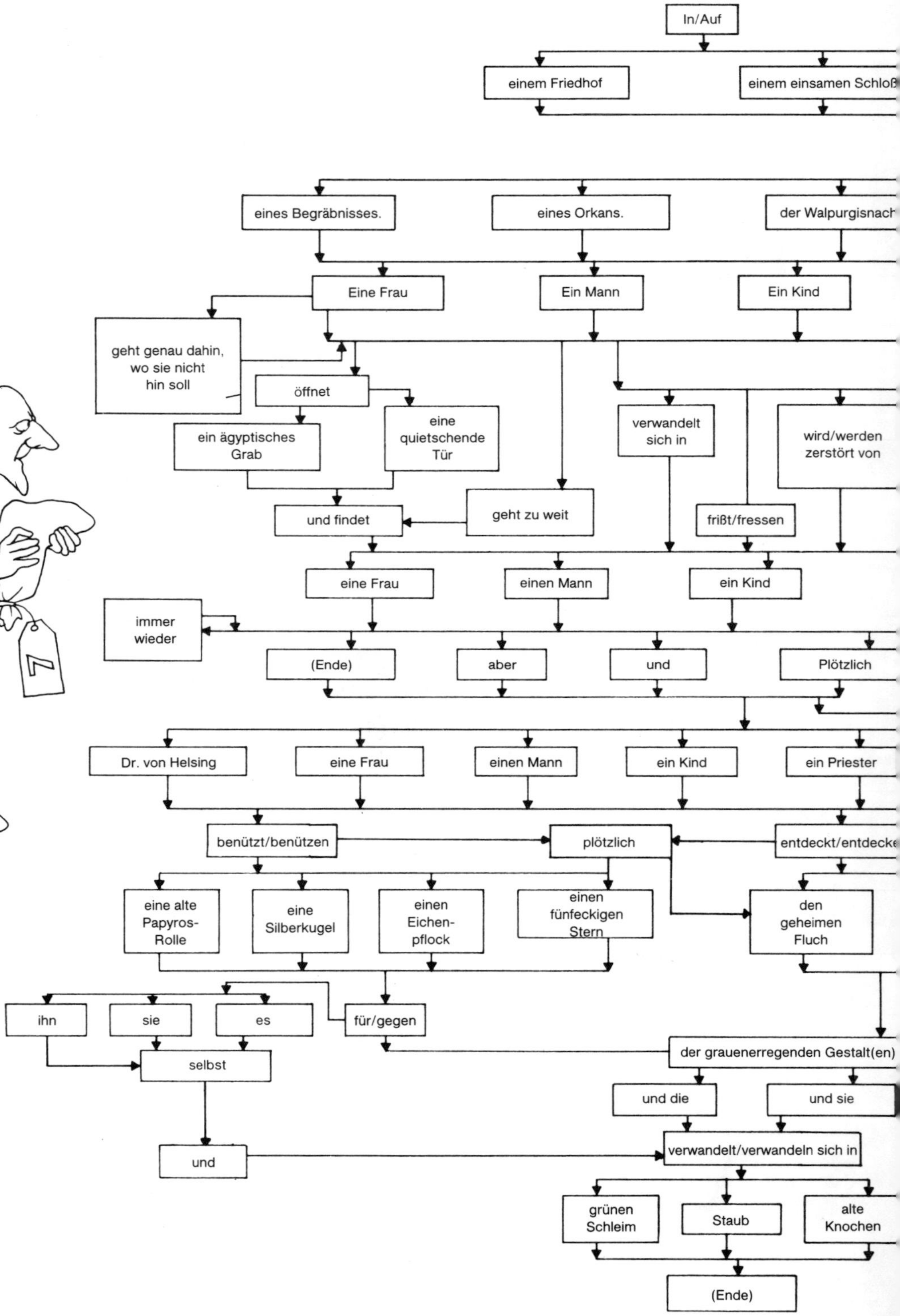

auf. Die Diagnose ist hier eindeutig: Suchtverhalten mit unbezwingbarem Wiederholungszwang. Die sogenannte Horrorfilmitis.

Für diesen Zustand gibt es keine völligen Heilungschancen, aber eine Möglichkeit, den unstillbaren Appetit auf diesen die Intelligenz beleidigenden Mattscheiben-Schund abzulenken. Für alle Opfer dieser Seuche kommt nur eines in Frage: Der Gahan-Wilson-Horrorfilm-Taschencomputer. Wenn sich der bemitleidenswerte Fernsehsüchtige wieder vor der Glotze findet und die Augen nicht mehr von irgendeinem entsetzlichen Film über ambulante Mumien wegbringt, dann braucht er nur den Computer aus der Tasche zu ziehen, muß die Stelle finden, an der das TV-Epos gerade angekommen ist und die Story bis zu einem Ende-Kästchen verfolgen, das ihm zusagt. Sofort wird das Suchtopfer feststellen, daß es ohne fremde Hilfe zurechtkommt und bald imstande sein, das Gerät abzustellen und ins Bett zu gehen. So hat der TV-Betrachter die Chance, Stunden elektronischer Horrorfolter durch einen frohen Blick auf das Diagramm zu ersetzen.

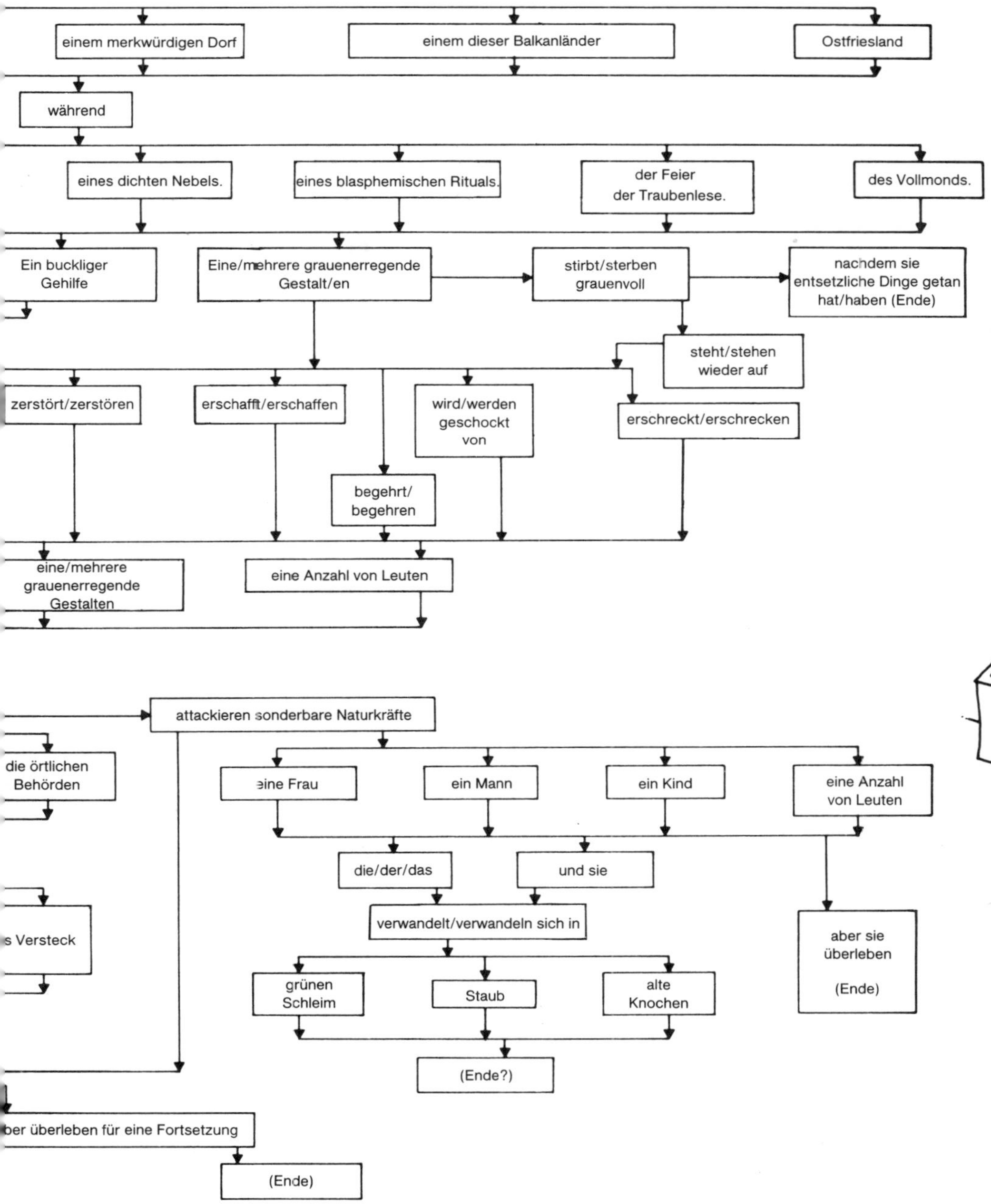

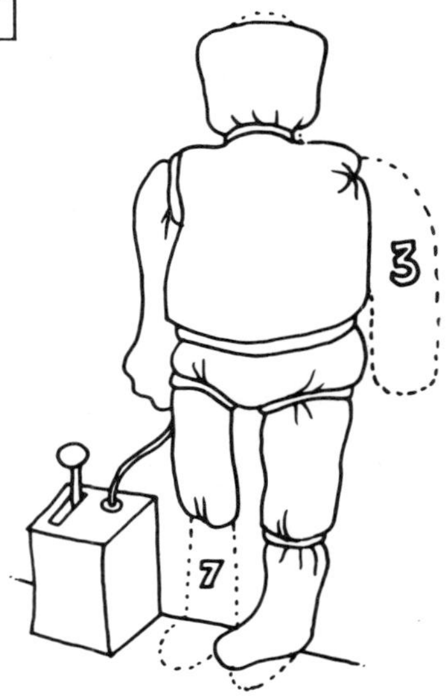

Handwerker

»Er ist zwar teuer, aber dafür arbeitet er sehr schnell.«

Hangar
Gebirgsflächenmaß.

Hanoi
(schwäbisch) Volkstümlicher Ausdruck für entschiedene Verneinung.

Harpunier
Starkbehaarter Einwohner Karthagos.

Hasenclever
Cleveres Langohr (Kreuzung von Langfinger mit Schlitzohr).

Hauptmann, Gerhart
Deutscher Bühnendichter und Erzähler. Avancierte trotz seiner Welterfolge zu seinem Leidwesen nie zum Major.

Haydn, Joseph
Längst als der Verantwortliche für solche Unzulänglichkeiten wie die Schöpfung und der aus ihr resultierenden, meteorologisch meist unbefriedigenden Jahreszeiten identifiziert.

Heer, Jakob Christoph
Schweizerischer Erzähler. Er füllte mit vielen Heeresberichten die Heeresbüchereien in den Heeresfachschulen.

heidí, auch heidi, heidideldumdei
Jubelruf der Heidschnucken beim Anblick eines Heideröschens in der Lüneburger Heide.

Heilbutt
In der Allgemeinmedizin therapeutisch genutzter Butt. Lebt vorwiegend in Heilquellen.

Heimweh
Ein Gefühl, das sich bei Teenagern einstellt, wenn sie zu lange zu Hause sind.

Heino
Herkunft und Bedeutung des Begriffes umstritten. (Möglicherweise aus dem Mittelarabischen:
Der aus Kamelmist Silberlinge macht.)

Heuristik
(griech.) Die Lehre von der Auffindung wissenschaftlicher Erkenntnisse (vergl.: heureka = ich hab's gefunden); besonders bei Auffinden von Stecknadeln im Heu.

Hindukusch
Losung des indischen Establishments.

Hochzeit
Siehe → Scheidung.

Hokuspokus
Wechselseitige Liebesbezeugung.

Hosenträger
Stets sittsam gekleideter Herr.

Hosianna
Anna in Bluejeans.

Hühnerhund
Aus der Familie der eierlegenden Hunde (canis gallinam gak).

Hummel
Gattung plumper, gesellig lebender Bienen. In Hamburg so häufig, daß man sie nur in der Verdoppelung kennt.

Hundesteuer
Der Hundeschweif. Mit ihm steuert der Hund beim Laufen seine jeweilige Seitenabtrift.

huren, ich
(alemann.) Ich kauere = im Türkensitz (franz.) Wuschelkopf. Davon Hure: die Kauernde mit dem Wuschelkopf.

Husarenstück
Beliebiger Teil eines früheren Reitersoldaten.

Hygiene

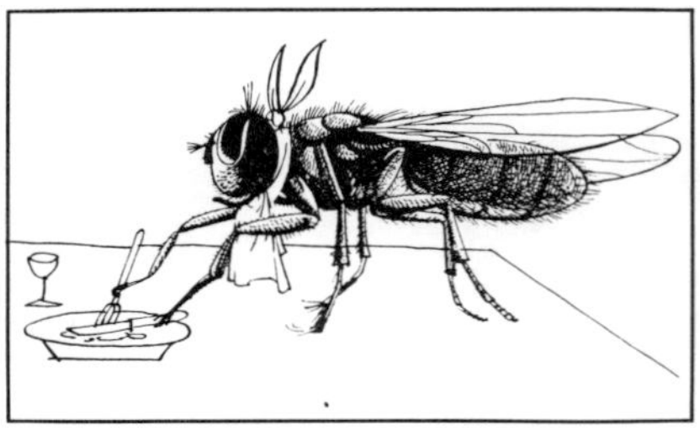

Hydepark
Park in London, in dem ohne besondere Genehmigung öffentliche Reden gehalten werden dürfen. Hyderabad = Terrain eigens für Redner mit Sprachfehlern.

Hydra
Wasserschlange (weibl.). Hydrandt = männliche Variation (vergl. hydrieren, schlängeln).

hyper
(griech.) zuviel, zu lange; z. B. Hypnose = zu lange Nase; Hypothek = lange Theke.

Hypertrophie
Beute eines Großwildjägers.

Horrorgeschöpfe in der Tierwelt

Die Abbildung zeigt den Strickstrumpfmastodon, der seine Stoßzähne vor der sibirischen Kälte durch Selbstgestricktes aus amerikanischer Baumwolle zu schützen pflegte.

Hydrokultur

Um wirklich – aber auch wirklich – unabhängig zu sein von Feldmausschäden, Ölscheichs und um endlich ohne sauren Regen leben zu können.

Der Enkel des UW-Forschers Jacques Cousteau handelte ebenso kühn wie konsequent. Er tauchte unter und blieb auch gleich unten. Er lebt in seiner Algenfarm Wagalaweia mit Frau Wellgunde und Töchtern Woglinde und Floßhilde (ihnen wachsen gerade die ersten Flößchen). Nur manchmal nehmen sie noch Landurlaub. Dann umschnorcheln sie Sehenswürdigkeiten wie Wilhelmshaven und scheuen auch nicht vor Oldenburg zurück, das sie sich Hunte-aufwärts erschnorcheln. Doch ihre Heimat ist im Meer. »Am Anfang war die Kaulquappe« – zitiert Cousteau jr. den Evolutionsforscher Felix Schrubke. Der Urmensch stieg aus dem Meer: das »evolutionäre Recycling« – zurück ins Wasser – hat jetzt begonnen. Es verwundert nur, daß es erst jetzt begonnen hat.

Dabei liegen die Vorteile der Hydrokultur auf der Hand. Man denke nur an die Algenernte. Die Algen wuchern auch ohne Pflanzenschutzmittel und brauchen nicht gegen Feldmausverbiß gespritzt zu werden.

Sollten Korallenriffe im Weg sein, werden sie von submarinen Baggern eingerissen, und die sperrige Rifflandschaft wird mit UW-Traktoren erschlossen

und urbar gemacht. Der Algenpreis wird jedoch auch bei produktioneller Überalgung subventionär hoch gehalten werden. Cousteau jr.: »Es ist das alternativste Grundrecht, daß jeder so viel Grün ernten kann, wie er kann!« Als ausgesprochen wasserfest erwies sich auch das Hebridenschaf. Es wächst im Meer besonders flockwollig. Dieses UW-Schaf ist nicht allein schon durch sein früheres Leben im Regen an Wasser gewöhnt. Es bringt auch eine schnorchelgerechte Kopfform mit und trägt seinen kleinen – aber (noch) nötigen – Schnorchel ausgesprochen putzig. Die UW-Fortpflanzung wird belebt durch die überall greifbaren Seejungfern, Nixen, Undinen und Nöcke. Der UW-Mensch wird wieder flossig, so daß er sich schnellschwimmend auf seine UW-Autos zubewegen kann – die dann die Fortbewegung im Wasser mit lustigem Quirlen der UW-Motorschrauben übernehmen. UW-Motorengeräusche und Auspuffgase gehen im Wasser unter: Nur einmal muß der UW-Mensch noch an Land: um begraben zu werden. Cousteau jr. lapidar: »Der Unterwasserboden ist dazu viel zu schade.«

Hyperwesen der Tierwelt

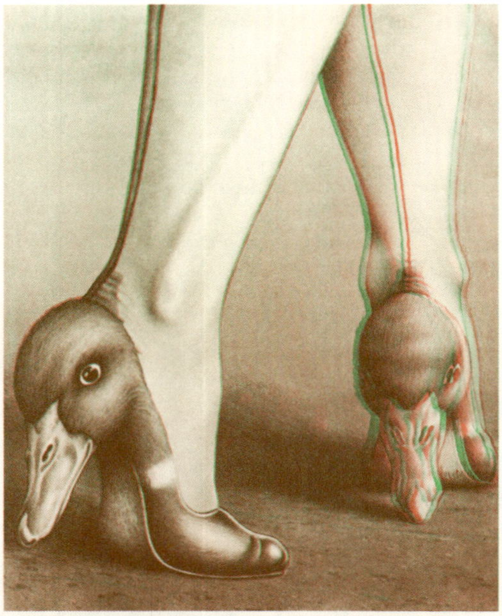

Entenschnabelabsätze sind der große Modeschrei für die kommende Saison: sowohl als erotischer Anreiz, ein Ei zu legen, als auch als diskrete Warnung vor dem unerträglichen Geschnatter der Trägerin.

Die Giraffenliege ist bequem und billig im Unterhalt, da sie sich ausschließlich von Blättern turmhoher Bäume ernährt. Wo diese fehlen, gibt sie sich auch mit frischer Luft zufrieden.

I wie Insektenstich

I
Engerer vorderer Selbstlaut. Der Punkt über dem i entstand erst im 14. Jahrhundert. Bis dahin sprach man das I ohne Punkt. Ohne diesen 9. und wichtigsten Buchstaben im Alphabet gäbe es keine Möglichkeit zurückhaltender Verwunderung, wie etwa »i wo!«

Ibsen
Heller, gicksender Schluckauf, in Norwegen häufiger als bei uns. Das I. wurde zum ersten Mal 1828 als das Henrik'sche Syndrom klinisch bekannt.

Idiom
Geisteskranker Onkel.

. . . ier
Mit einer Sache eng verbunden, wie etwa Musket-ier (mit der Muskete), oder Ren-tier (mit der Rentierjagd).

Inselwitz, der allerletzte

»Das könnte das Ende einer der klassischsten Cartoon-Situationen bedeuten, die die Menschheit je gekannt hat!«

Infant
(span.) Prinz. Infanterie = Prinzengarde.

Intelligenz
Selbst mit Hilfe dieses Lexikons schwer definierbar. Kommt zuweilen in Central Agencies vor.

inter
(lat.) zwischen, unter; z. B. Interlaken = Laken zwischen Federbett und Matratze.

Introvertiertheit
Die Bestie im Menschen.

Inzest
Siehe → Spiele für die ganze Familie.

Irreparabel
Verrücktes Gleichnis.

Isolierband
Tanzkapelle in Quarantäne.

Inquisition

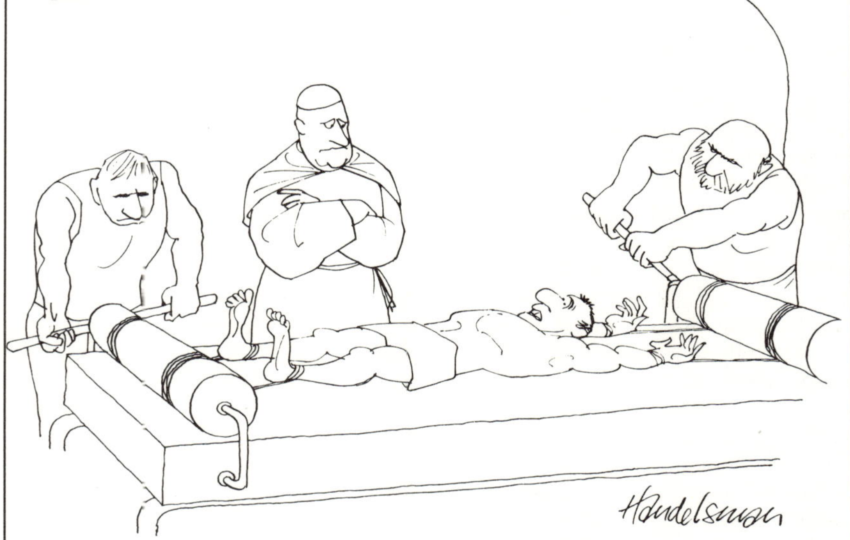

»Keine Angst – ich werde reden. Sagt mir nur rechtzeitig, wenn ich einsachtzig groß bin.«

Illusion, optische

Man kann den eigenen Augen nicht trauen!

Ein Bild lügt besser als tausend Wörter! Nur so kann der bekannte Aphorismus lauten. Und wir werden sehen, daß es mehr gibt zwischen Himmel und Erde, als unsere Augen wahrnehmen. Die meisten von uns haben diese Illusionen hundertmal gesehen, ohne sich je Gedanken zu machen, wie sie zustande kommen. Lassen Sie uns deshalb einen genaueren Blick auf einige dieser Augen-Täuscher werfen.

Fortdauer des Gesehenen – der Nachbildeffekt

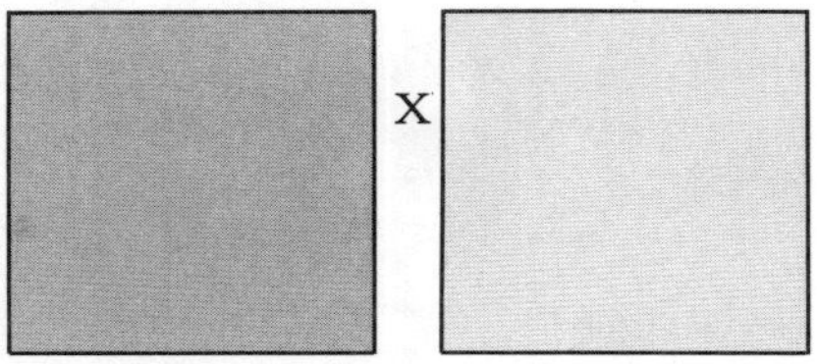

Beide Flächen erscheinen grün!

Berühren Sie mit Ihrer Nase den Punkt X (für beste Ergebnisse die Nase möglichst exakt auf die mit X markierte Stelle setzen!) und Sie auf das hellgraue Feld mit dem linken, auf das dunkelgraue mit dem rechten Auge. Zählen Sie bis 25. Dann kneifen Sie die Augen fest zu, nicht kürzer als fünf Sekunden natürlich. Wenn Sie die Augen wieder öffnen, scheinen Ihnen beide Felder grün zu sein. Der Effekt kommt durch das ein Ausbleichen der Photopigmente in der Netzhaut zustande. Diese Photopigmente sind so zahlreich, daß sie siebenmal zum Mond und wieder zurück reichen, wenn man nur die Pigmente aus einem Auge aneinanderreihen würde! (Der Versuch wurde nach dem dreimaligen Erreichen des Mondes eingestellt, da der Treibstoff ausging). Wird nun eine Zone der Photopigmente ausgebleicht, dann wird diese Region weniger empfindlich als die Umgebung und erzeugt so die Nachbildeffekte, was mit unserem Beispiel so anschaulich bewiesen wurde.

Binokulare Integration mit vollkommener Bildvereinigung – Das kopulierende Paar

Das Paar vereinigt sich in gemeinschaftlicher Wonne.

Vereinen Sie Daumen und Zeigefinger der linken Hand zu einem Kreis. Heben Sie Ihre linke Hand, bis Ihr Daumen auf dem Nasenrücken und der Zeigefinger auf der linken Augenbraue ruhen. Betrachten Sie das Paar durch den Kreis, während sie die Illustration mit der rechten Hand auf und ab bewegen. Und seien Sie froh, daß Sie keine Hand mehr freihaben.

Diese erotische Illusion, die in den Seitenstraßen der Place Pigalle seit langem von Hand zu Hand geht, wird von ernsthaften Wissenschaftlern als möglicherweise anschaulichste Demonstration der binokularen Integration betrachtet.
Die optischen Mechanismen, auf denen sie beruht, sind auch heute noch nicht restlos geklärt.

Veränderung der Aufmerksamkeit – das unmögliche E

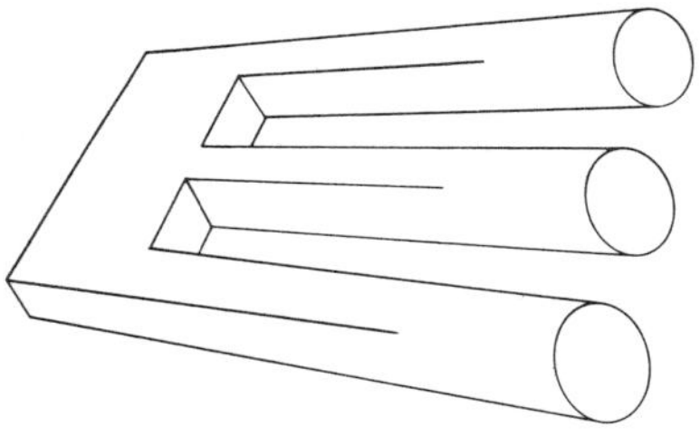

In einer dreidimensionalen Welt könnte diese Figur gar nicht vorkommen.

Dies hier ist die wahrscheinlich berühmteste unmögliche Figur, die je geschaffen wurde. Das Paradox entsteht in diesem Falle in der Ambiguität der Tiefe. Die verfügbaren Informationen reichen nicht aus, die Teile dimensional zu lokalisieren. Anders ausgedrückt: Es gibt zu wenige Linien, um, ausgehend von der zweidimensionalen Illustration, in einer dreidimensionalen Ebene einen kohärenten Sinngehalt zu lokalisieren. Das Gehirn kann sich einfach nicht damit anfreunden, daß jemand drei Beine haben soll. Deshalb verlagert es die Aufmerksamkeit von einer Möglichkeit zur anderen und wieder zurück.

Asymptotale Messung – Die bisektionale Illusion

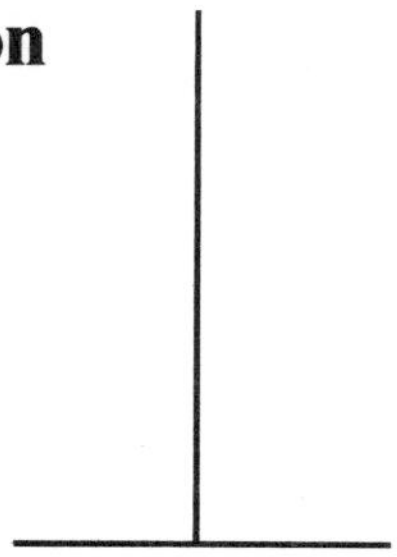

Weshalb sieht die vertikale Gerade länger aus?

Beinahe ausnahmslos kommen die Betrachter dieses einfachen Diagramms zu dem Schluß, daß die senkrechte Gerade ein gutes Stück länger ist als die waagrechte. Und doch: beide Geraden sind gleich lang!

Diese Illusion kann nur entstehen, weil die horizontale Gerade von der vertikalen in zwei Hälften geteilt wird, was uns zu einer asymptotalen Messung zwingt. Diese Teilung läßt uns nämlich den Blick für die wahre Ausdehnung der beiden Geraden verlieren, so daß sich in uns die Überzeugung breit macht, die vertikale Gerade sei länger als die horizontale!

Der Calyx-Krater oder die Vasen-Illusion

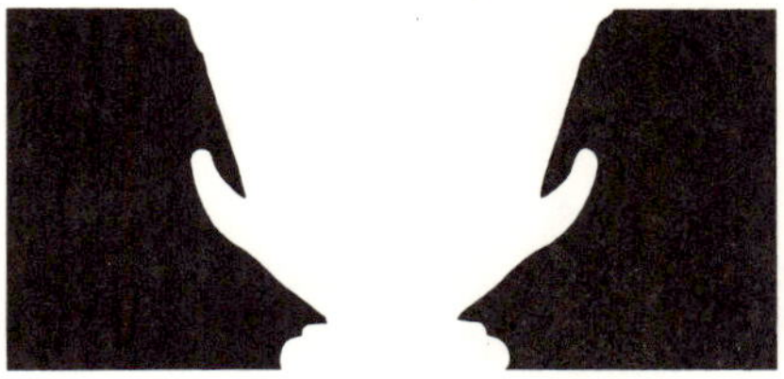

Eine Vase oder zwei Gesichter?

Diese Abbildung zeigt deutlich, daß eine Figur ein differenziertes Aussehen haben kann, wobei sie in den Vorder- wie in den Hintergrund wechseln kann und dabei spontan sowohl Orientierung als auch Tiefe vertauscht. Die wahrnehmende Entscheidung, die hier verlangt wird, entspricht der des Mathematikers bei der Unterscheidung des Gehalts einer Formel und seines eigenen Gehalts. Diese Erfahrung ist grundlegend für die Verarbeitung jeden Informationssystems, dessen Informationen einem auf die Nerven gehen.

Stereovisität – Tiefenillusionen

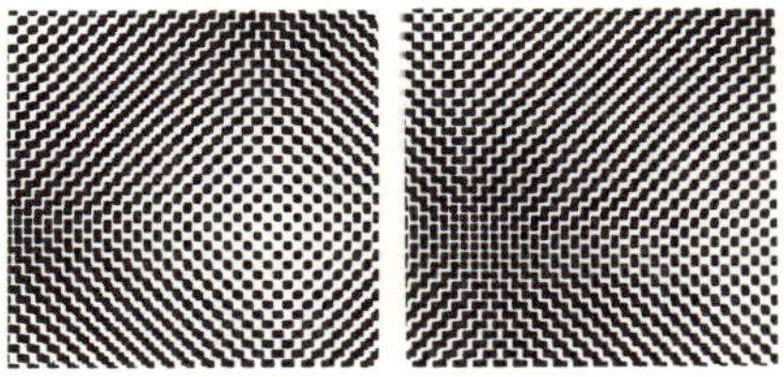

linkes Auge – rechtes Auge – Zwinkern Sie mit beiden Augen, um den dreidimensionalen Würfel zu erkennen.

Diese beiden vom Computer erzeugten Muster scheinen, für sich gesehen, beliebig austauschbar. Aber auf Armeslänge weggehalten und mit zusammengekniffenen Augen betrachtet, springen die Muster in die richtige Form: in die dreidimensionale Illustration eines Würfels, der Sie im wahrsten Sinne des Wortes anspringt!

Für sich allein gibt keines der beiden Muster genügend Informationen ab, um das Gehirn mit visuellen Kubikreizen zu versorgen. Zusammen betrachtet aber verschmelzen die Bilder in der Zentralhemisphäre, in der allein man befähigt ist, den Würfel zu enträtseln. Wichtig: Wenn Sie die Augen richtig zusammenkneifen, können Sie Rubik's Zauberwürfel in 1 Minute und 20 Sekunden wieder in Ordnung kriegen.

Aufsteigen und Absteigen – eine phantastische künstlerische Illusion

Die Männer scheinen gleichzeitig die Treppe hinauf- und hinabzusteigen.

Der berühmte flämische Meister M. C. Escher wurde posthum berühmt für seine fein ausgearbeiteten Holzschnitt-Illusionen. »Aufsteigen und Absteigen« ist eines der bekanntesten Paradoxe der Kunstwelt.

Die endlosen Treppen, die das Zentralmotiv dieses Bildes ausmachen, entstammen einem Artikel in der Februarausgabe 1978 des British Journal of Scientology. Sie sind aus Balken zusammengesetzt, die im rechten Winkel aufeinandertreffen. Wenn wir die verschiedenen Teile der Konstruktion eingehend prüfen, können wir keinen Fehler entdecken. Und doch bilden sie ein unmögliches Ganzes, denn plötzlich ergeben sich Unterschiede im Abstand zwischen Auge und Objekt.

Die unmögliche Treppe ist auf dem Bild viermal ineinander verschachtelt. Die Männer scheinen gleichzeitig die Treppe rauf- und runterzusteigen, was in der dreidimensionalen Welt unmöglich ist.

Verwirrende Geraden – die Müller-Rohrbach-Illusion

Welche Gerade ist länger? Sind Sie sicher?

Inhalt

I.Q. – Testen Sie Ihren

Albert Einstein war einer der größten Denker unserer Zeit. Er hätte diesen Test spielend bestanden.

Gemäß drei sehr unterschiedlicher Möglichkeiten, was Ihnen alles bei dem Begriff IQ einfallen konnte, ergeben sich für Sie drei Schlußfolgerungen:

A) IQ = Intelligenzquotient ... Sie sind auf den Kopf gefallen und selten in der Lage, Spaß an unvernünftigen Spaßvögeleien zu finden. Lesen Sie nicht weiter, Sie ärgern sich doch nur!

B) IQ = Industriequark ... Sie haben einen ausgefallenen Geschmack und können selbigen durchaus am Sinn im Unsinnigen finden. Das macht Sie als Spaßbold ganz erträglich!

C) IQ = Idiotiequotient ... Für Spinner wie Sie wurde dieses Buch geschrieben. Sie haben die ausdrückliche Verpflichtung, die Lektüre fortzusetzen!

Nachdem Sie bislang nur über eine abgeschlossene Halbbildung verfügten, müßte sich nach Lektüre dieses Werkes nunmehr die Summe allen Wissens dieser Welt in Ihren grauen Zellen speichern. Ob dem so ist (und wie die unterschiedlichen Grade der Speicherung zu werten sind), das erfahren Sie, indem Sie sich bei den folgenden Begriffen für jeweils eine von drei verschiedenen Definitionen entscheiden!

---

1. Was ist Priorität?
A) Heimsauna für Klosterfrauen
B) Abstehende Ohren
C) Anrede für einen Klosterbruder

2. Was ist Diadem?
A) Unheilbare Sucht, Freunde und Bekannte zum Betrachten größtenteils verwackelter Urlaubsbilder zu zwingen
B) Spanisch: »Bis die Tage!«
C) Eigentumsvermerk auf Dias

3. Was ist Amulett?
A) Verkehrsunfallversicherung für Liebespaare
B) Kleine, von Maultieren gezogene Kutsche
C) Verunglückte Eierspeise

4. Was ist Opal?
A) Futter für zahnlose Hundegreise
B) Automobilhersteller (»DDR«)
C) Hamlets Erbtante

5. Was ist Dissertation?
A) Fahnenflucht aus Gewissensgründen
B) Austritt aus der römisch-katholischen Kirche
C) Saudiarabischer Titel des Films ›Die Wüste lebt‹

6. Was ist Emmaus?
A) Amerikanische Ausgabe einer Frauenzeitschrift?
B) Muster-Maus eines Versandhauses für Haustiere
C) Emanzipiertes Mäuschen

7. Was ist Sarabande?
A) Foul beim Billard (Handspiel)
B) Kriminelle Vereinigung weiblicher Taschendiebe
C) Moderne Form des Keuschheitsgürtels

8. Was ist Savoir Vivre?
A) Interessengemeinschaft umfunktionierter Selbstmordkandidaten
B) Französisches Heilmittel gegen Streßkrankheiten
C) Duftwasser für Nudisten

9. Was ist Pistazie?
A) Tolerantes Skihaserl
B) Pinkelbaum für Rassehunde
C) Fachärztin für Blasenleiden

10. Was ist Karnickel?
A) Motorisierter Nikolaus
B) Karnevals- oder Faschingsmuffel
C) Spargroschen zur Finanzierung des Osterfestes

11. Was ist Rolladen?
A) Fachgeschäft für Autozubehör
B) Flughafen von Aden (Pilotenjargon)
C) Rindfleisch-Gericht, einmal ganz anders

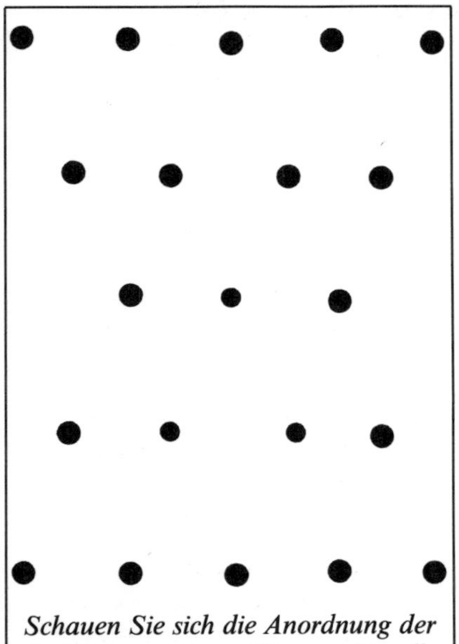

Schauen Sie sich die Anordnung der Punkte genau an. Können Sie alle Punkte miteinander verbinden, ohne den Bleistift vom Papier zu nehmen?

12. Was ist Markise?
A) Käufliche Dame aus dem Adelsstand
B) Ehren-Schärpe (mit Diplom) für reuige Steuersünder
C) Besondere Straßenmarkierung in Gegenden mit Radarüberwachung

13. Was ist Rigoletto?
A) Italienische Spielart der Empfängnisverhütung (Jahrhundertwende)
B) Mini-Sicherheitsschloß für Kokain-Schnupfdöschen
C) Schokogebäck für Operntanz, geräuschlos zu knabbern

Hier sind fünf Streichhölzer. Wenn Sie nur zwei benützen und Ihren Bleistift dabei nicht ansetzen, können Sie dann sieben Streichhölzer draus machen?

14. Was ist Böller?
A) Offizielle Verlautbarung durch ehemaligen Regierungssprecher
B) Ostfriesischer Jodler
C) Heinrich Böll, wenn er über sich selbst hinauswächst

15. Was ist Tertia?
A) Zeitschrift für das Leben zu dritt
B) Tonfolge in der Rock-Musik
C) Erdzeitalter

16. Was ist Trappist?
A) Fan der Trapp-Familie
B) Mitglied der Interessengemeinschaft zur Durchsetzung einer Geschwindigkeitsbegrenzung für galoppierende Pferde
C) Fallensteller am Polarkreis

17. Was ist Ibsen?
A) Peinliches Geräusch nach zu schnellem Genuß kohlensäurehaltiger Getränke
B) Vereinfachte Schreibweise von 2839 Uepsen
C) Ferienjob bei IBS (Umgangssprache)

18. Was ist Grillparzer?
A) Südjemenitischer Gartengrillhersteller
B) Spielverderber bei Gartenfesten
C) Homosexuelle Grille

19. Was ist Hochhuth?
A) Gipfel der Entrüstung
B) Skandinavische Kopfbedekkung
C) Militärische Vorhut in Hochform

20. Was ist Klarinette?
A) Tablette gegen Mundgeruch
B) Diplomierte Raumpflegerin (mit Abitur)
C) Fensterputztuch mit Sichtgarantie

21. Was ist Posaune?
A) Nebenarm des Po
B) Schwitzkur für Jeansfans, denen selbige zu eng sind
C) Sibirischer Gesäßwärmer auf Sonnenenergie-Basis

22. Was ist Verdi?
A) Grünanlage im Vatikan
B) Gastarbeiterdeutsch: »Wer ist diese knackige junge Dame?«
C) Verdienst nach Abzug der Steuern

23. Was ist Delacroix?
A) Für Oberammergau verpflichteter Jesus-Darsteller aus St. Tropez
B) Bundesverdienstkreuz für Belgier
C) Schmerzhafter Bandscheibenschaden

24. Was ist Beethoven?
A) Biologischer Blumendünger
B) Holländischer Wallfahrtsort
C) Österreichisches Markenhörgerät

25. Was ist Casablanca?
A) Allzweckreiniger für das gepflegte Heim
B) Name einer algerischen Filmproduktionsgesellschaft
C) Sardinischer Weißkäse aus Muttermilch

Bitte: Überlegen Sie es sich noch einmal ganz genau, bevor Sie die Testauswer-

tung auf dieser Seite nun vornehmen. Wenn Sie es unbedingt wissen wollen:

Testauswertung:
Notieren Sie jetzt, bitte, wie oft Sie in diesem Test
A) . . .
B) . . .
C) . . .
angekreuzt haben.

Wenn in Ihrem Testergebnis die A-Werte überwiegen, dann können Sie nur auf Bewährung ins Leben entlassen werden. Ihnen fehlt noch immer der richtige Durchblick. Ihr Bierernst macht es erforderlich, daß Sie sich an jedem 11.11. um 11 Uhr 11 bei Ihrem für sie zuständigen Bewährungshelfer im BAföG (Bundesverband aktiver Friedensforschung in öffentlichen Gemeinplätzen) melden zum Nachweis Ihrer Fortschritte auf dem Gebiet des höheren Schwachsinns, Lehrplan für Zwergschulen. Bei Erreichen des Klassenziels stehen Ihnen zwar nur begrenzte berufliche Möglichkeiten offen, doch zur mittleren Beamtenlaufbahn dürfte es immer noch reichen!

Wenn in Ihrem Testergebnis die B-Werte überwiegen, dann kann Ihnen mit einem lachenden und einem weinenden Auge die mittlere Reife in Sachen gehobener Blödsinn zugesprochen werden. Was Ihnen automatisch die Ehrenbürgerrechte in der DDR (Deutsches Dummheitsreservat), in Ostfriesland und in Niederösterreich garantiert. Wenn Sie trotzdem noch mehr aus sich machen wollen, empfehlen wir den regelmäßigen Konsum von Fernsehsendungen mit Heino, Didi und Peter (Alexander). Mit Otto aber sind Sie als Normalverbraucher bereits überfordert. Hier zeigt sich in der Selbstbescheidung der wahre Meister. Und so wird auch Ihnen eine Karriere etwa als bajuwarischer Verfassungsschützer möglich sein!

Wenn in Ihrem Testergebnis die C-Werte überwiegen, dann verleihen wir Ihnen mit sofortiger Wirkung die Ehrendoktorwürde auf dem Fachgebiet der Idiotologie. Sie haben mit der Einbildung die höchstmögliche Bildungsstufe erreicht und gelten somit als befähigt, in diesem unserem Lande Kohl zu verzapfen, auf daß auch unsere Jugend endlich den richtigen Durchblick bekomme. Verfassen Sie Rundbriefe an die Nation, per Otto-Versand an jeden Haushalt. Wenn Ihre Doofheit hierzulande Schule macht, wird man in anderen Ländern bald überhaupt nichts mehr zu lachen haben.

Und wir sind dann wieder mal die Größten!

Intelligenzia-Quotient

»Großer Gott! Soll das heißen, daß wir alle vom KGB sind?«

J wie Juristendeutsch

J
Jot. Ein stimmhafter Vordergaumenreibelaut, der zehnte Buchstabe im ABC, von dem kein Jota weggestrichen werden kann, gilt er doch in der Chemie als Zeichen für Jod und in der Physik für Joule, den gleichnamigen Frauennamen (zärtlich: Joulchen). Ohne J wäre keine Zustimmung möglich, was die Weltpolitik nur weiter komplizierte. Die Menschheit stürbe mangels Jawort rasch aus, das Militär würde erheblich an Glaubwürdigkeit verlieren (»Jawoll!«).

Jacke
Stets in Verbindung mit – vollkriegen: die J vollkriegen. Deshalb auch engste Verbindung zu Hose, J wie Hose, die man gleichermaßen häufig vollkriegt wie vollmacht. Jacketkrone = Krone auf dem Jacket, meist auf Revers, zum Zeichen der Zugehörigkeit zum europäischen Hochadel.

Jagd
Weidwerk, Nutzung des Wildes durch weidgerechtes Erlegen desselben. Davon Jagdschein = gerichtliche Feststellung der Unzurechnungsfähigkeit etwa bei Jagdfrevel durch Söhne von Ministerpräsidenten (auch von Laien leicht zu diagnostizieren in der Jägersprache, dem sog. »Jägerlatein«).

Jagdtrophäe

»Also, da war ich von diesen Bestien völlig umzingelt. Plötzlich schlug eine zu. Blitzschnell hob ich im Gegenzug meine Hand und bekam vom Auktionator den Zuschlag bei 800 Märkern.«

Jambus
Ungewöhnlich großer Marmeladetransporter.

Jauche
Der aus dem strohvermischten Stalldünger ablaufende Harn von Haustieren; jauchzen, ich jauchze = Begründete Freude, wenn man aus Mist erfolgreich Kohle macht (s. Heino).

Jean, Blue
Er trug zum ersten Mal die nach ihm benannten Bluejeans. Seine Eltern, Jeanne d'Arc und Jean Paul, konnten dieser Modetorheit kaum Geschmack abgewinnen.

Jedermann
reicher Patrizier, der jährlich in Salzburg öffentliche Orgien veranstaltet.

Jod
in der Sangeskunst bewährtes Mittel: Wer Jod trinkt, kann gut jodeln.

Johannistrieb
Späte Liebesregung von Mann zu Mann.

Jour
Empfang (aus festlichen Anlässen). Davon: Journalist = an festlichen Empfängen Teilnehmender.

Jugend
Zeit des Alterns. Sind die Kinder zwischen 12 und 17, können die Eltern um dreißig Jahre altern.

Junker
Junger Edelmann; Junkers = derselbe, aber fliegend.

K wie Kalter Krieger

K
Das K (Ka), des Kas, die Kas, nimmt als harter stimmloser Kehllaut die Position elf im Alphabet ein, deshalb auch seine ins Auge fallende Verwendung in Karneval (der speziell im Rheinischen jährlich am 11.11. 11 Uhr 11 beginnt). Im Altsemitischen des 9. Jahrhunderts vor der Zeitrechnung steht das ꓘ auf dem Kopf. Von da an hat es sich bis in die Neuzeit langsam aufgerichtet: ⋎ K.

Kabale
(franz.) Geheimer Anschlag, der mit viel Liebe durchgeführt wird. Ist trotzdem meist ein Trauerspiel.

Kabeljau
Fischart, die gelegte Kabel anknabbert. Typischer Jau-Ton der dadurch verursachten Störung im Übersee-Telefonverkehr.

Kaiserjäger
In der Schlußphase eines Umsturzes leicht bewegliche revolutionäre Einheit zur Jagd auf den geflohenen Monarchen (Kaiser etc.), mit dem Ziel, ihn aufzuspüren und zu erlegen.

Kaiserschmarren
Bezeichnung von Äußerungen Regierender in absoluten Monarchien.

Kaliber
Nur verwendbar in Verbindung mit – »du bist mir vielleicht kahl lieber«.

Kalifornien
Arabische Enklave im Süden der Vereinigten Staaten von Nordamerika mit einem Kalifen als Senator, der erstaunlich häufig zum Präsidenten der USA avanciert.

Kammerspiele
(Bayer. Volksbrauch) nach geglücktem »Fensterln«.

Kana
Biblischer Ort in Galiläa, Ursprung des noch heute beliebten, bequemen Hochzeitslagers Kanapee.

Kanal
1. Durchlaß zwischen Land und Insel oder Insel und Land, auch Ärmel genannt.
2. Durch Schleusen verbarrikadierte größere Wasserstraße. Der jeweilige Zwangsaufenthalt kann vom Schleusenwärter beliebig verlängert werden, z. B. wenn ihm unpäßlich ist oder die Schleusentore verklemmt sind.
3. Ein solcher ist voll, wenn der Seemann mindestens ein Faß Rum getrunken hat.

Kant, Immanuel
Schrieb unzählige, nach ihm benannte, Kantaten und Kantilenen. Führte eine wesentliche Verbesserung eines Hakens mit Hebestange zum Umwenden von Baumstämmen in die Forstwirtschaft ein: Kanthaken. In einer Kantine bewirtete er schon früh kostenlos Mitarbeiter und Gäste.

Kanu
Liebeslaube, die zwischen Schilf versteckt werden kann.

Kanzlist
Besonders listenreich zum Bundeskanzler aufsteigender Kohl.

kapieren
Die erfolgreiche Umseglung eines Kaps (z. B. – der guten Hoffnung).

Kapitalverbrechen
Sein mühsam erarbeitetes Einkommen falsch anlegen bzw. korrekt dem Finanzamt angeben.

Kassenarzt
Ärztlicher Betreuer von Kassierern, Kassenbeamten und Buchhaltern.

Kassenpatient
Zu abrupt zur Kasse Gebetener (Einkommensteuerbescheid) und deshalb unter Schockwirkung in die Klinik Eingelieferter.

Kichererbse
Unablässig gut gelaunter Schmetterlingsblütler.

Kickstarter
Gleich nach Anpfiff der zweiten Halbzeit rasant vorprellender Libero.

Kieler Woche
Jährliche Lustbarkeitsveranstaltung, bei der Segler so schnell wie möglich auf verschiedenen Kursen hintereinander hersegeln. Wer am schnellsten ist, hat gewonnen. Wenn er aber das Startschiff oder einen anderen Segler oder eine Boje gerammt hat, dann wird der Zweite Sieger, der Dritte wird Zweiter und der Vierte Dritter. Wenn der Vierte, der Dritter geworden ist, aber auch gerammt hat, dann wird der Fünfte Dritter, und der Sechste wird Vierter. Das ist sehr lustig, vor allem, wenn der erste und der vierte Rammer sagen, daß sie gar nicht gerammt haben. Dafür tritt dann ein Schiedsgericht zusammen, das gewissenhaft zwecks Wahrheitsfindung den Hergang der Tat, die Tatverdächtigen, die Zeugen und Gegenzeugen unter besonderer Berücksichtigung der Windstärke, der Stromversetzung, des gesegelten Kurses, der Segelstellung, der Schlafmützigkeit des Steuermanns, des Wegerechts, und was der Fallen mehr sind, prüft, berät, wägt, diskutiert. Meist tagt das Schiedsgericht noch, wenn die nächste Wettfahrt stattfindet, bei der wiederum Rammer am Werke sind. Es wurde daher vorgeschlagen, die Kieler Woche in Kieler Monat, besser noch in Kieler Jahr umzubenennen.

kikiriki!
Schrei des Hahns, bevor er Selbstmord (= Harakiri) begeht.

Kindervers, neuzeitlicher
Punk, Punk, Nadel, Stich und fertig ist das Angesicht.

Kinsey Report
Endgültiger Beweis, daß die Lust anzugeben größer ist als alle anderen Lüste.

Kirchturmpolitik
Im Gegensatz zur gegenwärtigen Weltpolitik ungewöhnlich weitblickend.

Kleist, Heinrich von
Bühnendichter, dem noch immer nicht der Kleistpreis zuerkannt werden konnte.

Klopstock, Friedrich Gottlieb
Unbeugsam autoritärer Kindererzieher.

Knast
Gefängnis mit ausgesprochen rustikaler Einrichtung. Knaster = der dort für gewöhnlich zur Ausgabe gelangende Rauchtabak.

Kneipp, Jakob
Deutscher Schriftsteller und Pfarrer. Wetterte in Traktaten eindrucksvoll gegen Trinkgelage in Kneipen.

Knittel, John
Autor und Wegemaler (Via mala). Er wurde rasch durch eine Anzahl Verse bekannt, die in unnachahmlicher Weise Geschehnisse des banalen Alltags besingen = Knittelverse.

Knurrhahn
Züchtungsergebnis eines Hundezwingerbesitzers, der in den Wienerwald einheiratete. Gibt bei Störung ein charakteristisches, ihm eigentümliches Knurren ab.

Kleiderordnung

»Aber, McFarlane – auf der Einladung steht doch klar und deutlich Abendkleidung!«

Knut
Dänischer König (1018–35). Führte zur Festigung seiner Macht die »Knute« ein (Lederpeitsche) und erfand das Knutschen (»was sich liebt, das züchtigt sich«).

k. o.
(englisch) = das absolute Gegenteil von (engl.) o. k.

Koch, Robert
Propagierte zur Wohnraumplatzersparnis die Kochnische in Kleinwohnungen.

Köln-Wahn
Domstadtfimmel.

Kohlweißling
Schmetterling, der sich in seiner genealogischen Entwicklung vom Kohlschwarz- zum -weißling umbildete.

Koller
Zustand nach sexuellen Aufklärungsfilmen.

Kombination
BRD + DDR.

KOMMUNISMUS©, eine kurze Geschichte des
Die New Yorker Anwaltskanzlei Belli, Mason und Kazinski, die sich auf Patentrecht und Urheberschutz (geistiges Eigentum) spezialisierte, beantragte am 23. April 1887 Patentschutz unter den Nummern 74566649 und 74566650. Sie handelten im Auftrag ihrer Klienten Karl Marx und Friedrich Engels, die in der Patentschrift ein technisches Modell zur Pontenzierung der Effektivität der politischen, ökonomischen und sozialen Doktrin des Weltkommunismus beschreiben. Marx und Engels brachten ihr gemeinsames Patenteigentum in eine Trust-Gesellschaft ein, die ihrerseits Lizenzen vergab für den Gebrauch verschiedener kommunistischer Markenzeichen und Praxismodelle, und zwar an das Zentralkomitee der UdSSR, seine Offiziellen, Delegierten und Unterhändler. Gebühren wurden in Form von sowjetischen Staatsanleihen eingezogen, die, auf Grund einer längeren Periode der Instabilität in diesem Land, bald von ihren Besitzern unter dem Nennwert verkauft wurden.
Eine zweite Lizenz ging an Mao Tsetung aus der chinesischen Volksrepublik in der Hoffnung, daß zusätzliche Einnahmen den Verlust aus dem Sowjet-Geschäft wettmachen würden. Die russische Regierung versuchte dies jedoch zu verhindern mit dem Hinweis, daß ein Passus im Originalvertrag mit Marx-Engels die Weitergabe der Lizenz an zweite und dritte Staaten ausschloß, wenn die Politik dieser Staaten in ethnischer, religiöser oder rassischer Hinsicht eine Konkurrenz für den ursprünglichen Lizenznehmer darstellt. Die Chinesen wiesen darauf hin, daß sie eine Form des Kommunismus praktizieren, die mit der ursprünglichen, patentierten Spielart nichts gemein hat, deswegen auch nicht unter die Lizenz fällt und somit auch keine Gebühren zu zahlen sind. Diese Aussage führte dazu, daß der Marx-Engels-Trust eine Klage wegen Vertragsbruchs gegen die Chinesen einreichte und eine richterliche Entscheidung durchsetzte, die den chinesischen Kommunismus als juristisch nicht mit dem Marx-Engels-Patent identisch erklärte. In einer weitergehenden Entscheidung wurde sowohl Russen als auch Chinesen untersagt, ihr System zu verändern, zu vergrößern oder zu exportieren. Dagegen legten alle Parteien Berufung ein. Während den beteiligten Nationen bei Zuwiderhandlung hohe Geldstrafen drohen, arbeiten Rechtsanwälte für den Marx-Engels-Trust unter Hochdruck, da die Erben Schadensersatz und angefallene Lizenzgebühren in Milliardenhöhe erwarten.

Konterbande
Meist von einem Konteradmiral geführte Eingreifreserve für kriegerische Gegenschläge. Konterfei = Selbstdarstellung eines (geglückten) Einsatzes der K, meist durch Pressesprecher.

Kotzebue, August von
Bühnendichter. Wurde von frühester Jugend an durch chronische Magenbeschwerden in seinen Produktionen spürbar gehindert.

Kugelschreiber
Wurde vor genau 50 Jahren entdeckt. Er hieß Gerald Eckig und schrieb acht Stunden täglich durchschnittlich achttausend Mal das Wort »Kugel«.

Kunst
In Krisenzeiten unentbehrlich zur Versüßung des sonst tristen Daseins mit Hilfe des aus ihr resultierenden Honigs, sog. Kunsthonig.

Kunstpause
Seit Jahrzehnten im mitteleuropäischen Raum in Hochblüte stehend. Viele herausragende Künstler widmen ihr Lebenswerk der Kp. Einige vervielfältigen sie, indem sie die Kp. durchpausen, um so ein größeres Publikum zu erreichen.

Kopflaus
Variation aus der Familie der gemeinen Läuse mit besonders deutlich ausgeprägtem Kopf. Der übrige Körper ist dagegen stark verkümmert.

Kreisarzt
Facharzt für Kreislauferkrankungen (fälschlich auch Arzt vom Dienst im Kreissaal).

Kuß
Bewerbung um eine bessere Stellung.

Kriegslist

»Für euch Junge wird es vermutlich das erste Mal sein, daß ihr euch im Innern eines Pferdes befindet . . .

Eine audiovidiotische Lerneinheit

Kapazitäten, kretinistische

Alles über die gelehrten Idioten des Altertums

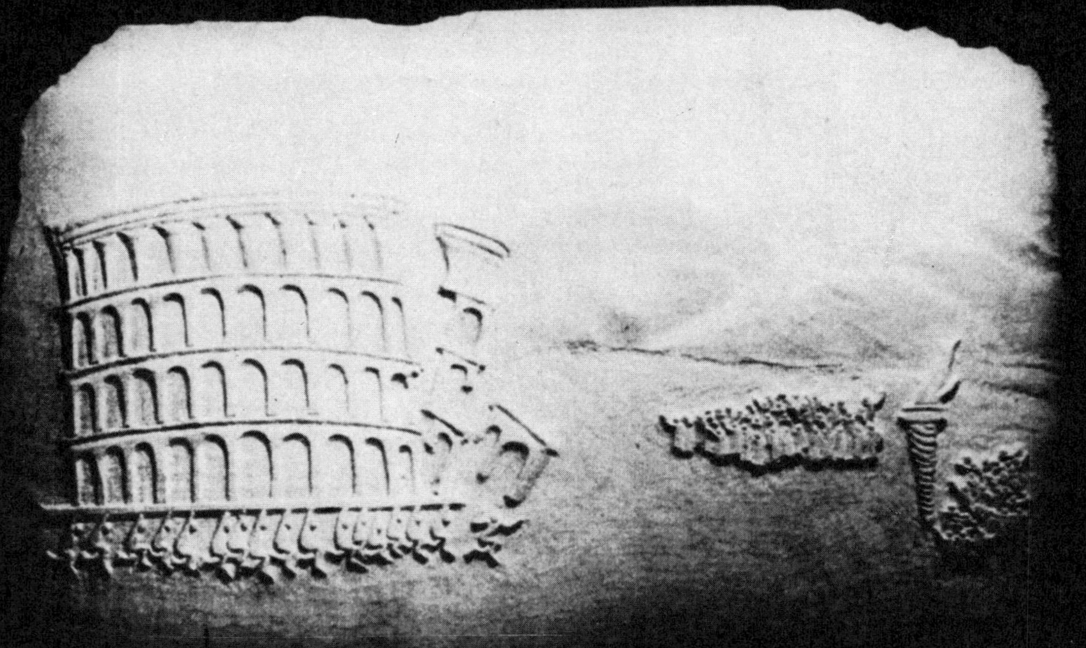

1. DIE OLYMPISCHEN STADIEN BEI PHAISTOS (2400–1750 v. Chr.)
Alle zwei bis sieben Jahre wurden Wettkämpfe veranstaltet. Zuvor versammelte sich ein Großteil der Bevölkerung am Berg Jukta, 18 Kilometer südöstlich von Phaistos, um ein Stadion zu errichten. Über 75 000 Granitblöcke im Format 2 × 1 × 1,5 m, von denen jeder etwa 850 Kilogramm wog, wurden behauen und zu einer ovalen Arena zusammengefügt. Sie bestand aus drei getrennten Rängen, die jeweils bis zu 55 000 Zuschauern Platz boten. Im Lauf der Jahrhunderte wurden die verschiedensten Rituale zu festen Bestandteilen der kretinistischen Spiele. Das Bemerkenswerteste war wohl der olympische Fackellauf, eingeführt 1828 v. Chr. (Vgl. Demaree: *Die kretinistische Fackel,* S. 826 f.) Die Fackel wurde am Schauplatz der Spiele in Phaistos auf einem festen Fundament installiert. Zu Beginn der Spiele nahmen 150 000 von Priestern ausgewählte Läufer das Stadion auf die Schultern und trugen es in feierlichem Zug zur Fackel in Phaistos.
Zu dieser Zeit maß man sich lediglich in drei Disziplinen: Diskus, Speer und Zehnkampf. Im ersten Fall wurde eine Tonscheibe (später eine Keramikscheibe) von 30 Zentimeter Durchmesser und genau fünf Kilogramm Gewicht auf den Boden gelegt, woraufhin der Athlet versuchte, im Sprung darüber hinwegzusetzen. Der Speerwettbewerb verlief ähnlich, nur mit dem Unterschied, daß der Sportler über einen am Boden liegenden Speer springen mußte. Beim Zehnkampf, der dem Sieger den Ehrentitel ›König der Athleten‹ eintrug, mußten die Teilnehmer über je fünf übereinander gelegte Speere und fünf nebeneinander gelegte Disken springen. Nach Beendigung der Spiele wurde das Stadion jedesmal dem Erdboden gleichgemacht, um Platz für ein neues zu schaffen. (Siehe Poulos: *Die kretinistische Methode des Sportstättenbaus,* S. 401.)

Dieser Text kann auf verschiedene Weise gelesen werden. Unter anderem als: »Ich war am Meer und habe eine Anzahl Delphine beobachtet.« Oder: »Wie, Oheim, soll ich vorgehen, um meine Sandale zu reparieren?«

2. DIE LINEAR-A-SCHRIFTTAFELN VON KNOSSOS UND ELEFTHERIA (1600–1350 v. Chr.)

Die kretinistische Schrift, allgemein als »Linear A« bekannt geworden, blieb fast ein Jahrhundert lang ein linguistisches Rätsel. Alle Versuche, sie zu entziffern, waren gescheitert, bis der Autor in Zusammenarbeit mit Dr. Xico M. Lopez und Dr. Howard Rhinegold eine Reihe grundlegender Prinzipien ihres Aufbaus entdeckte. Hier wird nun zum ersten Mal eine Übersetzung von Linear A veröffentlicht. (Vgl. Weßkamp: *Das letzte Rätsel der Kretins*, S. 233 f.)

Das erste – oder besser: das erste bekannt gewordene – Alphabet der Kretins war in etwa 70 Abschnitte unterteilt. Jeder Abschnitt enthielt einen Buchstaben oder eine Kombination von zwei und mehr Buchstaben oder Teile eines Buchstabens aus den verschiedenen Schriften benachbarter Kulturen. Doch statt diese Buchstaben zu bestimmten, Bedeutung tragenden Wörtern zusammenzufügen, wie das andernorts geschah, wählten die Kretins ihre Buchstaben völlig willkürlich. Wenn also ein Kretin das Wort *Katze* schriftlich weitergeben wollte, schrieb er eine Reihe von Symbolen nieder, bis er das Gefühl hatte, *Katze* geschrieben zu haben. Was die Entzifferung so lange Zeit nahezu unmöglich gemacht hat, war das kretinistische Prinzip, das wir in Ermangelung eines besseren Terminus »Gleitende Buchstabenstruktur« genannt haben. Es gab dem Schreiber die Möglichkeit, die Lettern des geltenden Alphabets durch völlig andere zu ersetzen, woraus dann folgerichtig ein neues Alphabet entstand.

Verdeutlichen Sie sich einmal die folgende hypothetische Situation: A möchte B seinen Namen aufschreiben und schreibt *Fgnkp*. Später möchte B den Namen von A an C weitergeben und schreibt nach dem Prinzip der gleitenden Buchstabenstruktur *Ooo&h88m*. Darauf schickt C eine Einladung an A, wobei er A's Namen so schreibt: *»::8«*. Erst, wenn Sie sich verdeutlichen, daß ein Schreiber die Freiheit besaß, praktisch jeden Buchstaben zu erfinden, können Sie in einer Übersetzung wenigstens angenähert eine Begriffsbezogenheit erreichen. Im Zusammenhang damit muß unbedingt noch erwähnt werden, daß der Schreiber sich auch in der *gesprochenen* Sprache nicht auf einen bestimmten Namen festlegen mußte! Folglich konnte jede Schreibweise jegliche Kombination von Lauten ausdrücken, die dem

Schreiber zur Verfügung standen. Die geschriebene und die gesprochene Sprache unterlagen einem gleitenden Struktursystem. Sie waren voneinander unabhängig, und ihre Formen wurde allein durch die Entscheidung jenes Kretins bestimmt, der sich ihrer bediente.

3. DIE KRETINISTISCHEN »STIERTÄNZER«
DARGESTELLT IM PALAST VON KNOSSOS (1680 v. Chr.)

Diese strengen Regeln unterliegende Vorführung war typisch für die mittlere und späte minoische Periode. Wie das Diagramm zeigt, schwang sich eine Reihe festlich gekleideter weiblicher Akrobaten über Haupt und Hörner eines Stiers: eine überaus schwierige Übung, die perfektes Timing und absolute Konzentration erforderte. Der Bewegungsablauf läßt sich in sieben Teilen darstellen. 1. Der Ansatz: Der Stier senkt das Haupt, und die Artistin umfaßt die Hörner mit den Händen. 2. Hebelanwendung: Der Stier hebt den Kopf, und die Artistin wird im hohen Bogen nach hinten geschleudert. 3. Berührung: Die Artistin berührt in fast aufrechter Haltung den Rücken des Stiers mit den Füßen. 4. Sekundärbewegung: Die Artistin stürzt in leicht veränderter Flugbahn weiter auf den Boden zu. 5. Landung: Die Flugphase endet, und die Artistin landet in Seitenlage unter dem Stier. 6. Sekundärberührung: Schädelbasis der Artistin wird von Stierhuf zerschmettert. Der Spinalnerv wird durchgetrennt. 7. Letzte Berührung: Zwerchfell und innere Organe der Artistin werden durch Hornbewegungen des Stiers durchbohrt. (Vgl. Bazon Brockdorf: *Der kretinistische Stil,* S. 99 ff.)

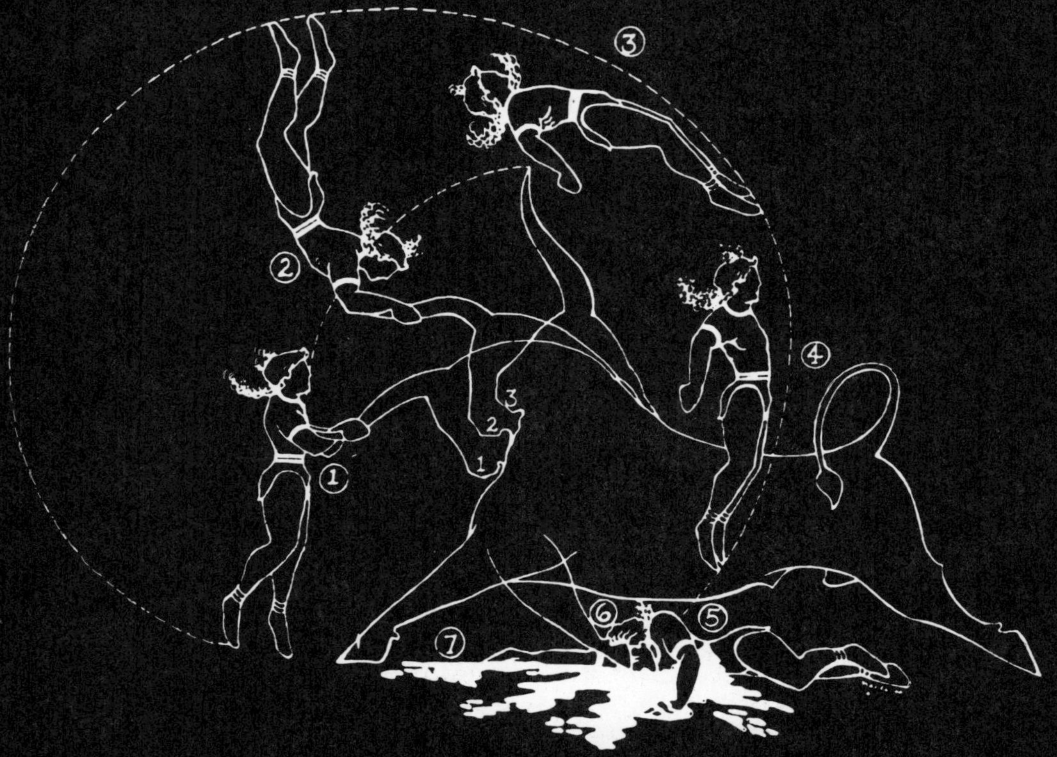

SCHLUSSFOLGERUNG

Mit dem oben Ausgeführten haben wir den totalen Kretin demaskiert. Sein Leben und sein Alltag liegen ebenso offen vor uns wie Kunst, Zerstreuung, Mode, Literatur, Architektur und Verhaltensweisen der Menschen jener längst vergangenen Zeit. Aus alldem geht eindeutig hervor, warum diese Zivilisation untergegangen ist. Kluge Köpfe haben sich fast ein Jahrhundert lang über diese Frage in den Haaren gelegen. Die einen haben den Untergang dem Einfall wandernder Horden zugeschrieben; andere glaubten an gewaltige Erdbeben; wieder andere an Seuchen. Und das, obwohl ihnen allen die gleichen Informationen zur Verfügung standen. Doch wie auch immer – all diese Mutmaßungen, Hypothesen und Spekulationen sind von jetzt an völlig bedeutungslos, weil *neue* Beweise vorliegen. Und die zeigen, daß die Kretins schlicht saublöd waren. Sie sind ausgestorben, weil sie zum Leben zu dämlich waren. So einfach ist das. Und damit hat's sich.

Hochachtungsvoll,
Prof. Dr. Alexander von Humbug

Kathedrale, meine zweite (K2)

Von Reinhold Messner. Übermittelt von Karl Hoche

Das Wetter ist günstig. Von Bittorf weht ein warmer Aufwind herüber. Ich laufe mit dem leichtesten Gepäck, das ich je hatte, in eine neue Dimension meines Seins. Der Weg nach Südfrankreich zur Kathedrale der Heiligen Johanna von Froyes ist weit, aber ich muß ihn zu Fuß gehen, da ich das für meine Kondition brauche.

Die Achttausender liegen hinter mir. Ich habe sie alle bestiegen, allein, ohne Sauerstoffmaske und mit nur einer Frau im Basislager. Sie bedeuten mir nichts mehr. Der Extremkletterer in mir sucht die ganz andere existentielle Grundsituation, heute mache ich mich an meinen zweiten Hunderter.

Mich treibt aber noch eine andere Kraft zu tieferer Seinserfahrung. Schon 1979 hatte ich geschrieben: »Meine Bergsteigerei entspricht einer Art Religionsausübung«. Ich hatte die Achttausender immer als die gigantischen Kathedralen eines kosmischen Schicksals angesehen, deren tödliche Herausforderung mir das starke Gefühl vermittelte, tatsächlich zu leben. Was lag näher als nach diesem Umweg über den Himalaja sich den wirklichen Kathedralen zuzuwenden, die majestätisch und bisher unbezwungen in Europas Himmel ragen.

Es ist nicht meine erste, an deren Eingangstor ich jetzt stehe. Um die furchtbaren Risiken auszuloten, die das an manchen Stellen poröse Mauerwerk und die senkrechten Glaswände bieten, hatte ich mir damals den hervorragenden Südtiroler Sepp Unterbichler geholt. Bergsteigerisch ist er voll meinen Erwartungen gerecht geworden. Obwohl er verheiratet ist, nahm er die Kirche wie eine Dolomitenwand. Aber menschlich hat mich der Seppl zutiefst enttäuscht. Er hielt seine Leistung am Buntfenster für größer als die meine. An dem Tag, als ich das bemerkte, habe ich mir fest vorgenommen, die nächste Kathedrale machst du allein.

Ich schlag mein Basislager direkt neben einem anderen Devotionalienstand herunten am Eingang des Gebäudes auf. Das rote Zelt zieht viele Besucher an. Ich erkläre ihnen, daß sie auf das Buch über die Besteigung noch mindestens vierzehn Tage warten müssen. Eine wunderschöne großäugige Thai, die eigentlich hergekommen ist, um den Bau anzusehen, nehme ich mit in mein Zelt. Sie wird meine ärztliche Betreuerin.

1. Tag. Mein Körper will das warme kuschelige Zelt nicht verlassen, er sieht nicht ein, weshalb er sein Leichtgewicht halsbrecherisch über bröckelnde Mauern und splitterndes Glas bewegen soll. Aber mein stählerner Wille treibt ihn aus dem Schlafsack. Ich strecke den Kopf zum Zelteingang heraus. Es ist vier Uhr morgens. Ein stockbesoffener Penner glotzt mich verständnislos an, auch er hat sein Identitätsproblem. Die Autos fahren noch nicht. Das ist gut, es bedeutet, daß ich in der ersten Phase der gefährlichen Tour nicht ständig Abgase in die geweiteten Lungen einsaugen muß.

Der Menschensohn geht zwar hin, wie es bestimmt ist; aber wehe dem Menschen, von dem er verraten wird!

(Jesus)

Dann beginne ich den Aufstieg. Meine sehnigen Hände krallen sich an das nicht ganz fest verschraubte Schild »Bitte nicht während des Gottesdienstes herumgehen!«. Es bricht nicht heraus. Schon stehe ich mit der Spitze meines rechten Bergschuhes darauf. Die Mauer ist hier nicht besonders sachgemäß ausgebessert. An immer neuen Ritzen, hervorstehenden Steinen und Vertiefungen, die durch herausgefallenes Mauerwerk entstanden sind, hangle ich mich mühsam nach oben. Jetzt grüßen die Steinfiguren am Eingangsportal mit ihren Köpfen herüber.

Es wird schon dunkel, als ich endlich eine mächtige Querstrebe finde, die sich jedoch als stark porös erweist. Höchste Zeit, einen Lagerplatz zu finden, bevor mich die schnell hereinbrechende Nacht überrascht. Eine winzig kleine Stelle scheint fest genug, ein kurz überstehendes Querdach bietet mir einigen Schutz vor dem Steinschlag. In den Wänden dieser alten Kirchen, zumal in Frankreich, wo sie weniger Geld zum Renovieren haben, muß man ständig mit Steinschlag rechnen.

Ich verankere mein Zelt. Dann schaue ich nach unten. Ich kann die Leute gut erkennen, die mir zuwinken und verstehe sogar ihre Rufe. Unter ihnen auch Mausi, wie ich meine Ärztin nenne, sie winkt mir am heftigsten. Wieder einmal stelle ich mir die Sinnfrage.

Gerade will ich wieder ins Zelt, da fährt ein riesiger Feuerwehrwagen mit einer Hebebühne um die Ecke. Sie kommt immer näher zu mir herauf, plötzlich stehen zwei Polizisten mit strenger Miene vor meinem Zelteingang. Sie wollen mich runterholen, halten mich wohl für einen publicitygeilen Spinner. Aber ich weise meine schriftliche Erlaubnis vom Bischof vor, die er mir gegeben hat, weil ich seinem Gotteshaus viel Ruhm bringen werde. Die Polizisten lassen sich wieder hinunter heben.

2. Tag. Mich weckt ein schreckliches Prasseln auf der Zeltleinwand. Das Übelste befürchtend springe ich heraus, aber es ist nur ein mächtiger Regen. Schlimm genug, auf meiner Route liegen heute ein paar überkragende Gesimse und nicht zu vergessen, der gefährlichste Teil, der Durchstieg der Rosette. Um Gewicht zu sparen, entschließe ich mich, meine Sonnenbrille zurückzulassen. Ich deponiere sie auf dem Lagerplatz für später nachkommende Bergsteigergenerationen. Der Tag beginnt extrem schwierig. Der Industriedreck bildet zusammen mit dem Regen eine fürchterliche Glitschmasse, die mir ständig die Seinsfrage stellt. Immer wieder rutscht der Pickel ab, und ich habe keine Zeit, meinem Gedanken nachzuhängen, ob nicht vielleicht der Pickel für den Bergsteiger das, was der Akne-Pickel für den Pubertierenden ist. Später, denke ich, werde ich daraus einen Aphorismus machen, jetzt muß ich weiter, immer weiter nach oben. Diesmal kommt die

Alles Vergängliche / Ist nur ein Gleichnis; / Das Unzulängliche, / Hier wirds Ereignis;

(Johann Wolfgang von Goethe)

Die Kathedrale der Heiligen Johanna von Froyes, nur von unten fotografiert, da mir die Kamera zerschellte. Eingezeichnet die Etappen des Aufstiegs.

Dämmerung früher als sonst. Ich habe nur die Hälfte der geplanten Strecke geschafft. Ich finde einen Platz, am Rande der Rosette, und stelle das Zelt auf. Mein Körper ist völlig ausgelaugt, er muß trinken, sonst stirbt er. Auf Zuruf wirft mir Mausi eine Cola-Dose hoch. Mit letzter Kraft öffne ich die Dose, dann falle ich um wie ein Toter und schlafe bis zum Morgen.

3. Tag. Starker Frühdunst. Ich sehe nicht die Hand vor meinen Augen, als ich in die Rosette einsteige. Sehr bald wird mir klar, daß viele Streben nicht tragend sind, sondern nur Dekoration. Ich kann nicht erkennen, welche aus Gips und welche aus Stein sind. Es macht aber keinen Unterschied, da die steinernen eher noch weicher sind. Das Klirren des zerberstenden 700 Jahre alten Glases hebt mich auf eine neue Bewußtseinsstufe. Der Nebel will nicht verschwinden. Ich taste mich immer weiter ins blanke Nichts vor. Ich sehe, es hat keinen Sinn. Ich muß besseres Wetter abwarten. Ich finde einen halb verrosteten Eisenträger, der das ganze Fenster noch einigermaßen zusammenhält und schlage dort mein Zelt auf. Ich ruhe mich aus, lese Nietzsche und spreche auf Band.

4. Tag. Es nieselt, aber die Sicht ist klar. Ich erwache mitten in der Rosette. Ich bemerke mit Entsetzen, daß unter mir alles weggebrochen ist. Ich werde mir einen anderen Rückweg suchen müssen. Ich hole das zerfledderte Baedekker-Blatt aus meinem Rucksack und schaue mir das Foto an. Noch weiß ich nicht, welchen Weg abwärts ich einschlagen werde. Da durchrieselt es mich wie eine kalte Dusche, vielleicht werde ich auf der Diretissima mit Fallgeschwindigkeit nach unten kommen, und Mausi wird mir die Augen zudrükken. Wieder spüre ich heiß wie selten, daß ich lebe und diese kosmische Seinserfahrung hält mich aufrecht, auch wenn unter mir mit höhnischem Krachen das Glas wegbricht. Ich folge der Rundung der Rosettengliederung und wende mich dann nach oben. Um mich herum Staub, der einmal Stein war und Glassplitter. Über mir sehe ich den überkragenden Kreisbogen, der das Fenster abgrenzt. Eine neue Grenzsituation. Ich kralle mich ein, muß den todmüden Körper, der nicht mehr will, nachziehen, da bröckelt der Rand ab. Ich greife daneben, nichts. Alles gerät ins Rutschen. Der kleine linke Finger erwischt einen Stein, wird er nachgeben? Jetzt hängt der ganze Körper an dem kleinen Glied. Ich erfahre mich selbst, pendle, presse mich an die Mauer, beiße ins Gras. Da findet der Pickel Halt, Hundertstelmillimeter um Hundertstelmillimeter drükke ich den geschwächten Körper nach oben. Der Rand ist überall brüchig, ich wende mich nach rechts, finde schließlich eine Stelle für das Biwak. Wie ich es aufgebaut habe, weiß ich nicht mehr, es geschah in Trance.

5. Tag. Ich muß mich zwischen zwei gleich hohen Gipfeln entscheiden und nehme den linken. Ich klettere waagerecht, aber es ist nicht leicht, da sich inzwischen die Höhenluft bemerkbar macht. Ich trage keine Sauerstoffmaske, obwohl es hier auf dieser Höhe die Abgase des ganzen Kirchenparkplatzes zusammenweht. Ich schlage in Ruhe mein Zelt auf. Morgen geht es an den Turm.

6. Tag. Das Wetter ist klar. Ich beschließe, einige Aufnahmen zu machen. Da schlägt völlig unerwartet das Schicksal zu. Gerade will ich mich mit dem Selbstauslöser selbst finden, da rutscht mir die Kamera aus den klammen Fingern, fällt und fällt und zerbirst auf dem Platz. Ein tödlicher Schrecken durchzuckt mich. Ich kann nicht mehr, breche zusammen, röchle nur noch. Jetzt ist alles aus, weiß ich. Was ist das Buch ohne die Fotos! Wie gelähmt starre ich nach unten.

7. Tag. Mein Abstieg geht schneller als erwartet. Ich steige in den Turm ein und nehme die Wendeltreppe nach unten.

Klettern mit Seppl Unterbichler, der mich menschlich sehr enttäuschte.

(Reinhold Messner)

KLÄFFER – kynologische Darstellung der wichtigsten,

Panzerhund
(Kreuzzug-Killer) Begleitete seinerzeit die Ritterheere nach Jerusalem und störte durch lautes Bellen die Rufe des Muezzins, worauf die Araber die Stadt schließlich räumen mußten. Auf ihn bezieht sich das islamische Schimpfwort ›Christenhund‹!

Feuerflecker
Spezialzüchtung mit Salamandereinschlag, säuft nur Feuerwasser und wird deshalb besonders als Melde- und Rettungshund bei Feuerwehren eingesetzt. Hebt das Bein grundsätzlich nur an Feuermeldern.

Iberischer Husky
Abkömmling einer nordischen Hunderasse, eigentlich als Schlittenhund gezüchtet, deshalb für Spanien und Portugal wenig geeignet. Hat sich auch in Äquatorialafrika nicht bewährt.

Film- und Fernsehhund
auch Lassiener genannt, dient brav und treu in Fernsehserien und taugt grundsätzlich mehr als die Menschen. Bekommt immer die besten Knochen.

Irischer Hundsfott
Säuft wie ein Loch, zahlt nie seine Zeche, stiehlt wie ein Rabe, ist falsch wie eine Schlange und beißt wie ein Krokodil. Wurde deshalb häufig zum Auswandern gezwungen.

Dachshund
Paßt sich gern unterirdischen Dachsbauten an und allen Jagdveranstaltungen, die sich in die Länge ziehen. Auch ›Eckensteher‹ genannt, weil er sich rechtwinklig abknikken kann. (Kann auch pinkeln!)

Französischer Rollmops
Um ihn vor dem Verzehr durch Feinschmecker zu bewahren, wird er in ein kantiges Schutzkleid gesteckt und als bellender Zauberwürfel angeboten.

Spielzeugspitz
Sehr praktisch, da aus Porzellan, deshalb kein Kämmen, Stutzen und Baden notwendig. Überlebt selten das Stadium des Jungtieres, da er durch Fallenlassen normalerweise zertrümmert wird.

Schweinehund
Kommt in zahlreichen Mutationen vor und muß nicht unbedingt kynologischer Natur sein. Als ›innerer Schweinehund‹ sollte er eigentlich unterdrückt werden, wird es aber nur selten!

der schönsten und der interessantesten Rassen der Welt

Kupferdrahthaar-Terrier
Eigenzüchtung von Siemens. Wurde in fabrikeigenen Hundezwingern vom Erfinder des Elektroantriebs gezüchtet, um die verwickelten Wicklungen der Elektromotoren mit Kupferdraht zu versorgen. Vorsicht! Diese Hunde teilen elektrische Schläge aus!

Windhund
Unzuverlässige Rasse, die es hinterher – auch bei Windhündinnen – nie gewesen sein will. Schnappt immer mal heimlich was auf, besonders in Tante-Emma-Läden. Auslösender Faktor für das Warnschild ›Mitbringen von Hunden verboten‹.

Trendsetter
Ständiger Begleiter der High Snobiety, auch Snobbie-Dog genannt. Fleischfresser, der grundsätzlich die Knochen dem Butler überläßt. Da sein Geruchssinn durch Verwendung von Parfum und Haarwasser gestört ist, muß er eine Brille tragen.

Hot-Dog
Entgegen böswilligen Gerüchten wird zur Herstellung eines Hot-Dog kein Hundefleisch verwendet. Hot-Dogs erfreuen sich hauptsächlich deshalb großer Beliebtheit, weil sie weder haaren noch bellen.

Hundstag
Kurzlebigste Hunderasse, lebt nur vom 24. Juli bis 24. August, sehr wärmebedürftig und daher vorzugsweise als Schoßhund zu verwenden. In China auch als ›Spinathund‹ bekannt.

Aqua Chiquita
(Volkstümliche Bezeichnung: Pinkelpinscher). Pflegt bei freudiger Erregung durch Anheben des Beines Freund und Feind mit einer seitlichen Fontäne zu begrüßen. (Macht auch vor Schlagbäumen nicht halt!).

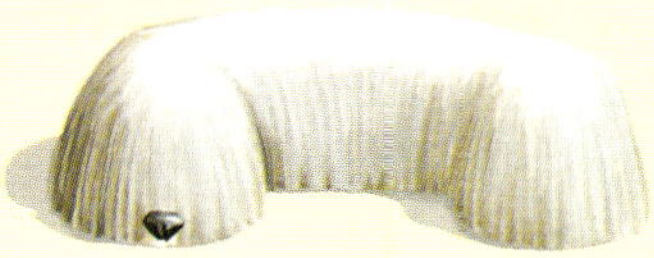

Flocati
Schlafzimmerhund. Ruhig, immer müde und schläfrig, kann auch als Bettvorleger, als Sitzgelegenheit für die Frisiertoilette und als Bohner-Mop Verwendung finden. (Achtung! Dort, wo die feuchte Schnauze sichtbar wird, ist vorne!).

Apportier-Hund
Von Hausmeistern (Portiers, Conciergen etc.) verwendeter Wachhund, schnappt auf Zuruf nichtzahlende Mieter und legt sie zwecks Züchtigung durch die Portiersfrau über die Teppichstange.

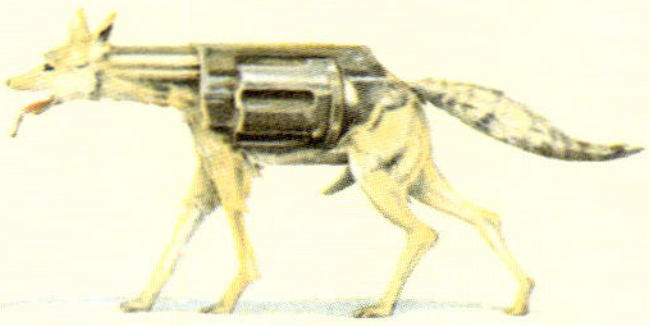

Schakal
Gefährlichster Hund der Welt. Stellt anderen Hunden wochen-, ja monatelang nach, um sie dann erbarmungslos umzulegen. Nur gegen den Panzerhund machtlos. Sein Hundeleben wurde in dem gleichnamigen Bestseller von Frederick Forsyth verewigt.

Klassedampfer

Traumschiffe gab es schon im Altertum. Caesar und Cleopatra fuhren in einem solchen mit tausend PS (1 PS = ein phönizischer Sklavenruderer) auf dem Nil, wo das Schiff an dem berühmten Obelisken von Luxor festmachte, wovon sich bekanntlich das Wort ›Luxus‹ ableitet. Seither spricht man von Luxusreisen auf Traumschiffen, die oft von Traumtänzern benutzt werden. Selbst Napoleon gehörte dazu, denn als er auf der ›Bellerophon‹ als Gefangener nach St. Helena gebracht werden sollte, tat er den berühmten Ausspruch: ›Dann bin ich auf dem falschen Dampfer!‹
Berühmt ist der Überseedampfer ›Tyrannic‹, der 1912 einen Eisberg versenkte und für den Notfall immer einen Ersatzschornstein mitführte. Sein Zwischendeck konnte mittels pneumatischer Schotten so lange unter Wasser gesetzt werden, wie die Passagiere der Luxusklasse nicht von minderbemittelten Mitreisenden belästigt zu werden wünschten. Die vier Kamine des Luxusliners wurden nur für den Abzug der Küchendämpfe benutzt, der Maschinenqualm wurde – eine revolutionäre Neuerung im Schiffsbau – über das Zwischendeck abgeleitet, wo die Amerika-Einwanderer kampierten.

Ein eigens eingerichtetes Bed-Deck diente als Lagerraum für die Bettgestelle, die nach Einbruch der Dunkelheit in den Kabinen aufgestellt wurden.

Noch heute werden in den USA Räucherwaren hauptsächlich von ehemaligen Einwanderern vertrieben. Golfspieler der I. Klasse hatten das Recht, im Ballraum und im Maschinenraum weiterzuspielen. Auch für die Sicherheit war gesorgt: Der Kapitän besaß eine Schwimmweste. Jeder Gesellschaftsraum verfügte über einen Spucknapf.

Im Rauchsalon wurden Rauchwaren aller Art feilgeboten. Führende europäische Pelzsalons boten Nutria, Nerz und Chinchilla an! Tennisbälle, die in einen der Kamine fielen, konnten gegen eine geringe Gebühr in der Bordküche abgeholt werden. Die Schiffskapelle diente zur religiösen Erbauung, aber auch zur musikalischen Unterhaltung und für Rock 'n' Roll-Wettbewerbe. Der Swimming-pool wurde zwar von vielen Springern vom 250-Meter-Brett aus verfehlt, die Fehlsprünge wurden aber als nette Abwechslung empfunden. Ausflügler, die sich verirrten, wurden regelmäßig bei den alljährlichen Reinigungsarbeiten auf dem Grund des Swimming-pools wiedergefunden.

Knaller, vidiotische

Videospiele, ein weiterer Meilenstein beim Untergang des Abendlandes, gibt es inzwischen in fast unüberschaubarer Auswahl. Hier eine Zusammenstellung der neuesten Entwicklungen auf diesem Gebiet:

Duell: Zwei Ritter mit nassen Handtüchern

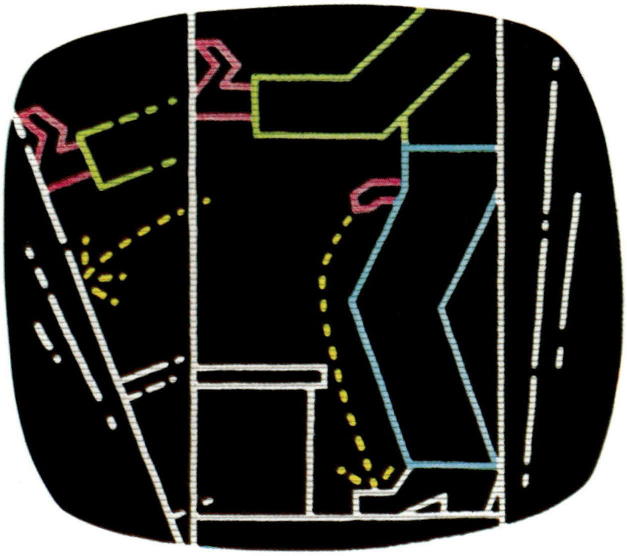

Jet-WC: Nicht auf die Schuhe pinkeln

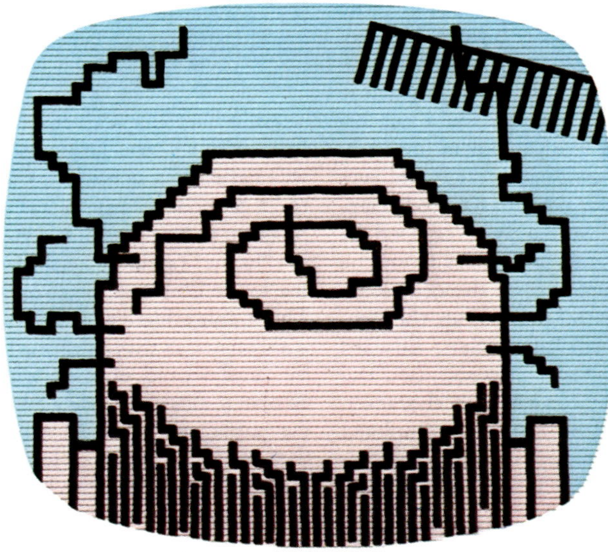

Tarnkappe: Glatze optimal mit Haarresten abdecken

Auftakt: Den BH öffnen, ohne die Punkte zu berühren

Großmarkt: Einen Parkplatz am Eingang finden

L wie Lore-Roman

L
Zungen- oder Gaumenlaut und 12. Buchstabe im Alphabet. Freude vermag das L beim Trällern zu vermitteln: la, lala, lallala; Zurückhaltung etwa mit »so lala«.

laborieren
Bestandteil der Alliteration: »Laborant laboriert mit Laborantin in Labrador«.

Laden
Von Ladenhüter bewachter Bestandteil des männlichen Kleidungsstückes Hose (vergl. auch Ladenschwengel).

Lärmbelästigung, anno dazumal

»Was mich daran so stört, ist das ständige Stimmengebrumm von den Leuten da oben!«

Landstreicherei
Das Anmalen von Landstrichen zur Kaschierung von Umweltschäden. Vergleichsweise harmlos die Landstreicherei der Eigenheimbesitzer (Grünen des Rasens o. ähnl.).

Lang, Guste
Delikates und knackiges Geschöpf.

Lappen:
Volk in Lappland. Gibt sich vorwiegend mit Kleinigkeiten ab (Lappalien).

Laster
Bei schlüpfriger Fahrbahn sittlich abgerutschter Lkw.

Latschenöl
Flüssigkeit zur Pflege alter Schuhe.

Lausanne
Mädchen mit Ungeziefer.

Le Havre (frz.)
Getreidesorte.

Leibniz, Gottfried Wilhelm Freiherr von
Berühmtgewordener Keksfabrikant.

Leihbücherei
Hier können Autoren Ideen für eigene Werke leihen.

Leistendrüsen
Lymphknoten in der Leiste (Trivialpoesie aus Volksmund: »Gestern noch beim dreisten Lieschen – heut' schmerzen ihn die Leistendrüschen«.)

Lemminge

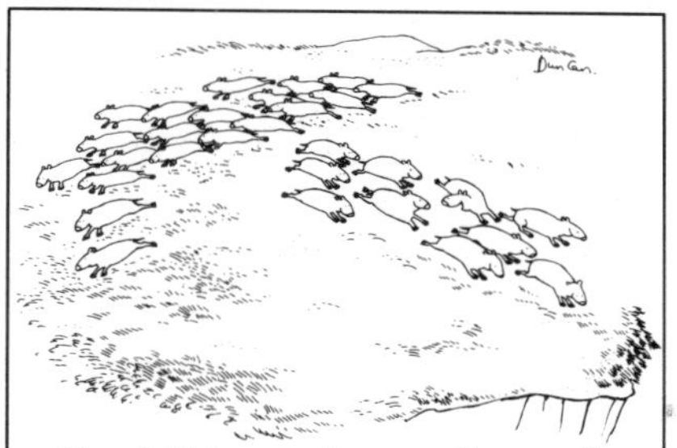

»Gundolf kennt immer diese tollen Abkürzungen.«

Leopart
Löwenanteil.

Lerche
Auf der Bühne von jenen Frauen mit der Nachtigall verwechselt, die gut zu Vögeln sind, aber wenig davon verstehen.

Lessing, Gotthold Ephraim
Heiratete als junger Gelehrter in Tellheim Minna von Barnhelm, ging aber – Freigeist, der er war – eine Verbindung mit der Engländerin Miß Sara Sampson ein. Seine zweite Frau, Emilia Galotti, brachte ihn auf den rechten Weg zurück, auf dem er 1781 als ein weiser Nathan plötzlich verstarb.

Leonardos Skizzenbuch

Vinci, Leonardo da (1452–1519), Wissenschaftler, Maler, Ingenieur und Architekt, war der interessanteste Denker des Mittelalters, der schon die Technik unseres Jahrhunderts vorausahnte. Wie weit er seiner Zeit voraus war, bewies die Entdeckung bislang unbekannter, geheimer Skizzenbücher Leonardos durch den Historiker Doug Kenney. Da Leonardo seine Tage- und Notizbücher stets spiegelverkehrt schrieb, haben wir sie nach der Methode Daniele Maffia-Froyd seitenverkehrt wiedergegeben, um zu vermeiden, daß der Leser das Lexikon zum Lesen vor den Spiegel halten muß. Schon die erste Seite der geheimen Notizbücher legt beredtes Zeugnis davon ab, daß Leonardo zum Abarbeiten von Übergewicht den Hula-Hoop-Reifen erfand, während auf der folgenden Seite der Beweis erbracht wird, daß im Manne Leonardo nicht nur ein Kind steckte. Immerhin sieht er bei seiner Wasserspritzpistole auch die Möglichkeit vor, Feuersbrünste damit zu löschen. Den richtigen Dreh zum Löschen jeglichen Durstes entdeckte er nur annähernd, während sein Bonbon-Automat und Vibrator in aller Unschuld aktuell geblieben sind. Die dritte Seite zeigt, daß sich selbst Leonardo bei der Katapultgröße verschätzte: Heute benützt man es als Mausefalle. Sein Projektor, der Fledermausmänner zum Polizeieinsatz aus ihrer Geheimidentität lockt, wird noch heute benützt, ebenso das Furzgeräusche erzeugende Pupkissen, die noch als »Fliegende Pizza« fungierende Untertasse und das Höhenflugkraut »Maria Guana«. Die letzte hier ausgewählte Seite aus den Notizbüchern verrät Leonardos Interesse am Fernsprechen und -hören, am Tabak, an Satire (Das Rückwärts-Marsch-Pferd fürs italienische Militär) und an Geheimdiensttätigkeiten. Sein Lukrezia-Borgia-Vielzweckdolch würde James Bond zur Ehre gereichen. Und schließlich enthüllt diese Seite eines der größten Geheimnisse der Kunstgeschichte: den tatsächlichen Grund für das Lächeln der Mona Lisa. Nur ein Tip: es hat etwas mit einem Fernsprecher zu tun.

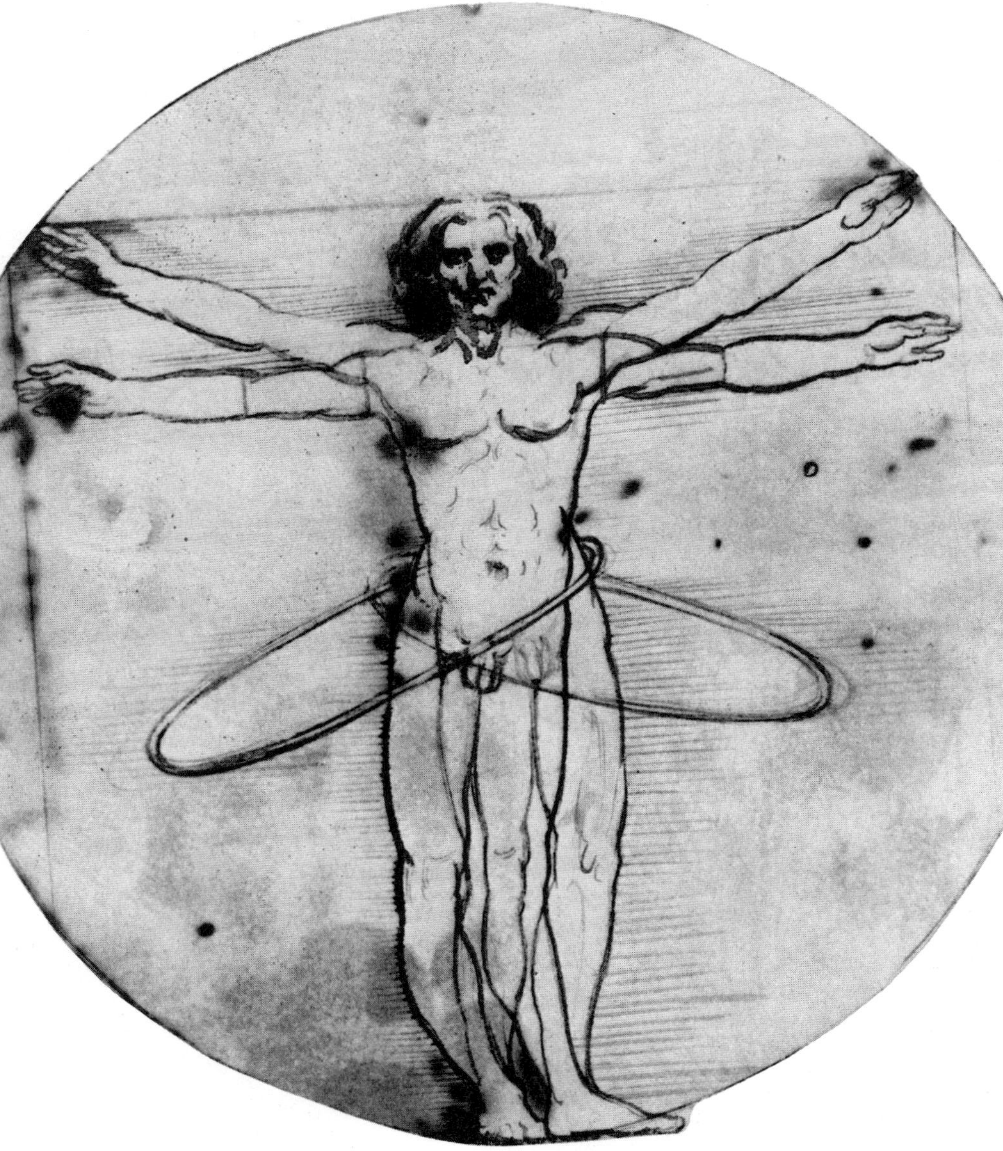

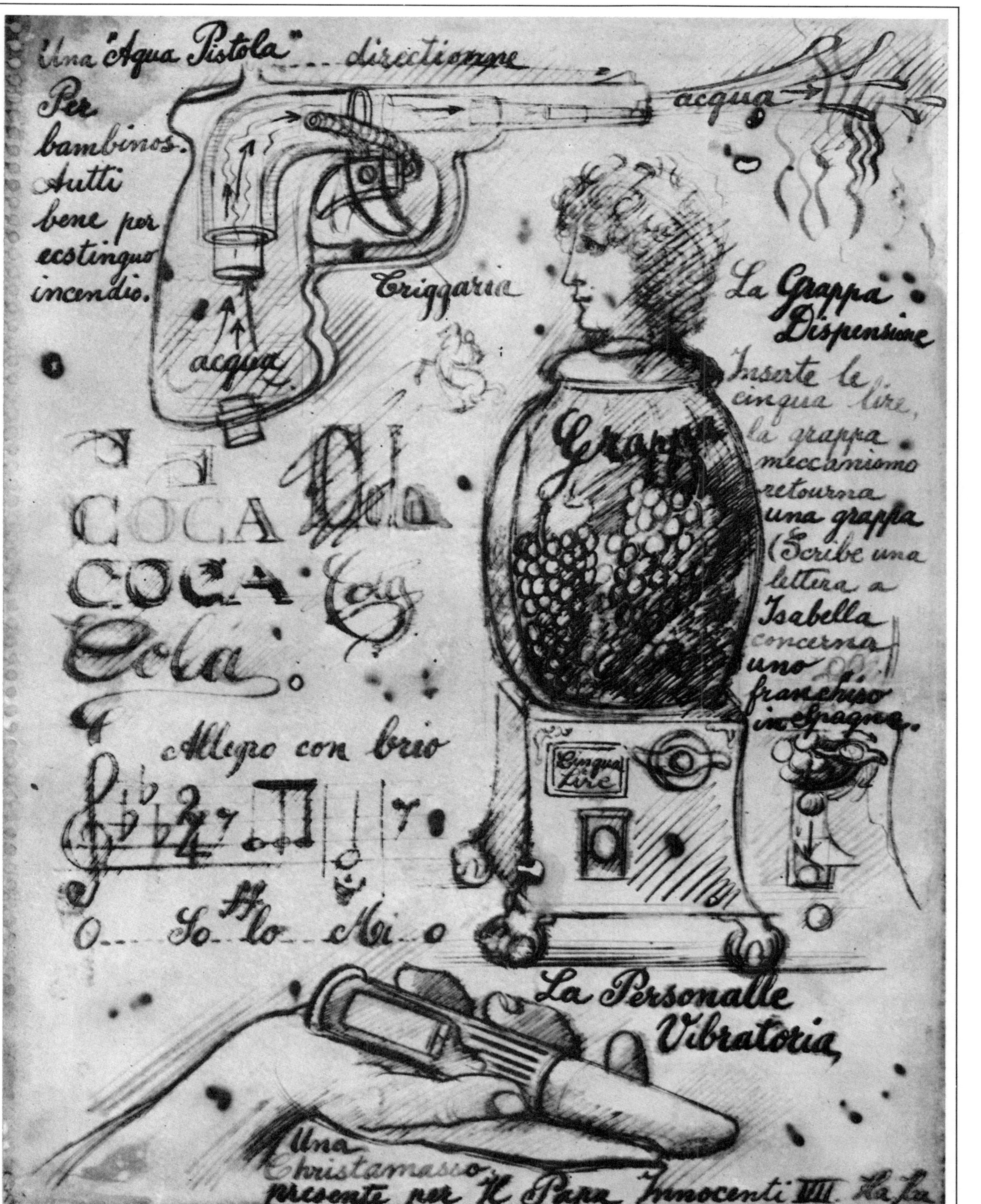
Una "Aqua Pistola" directionne
acqua
Per bambinos. Tutti bene per ecstinguo incendio.
Triggaria
acqua
La Grappa Dispensione
Inserte le cinqua lire, la grappa meccaniomo retourna una grappa
(Scribe una lettera a Isabella concerna uno franchiso in Spagna.
Grappa
Cinqua lire
COCA
COCA
Cola.
Allegro con brio
O So lo Mi o
La Personalle Vibratoria,
Una Christamasio presente per Il Papa Innocenti VIII. Ha Ha

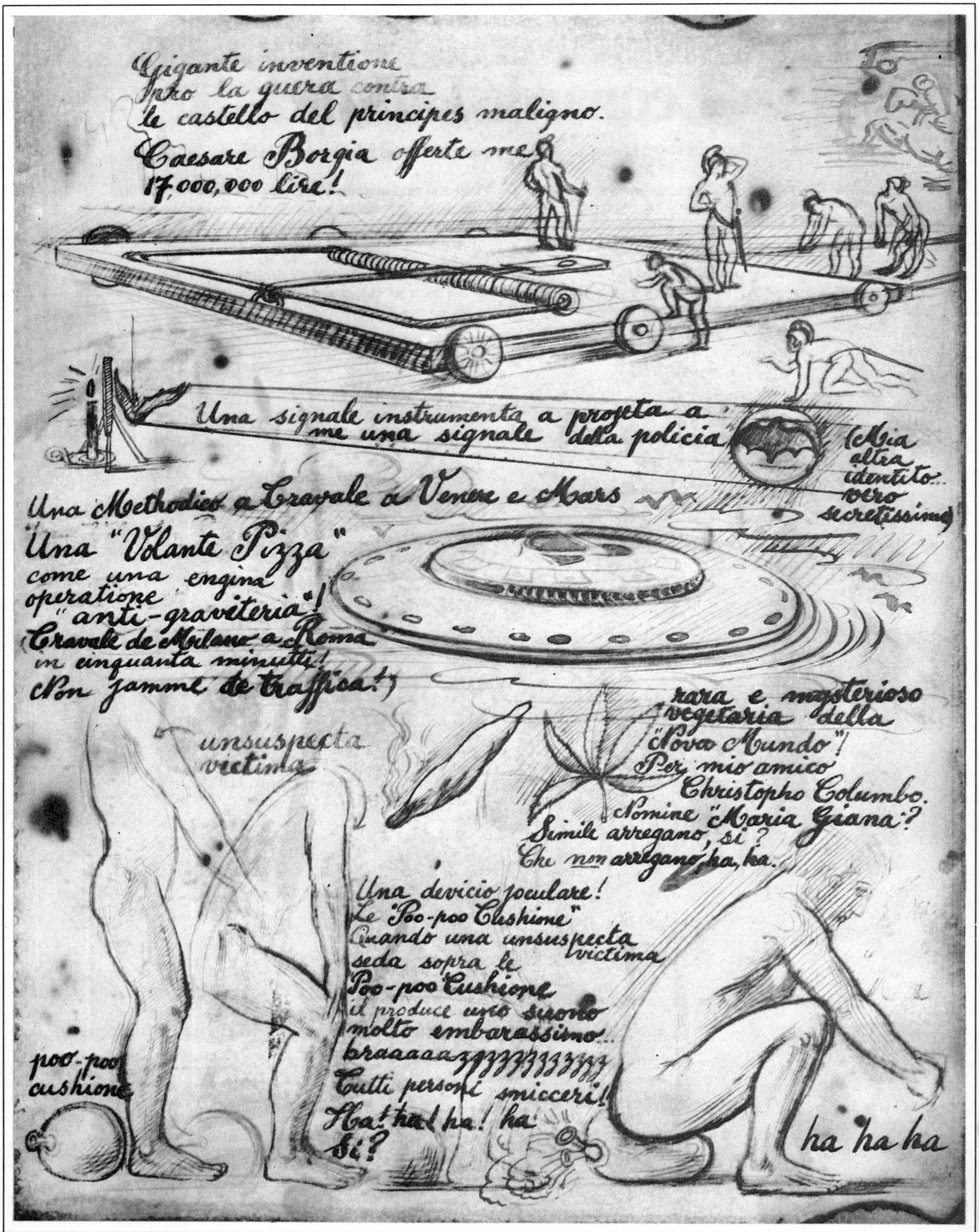
Gigante inventione
pro la guera contra
le castello del principes maligno.
Caesare Borgia offerte me
17,000,000 lire!
Una signale instrumenta a projeta a
me una signale della policia
(Mia
altra
identito...
vero
secretissimo)
Una Methodico a Travale a Venere e Mars
Una "Volante Pizza"
come una engina
operatione
"anti-graveteria"!
(Travale de Milano a Roma
in cinquanta minutti!
Non jamme de traffica!)
rara e mysterioso
vegetaria della
"Novo Mundo"!
Per mio amico
Christopho Columbo.
Nomine "Maria Giana"?
Simile arregano, si?
Che non arregano, ha, ha.
unsuspecta
victima
Una devicio joculare!
Le "Poo-poo Cushime"
Quando una unsuspecta
victima
seda sopra le
Poo-poo Cushione
il produce uno suono
molto embarassimo...
braaaaazzzzzzzzzz
Tutti personi smicceri!
Ha! ha! ha! ha
Si?
poo-poo
cushione
ha ha ha

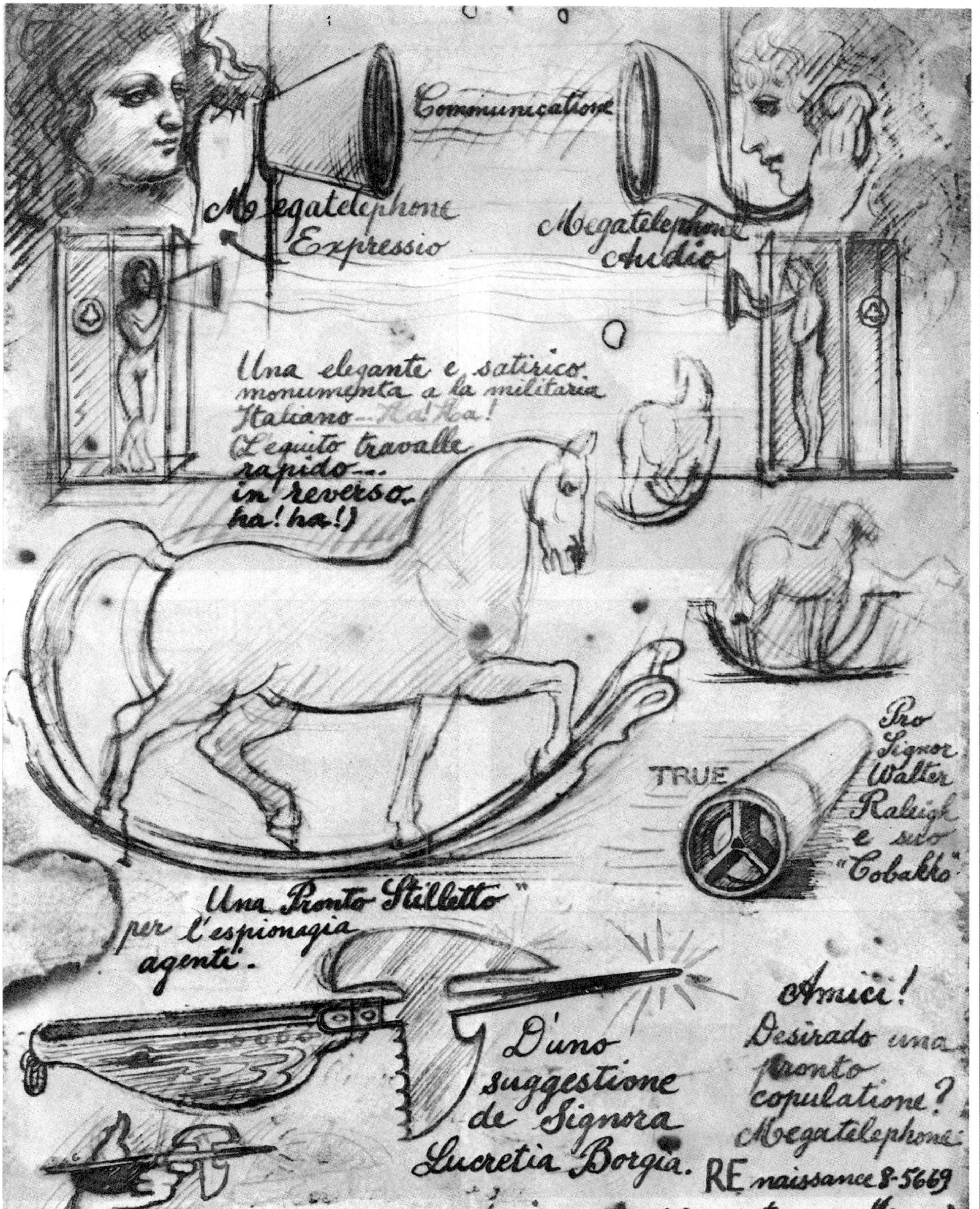
Communicatione
Megatelephone Expressio
Megatelephone Audio
Una elegante e satirico monumenta a la militaria Italiano—Ha! Ha!
(L'equito travalle rapido... in reverso. ha! ha!)
TRUE
Pro Signor Walter Raleigh e suo "Tobakko"
Una Pronto Stilletto" per l'espionagia agenti.
D'uno suggestione de Signora Lucretia Borgia.
Amici! Desirado una pronto copulatione? Megatelephone
RE naissance 8-5669
(requesto per Mona)

letzte
Das endgültig Abgeschlossene. So bekam der letzte Mohikaner während der letzten Tage von Pompeji die letzte Ölung, setzte seinen letzten Willen auf, tat seinen letzten Atemzug und wurde zur letzten Ruhe gebettet.

Leumund
Ausgewachsenes, vollentwickeltes Löwenmäulchen.

Liebe, die
Rechter Nebenfluß der Weichsel (vergl.: lieben = rechts neben der Weichsel herfließen).

Lieber Mann, Max
Eigentlich »Max, lieber Mann!« (Seufzer seiner Ehegattin.)

Lied
Sangbares Gedicht meist aus gleichgebauten Strophen. Davon liederlich = nur schlecht sangbare Gedichte.

Liftboy
Siehe → Schönheitschirurg, angehender.

Limerick
Die bei weitem poetischste aller irischen Städte.

Lippenstift
Im Küssen unerfahrener, kaum angelernter Auszubildender. Lippenstifte werden nach drei Lehrjahren Lippengesellen, nach weiteren drei Jahren und Bestehen der Lippenmeisterprüfung (dem sogenannten Lippenbekenntnis) = Lippenmeister.

Lippischer Wald
Poetisch für Schnurrbart.

Liter
Einheit der Raummaße. Davon: literarisch = in Litern gemessen. Literat: fachlich hochqualifizierter Raummesser. Literatentum = auf das Litermaß eingeschworene Raummaßverfechter.

Literaturpreise
Allg. Kostenaufstellung für in Liter gemessene, gebundene Ware.

Little Rock
(englisch) Minirock.

Löffelente
Giftiger Schwimmvogel, nach dessen Genuß man den Löffel weglegt.

Löschpapier
Von der Feuerwehr benützte, unbrennbare Papierplane, die Flamme erstikkend.

lope
(niederd.) Ich lope = laufe. Lope de Vega = ich laufe den Weg entlang.

Lotto
Zusammenziehung des Doppelnamens Ludwig Otto.

Lüttjepütt
Altfriesische Bezeichnung für einen verdeckt geschlagenen »Teja«, der oft zum dreifach gesprungenen »Mackenkoog« und endlich zum »Labskaus« führte.

Luftaufnahme
Foto von Unsichtbarem.

Lungenfische
Kleine in der Lunge lebende Fische. Sie ernähren sich von Lungenkräutern.

Lustbarkeitssteuer
Steuer auf Lustbarkeiten aller Art (meist ganz zu Unrecht erhoben).

Luxus
Die bequemste aller bekannten Arten, sein Geld unter die Leute zu bringen.

Luxusbestattung

»Ich sagte es ja – die Antarktis ist einfach nicht der richtige Ort für ein Seemannsbegräbnis.«

M wie Mummenschanz

M
Das M (wie Emma), das Ms.; Unglückseliger dreizehnter Buchstabe im Alphabet. Als Laut ein Nasenlaut bei Lippenverschluß. Schon früh in der Entwicklungsgeschichte bemächtigte sich die Kuh des M's für ihre charakteristische Äußerung des Muh's, was die Landwirtschaft zu der Feststellung Anlaß gab: »Eine Kuh macht Muh. Viele Kühe machen Mühe« (Volksweisheit).

Maat
(niederd.) Von Mat = Tischgenosse (vergl. Mathilde = Tisch- und Bettgenossin). Gerade bei der Marine geht alles drunter und drüber, wenn der Obermaat von einem Unterseeboot auf einer Landzunge eine Seezunge ißt.

Macbeth
Eigentl. Mac's Bett, schottisch, deshalb stets zu kurz.

Made
Fußlose, wurmähnliche Larve bes. der Fliege. Made in Germany = speziell in Mitteleuropa heimische M. Madeleine = Halsband zum »Gassigehen« für Hausmaden. Mademoiselle = jungfräuliche M.

mamma
(lat.) Mutter (vergl.: Mammut = Vater, Mammon = guter Onkel).

Manifest
Volksfest bei den alten Manichäern, bei der jedesmal eine Festjungfrau (-königin) gekürt wurde, die sogen. Maniküre (von den vielfältigen Interessengruppen vielfach manipulierte Wahl).

Mannesmann
Supermann, der letzten Endes doch in die Röhre guckt.

Mannweib
Das Weib im Mann (s. auch Kindfrau).

Manteltarif
Gesetzlich fixierte Gebührenordnung für das Verleihen von Mänteln.

Marine
Teil militärischer Streitkraft. Ihre Angehörigen werden allgemein als Marinaden bezeichnet.

Marot, Clément
Franz. Dichter, der vorwiegend wegen seiner skurrilen Marotten Berühmtheit genoß.

Mars, intelligentes Leben auf dem
Tatsächlich existiert dort ein solches, denn nur intelligente Lebewesen sind imstande, Abermilliarden von Dollars zu sparen, anstatt herausfinden zu wollen, ob **wir** intelligent sind.

Mathematik, einfache
Obwohl die Mathematiker seit den frühen Griechen fest davon überzeugt waren, steht jetzt fest, daß eins und eins **nicht** gleich zwei ist. Dr. Peter Allender von der Freien Universität Berlin teilte die neuen Erkenntnisse in einem Vortrag bei der Deutschen Mathematiker-Gesellschaft mit. Nach Dr. Allender hat eine komplizierte mathematische Theorie, die die Grundlagen des numerischen Zahlensystems in Frage stellt, zu dem Resultat geführt, daß eins und eins nicht gleich zwei ist, sondern vielmehr 1,9999999999999999999. »Der Unterschied«, erklärte Dr. Allender,

Mathematik, höhere

»Also, wenn du fünf Taschenrechner hast und ich zwei wegnehme – wie viele hast du dann noch?«

»ist so klein, daß wir ihn im täglichen Leben nicht bemerken. Wenn zum Beispiel ein Rezept zwei Eßlöffel Salz verlangt, und man einen nach dem anderen zugibt, bemerkt man wahrscheinlich nicht, daß man in Wirklichkeit nur 1,9999999999999999999 Eßlöffel der Substanz beigemengt hat. Um jedoch ganz genau zu sein, muß man in unserer Gesellschaft vieles umstellen. Sparbücher, Zapfsäulen, Personenwaagen, Wegweiser, Flipperautomaten, Radioskalen, kurz, unzählige, untereinander verbundene Einrichtungen müssen ausgewechselt werden.« Auf die Frage, ob es möglich sei, die Grundlage seiner Entdeckung in einer für den Laien verständlichen Sprache wiederzugeben, entgegnete Dr. Allender: »Sie müssen das so sehen: Wenn 1 + 1 = 2, dann muß nach einfachen algebraischen Grundsätzen gelten: 2 – (1 + 1) = 0. Aber was ist 0? Ist es wirklich nichts? Oder ist es etwas, das uns nur entgangen ist, weil es so klein war? Schließlich wußten wir vor der Erfindung des Mikroskopes nicht einmal, daß wir Zellen in unserem Körper haben. Jedenfalls habe ich es mir genau angesehen, und es stellte sich heraus, daß doch etwas da ist. Wenn man den Wert in die Gleichung einsetzt, bekommt man 2 – (1 + 1) = 0,0000000000000000001. Eingesetzt ergibt sich 1 + 1 = 2 – 0,0000000000000000001 = 1,9999999999999999999. Und auch, um ein weiteres Beispiel anzuführen: 3 = 1 + (1 + 1) = 2,9999999999999999999. Alles im Universum ist somit ein kleines Stückchen kleiner, als man denkt.«

Matratze
(franz. arab.) Federnder Betteinsatz, bei Mätressen beliebt.

Matrose
Angehöriger einer Schiffsbesatzung. Bevorzugt werden heute Leichtmatrosen, die eine höhere Zuladung (Fracht) ermöglichen. Matrone – weibl. Matrose.

Matte
Flechtwerk oder Gewebe aus biegsamen Pflanzenteilen. Matterhorn = darin eingewebtes Horn zur Verstärkung.

Medizinball
Jährlich wiederkehrende Festveranstaltung des Hartmannbundes.

Meerjungfrau
Fabelwesen = oben Weib, unten Fisch. Deshalb!

mehrdeutig
Zweideutige Ausdrucksweise, die immer eindeutig ist.

Meierei
Die in Telefonbüchern gedruckten Seiten der Fernsprechteilnehmer namens Meier.

Metropole
Ein in der U-Bahn geborener Osteuropäer.

Michel, der – deutsche
Verkörperung echter deutscher Art. Michelangelo = eingedeutscher Italiener. Gastarbeiter mit Engelsmiene.

Mikrobe (jur.)
Amtskleidung für kleine Richter.

Mikroprozessoren
Elektronikbauteile mit ungeheuer rapide wachsendem Marktanteil. Die japanische Firma Sansoklan ist so erfolgreich auf diesem Markt, daß sie im letzten Jahr ihre Produktionsstätten schon wieder verkleinern mußte.

Milli
(südd.) Milch. Millimeter = ein Meter Milch. Milliarde = sehr viel Milch.

Mimose
Schauspielerkrankheit.

Modellschutz
Protektion eines Mannequins.

Moeker, Hans Hermann
(1940–). Erster Mitteleuropäer, der nach beendetem Telefongespräch in einer öffentlichen Telefonzelle nicht nachgesehen hat, ob Münzen im Rückgabebecher liegen. (18.3. 1971, 16.33 Uhr).

Molekül
Kaltes Berliner Getränk.

Mona Lisa
(ital.) Lieschen Müller.

Monet, Claude
Franz. Maler. Erfand die Stilrichtung »Monetarismus«, die besagt, daß nur ein Maler ohne Moneten ein künstlerisch hochwertiger Maler sei.

Monika
Nach ihrem harmonischem Munde wurde eines der beliebtesten Volksinstrumente geschaffen, die Mundharmonika.

Monogamie
Einehe. Monogramm = nach Gewicht taxierte Frucht aus dieser Verbindung.

Monopoli
Eine von Spielernaturen, Wechselreitern und Spekulanten bevölkerte Stadt Süditaliens.

Monopolin
Alleinstehende polnische Staatsbürgerin.

Monroedoktrin
Leibärztin Marilyn Monroes.

Montage
Öfter sich wiederholender Montag. Montagearbeiter = Berufstätiger, der nur an Montagen arbeitet (vergl. Montagsmaler)

Moral
Sittlichkeitslehrer. Morast = übertrieben betriebene M.

Mozart
Nach Mo = chem. Zeichen für Molybdän: zartes Molybdän.

Multis
(Auch »Multiplikanten«) Club, der sich der ständigen Multiplikation (seltener der Addition) verschrieben hat.

Mumm
Unternehmungsgeist, Schneid (davon: Mummelgreis = Seniorchef eines Unternehmens).

Murmeln-Spiel
Siehe → Hörspiel, besonders schwer verständliche Art des.

Muttertag (allg.)
Neun Monate nach Vatertag.

Muttertag (röm.)

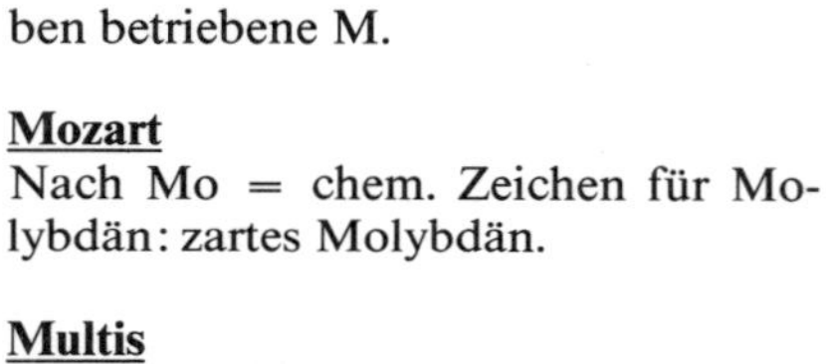

»Wenigstens heute könntet ihr euch meiner erinnern!«

Manager-Glossar

Management-Titel und wofür sie in der Geschäftsführung stehen

Aktionär.
Ahnungsloser, der alljährlich eine aufwendige Broschüre – Glanzpapier – mit ausführlichen Erläuterungen bekommt, warum die Firma in diesem Jahr vorausschauend Verluste erwirtschaften wollte, um im nächsten Jahr Traumgewinne zu erzielen.

Aufsichtsratsvorsitzender.
Höchste Führungsposition im Management. Tätigkeitsmerkmale: sitzt an einem (mindestens) tischtennisgroßen Schreibtisch; golft entsetzlich, aber golft; fürchtet Entführung. Schwarzer Anzug. Gibt jedoch den Schwarzen Peter nach unten weiter.

Bereichsleiter.
Mitarbeiter, der dumm genug ist, viel mehr zu arbeiten, ohne viel mehr dafür bezahlt zu bekommen. Nimmt längere Mittagspause, hat grünes Telefon, wenn die andern ein graues haben, oder graues, wenn die andern ein grünes haben.

Bürochef.
Sammelt fürs Rote Kreuz ein, führt Abwesenheitslisten, repariert die Kaffee-Maschine, bewacht das Kopiergerät. Karriere vom Plastik-Kugelschreiber zum Nirosta-Kugelschreiber. Trägt Krawatte. Kein Jackett.

Chef des Planungsstabs.
Hat Doktorat. Ist mit den Fehlern, die er macht, seiner Zeit um zehn Jahre voraus.

Chef-System-Programmierer.
Hat auf dem zweiten Bildungsweg seinen Abschluß gemacht, züchtet Fleischtomaten. Brütet Computer-Programme in seinem Schrebergarten aus und läßt sich dazu viel Zeit. Läßt inzwischen Firmengelder auf seinem eigenen Konto bei der Volksbank Zinsen tragen.

Direktor Information.
Der Kerl an der Kopiermaschine mit dem tätowierten Fußball auf dem Bizeps.

Direktor Marktorientierte Forschung.
Wissenschaftler, der junge Wissenschaftler dazu überredet zu glauben, daß es genau so wichtig ist, einen neuen Anti-Wespen-Spray zu entwickeln wie etwas gegen Krebs.

Gesamtbereichsleiter.
Position, dafür geschaffen, Gehaltserhöhungen für Bereichsleiter zu blokkieren. Gleiche Funktion wie Bereichsleiter bei gleichem Gehalt, doch einmal im Jahr zusätzlich eine Röntgenuntersuchung auf Kosten der Firma.

Kaufmännischer Geschäftsführer.
Buchhalter, der dreißig Jahre lang das Problem hintergrübelt, wie er am einfachsten Firmengelder auf ein Nummernkonto in Solothurn transferiert.

Leiter Einkauf.
Manager der zweiten Führungsebene. Bessert sein Gehalt dadurch auf, daß er Geschenke von Firmen, bei denen er einkauft, verhökert.

Leiter Lager.
Hat studiert, kann aber trotzdem einen Taschenrechner bedienen.

Leiter Kaufmännisches Rechnungswesen.
Sündenbock, der dafür bezahlt wird, daß er seinen Kopf hinhält, wenn man der Firma auf Schliche kommt.

Leiter Organisation.
Verdankt den Job seiner Frau, die mit den richtigen Leuten schläft. Hat eine Handvoll Firmenaktien und ein Konto in der Schweiz.

Managers Nachtgebet

»Mit bestem Dank im voraus und in der Hoffnung, daß Dir mein neuer Schlafanzug gefällt, verbleibe ich . . «

Marketing-Direktor.
Könnte keinem Ertrinkenden einen Rettungsring verkaufen. Aber Schwiegersohn von Nummer eins.

Produktionsdirektor.
Mitarbeiter, der zu viel weiß für die Arbeit in der Fabrik und zu wenig für die Arbeit im Büro.

Persönlicher Vertreter des Aufsichtsratsvorsitzenden.
Besserer Mann als der Präsident, der aber noch unter Vertrag steht. Wird, möglichst auf Sparflamme, bei der Stange gehalten.

Präsident.
Spitzenmanager, der darauf achtet, daß die andern Spitzenmanager spuren. Spricht im Namen der Firma, wenn lausige Ergebnisse vertuscht werden müssen; stellt es als sein persönliches Verdienst hin, wenn die Bilanz einmal aus den roten Zahlen heraus ist. Beruft ein. Sagt ab. Verschiebt. Ist bei Konferenzen wegen anderer Konferenzen verhindert.

Spezialist/in im Kommunikationsbereich.
Spätes Mädchen in der Telefonzentrale, macht sich Hoffnungen, weil an der Tür ihrer Kabine »Kommunikationsbereich« steht.

Vertriebsleiter.
Korrekt gekleideter Verkäufer, der nichts mehr zu verkaufen braucht.

Syndikus.
Der Mann mit dem kleinen schwarzen Lederkoffer.

Syndikus, Erster.
Der Mann mit den zwei kleinen schwarzen Lederkoffern.

Unabhängiger Wirtschaftsprüfer.
Engster Mitarbeiter des Kaufmännischen Geschäftsführers, nachdem er diesem gezeigt hat, wie man Firmengelder auf ein Nummernkonto in Solothurn transferiert.

Vertriebsleiter Ausland.
Er weiß, wohin sämtliche Besserwisser in der Firma abgeschoben worden sind.

Zukünftiger Nachfolger Management.
Hat acht Semester Betriebswirtschaft hinter sich gebracht und für eine Menge Geld gelernt, eine Firma aufzureißen, die ihn als Nachwuchsmanager nimmt.

Munch jr., Edvard, Maler der Angst

Der norwegische Künstler Edvard Munch jr. (1902–1968) wurde vor allem durch eine Serie kraftvoller gefühlsstarker Holzschnitte über die Angst des modernen Menschen bekannt, die er in der Mitte unseres Jahrhunderts schuf. Die meisten, die an das protoexpressionistische Meisterwerk »Der Schrei« seines berühmten Vaters erinnern, werden ihrer nahezu apokalyptischen Ausdruckskraft wegen als unvergleichlich angesehen. Man kann sie heute in praktisch allen Andenkenläden in den skandinavischen Ländern erstehen

Kommt der Bus oder ist es ein Lastwagen?; Circa 1956; *El Museo D'Arte Loco, Mexiko-City.*

Sünde; 1965; *Nußkunst Museum; Wien.*

Das sieht aus wie die Telefonrechnung im Briefkasten (und ich weiß, die wird ganz schön hoch sein diesen Monat); 1958; Maße unbekannt; *Palazzo Figiti, Rom.*

Ich glaube, ich habe meinen Hut vergessen; 1950; *Museum für ängstliche Kunst, Zürich.*

Wann zieht sie sich denn endlich aus?; 1957; *Musée des Artes de Voyeur, Paris.*

Eines Tages fällt das Regal runter und die Stereoanlage gleich mit; 1962; *Nasjonalgalleriet uv Raw Njervendengs, Oslo.*

N wie Notausgang

N
Dentaler Gaumennasal-Laut aus dem hebräischen »nun« = Fisch entstanden. N ist der 14. Buchstabe des ABC und lockt den Käufer mit netto, der dann in der Realität bis zum brutto noch einmal soviel bezahlen muß.

Nationalpark
Naturschutzgebiet für nationalgesinnte Parker. (davon = Nationalparkuhr, -parkscheibe usw.).

Nationalsport, italienischer

»Ich mache nur mit, damit sich meine Autobiographie spannender liest.«

Nationaltheater
Unwürdige Demonstration parlamentarischer Unsitten (meist während der Haushaltsdebatte).

Naturkost
1) Jede fabrikverarbeitete Nahrung mit dem Aufkleber »Naturkost«.
2) Jedes Produkt mit der Vorsilbe Bio-.
3) Jede Nahrung, die mindestens das Doppelte des Durchschnittspreises kostet.

Neandertaler
Ursprüngliches Zahlungsmittel.

Neptun
Tätigkeit unseriöser Bardamen.

Neujahr, Probst
Vorform des Zurufs »Prost Neujahr!« Probst Neujahr hatte 219 v. Chr. mit Hannibal gewettet, es sei unmöglich, wegen des Touristenverkehrs die Alpen mit Leasingelefanten zu überqueren. Nach Hannibals Erfolg 218 v. Chr. wollte sich Probst Neujahr um die Zahlung der Wettschulden drücken. Hannibal suchte überall und ließ den säumigen Wettschuldner ausrufen. Mit dem Zuruf »Probst Neujahr!« konnte er ihn endlich am Jahreswechsel 218 auf 217 v. Chr. fassen. Nächtliche Zecher übernahmen Hannibals Ruf. Wegen Ausspracheschwierigkeiten wurde daraus »Prost Neujahr!«

nix
(Umgangssprache) nichts. Nixen = Mädchen die immer nein sagen, weil sie »damit« nichts zu tun haben wollen.

Nobelpreis
Was man für vornehmes Ambiente, gepaart mit Verzicht auf Gemütlichkeit, zahlen muß. (Beispiel: Nobelhotel – sehr teures und [allein schon wegen des Krawattenzwangs] unbequemes Etablissement.)

Numerus clausus
(lat.) = Klaus ist eine tolle Nummer! oder Klaus hat eine Nummer gemacht.

Nu
Universales Mehrzweckfahrzeug = im Nu (irgendwo) hingelangen, – landen, – untertauchen usw.

Nostalgie, königliche

*»Aber für **mich** ist es das Ende einer Ära!«*

Nacktheit, Geschichte der

Vor Millionen von Jahren lebte der Australopithecus erectus, der Vorfahre des heutigen Menschen. Er war drei Meter groß und völlig behaart. Er sah anders aus als dieses Mädchen.

Die Menschen im Mittelalter waren sehr oft nackt. Allerdings niemals in der Kirche. Gabi stammt nicht aus dem Mittelalter. Sie ist aber trotzdem sehr oft nackt. Sie geht auch nicht in die Kirche.

Während der Regierung von Pharao Amenemhet III (1844 bis 1797 v. Chr.) von Ägypten wurde der menschliche Körper fast ausschließlich unbekleidet gezeigt. Da diese Darstellungen in schweren Stein gehauen wurden und nicht transportiert werden konnten, zeigen wir Ihnen hier ein Bild von Susi. Susi ist 18 Jahre, Banklehrling und sammelt Bierdeckel.

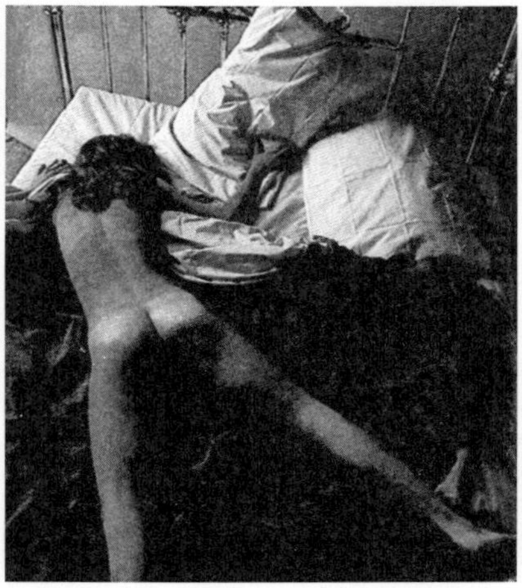

Als die Spanier im 16. Jahrhundert die Neue Welt eroberten, konnten sie die entzückende Elvira (98–51–98) noch nicht in Augenschein nehmen.

Die alten Griechen liebten die natürliche Nacktheit und priesen sie in Gedichten. Sie zogen allerdings nackte Jungen vor, da Blondinen damals noch nicht erfunden waren.

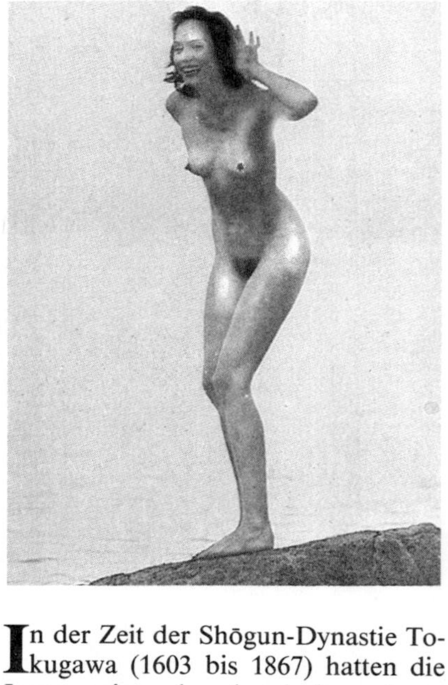

In der Zeit der Shōgun-Dynastie Tokugawa (1603 bis 1867) hatten die Japaner eine sehr schamhafte und mystische Einstellung zum unbekleideten weiblichen Körper, die von den westlichen Zivilisationen kaum verstanden wird. Sabine war noch nie in Japan.

Der praktische Wert der Nacktheit ist vielseitig. Die alten Römer, zum Beispiel, bevorzugten sie, um ihre Marmorstatuen ohne Kleider zeigen zu können. Ellen ist nackt, weil sie sich ausgezogen hat.

Nacktheit spielte eine große Rolle in China während der T'ang-Dynastie (618 bis 907 n. Chr.). Sie gehörte zu den vom Kaiser persönlich garantierten Grundrechten und stand auch dem kleinen Manne zu. Karin spielte damals keine Rolle. Sie war bis 1958 noch nicht einmal geboren.

Es wird angenommen, daß diese Art von Nacktheit die Ursache der Napoleonischen Kriege war. Viele Historiker bestreiten dies. Sie behaupten, daß das Herumlaufen im Evaskostüm nichts mit dem Brand von Moskau zu tun hat.

Im Viktorianischen Zeitalter war niemand völlig unbekleidet. Hätte dieses Mädchen damals gelebt, müßte es zumindest ein Chemin de fer oder ein Entrecôte anziehen. Und zwar ziemlich schnell. Andernfalls hätte es sich die Verachtung des Mittelstandes eingehandelt.

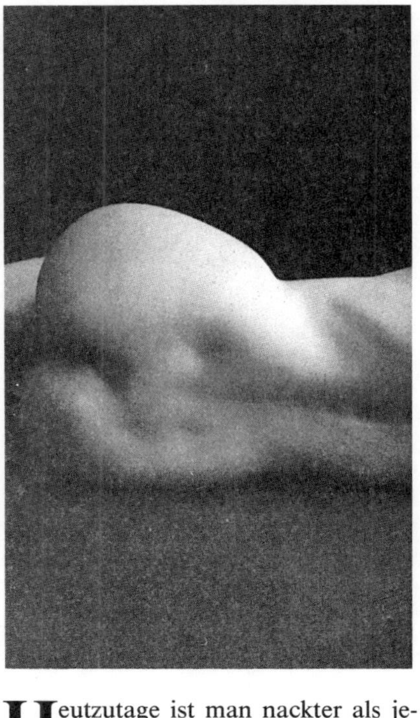

Heutzutage ist man nackter als jemals zuvor. Bitte beachten Sie die Grübchen.

Nationalhymnen

Die ganze Welt im Zeichen des neuerwachten Nationalgedankens – auch in den Hymnen

Die neue Schweizer Nationalhymne

(Diese neue Schweizer Hymne ist tief verwurzelt in den Traditionen der führenden kontinentalen Seemacht in Mitteleuropa)

Das wußte schon der Winkelried:
Noch stolzer als Britanniens Fleet,
Noch stolzer dampft seit eh und je
Die Schweiz zur See!
Ahoi, du Schweizer Seemann mein!
Wann wirst du wieder bei mir sein?
Werd' ich dich wiedersehn,
Wenn die Touristen gehn?

Die Schweizer Uhr, der Schweizer Kas,
Die gelten in der Welt schon was!
Doch mehr noch gilt das Renommee
Der Schweiz zur See!
Ahoi, du Schweizer Seemann mein ...
etc.

Ein Schweizer Seebär, sturmdurchnäßt
Hält unbeirrt sein Ruder fest
Und hält sein Image in die Höh:
Die Schweiz zur See!
Ahoi, du Schweizer Seemann mein ...
etc.

In Genf, in Zürich und Luzern,
In jedem Hafen, nah und fern
Lobt alles übern grünen Klee
Die Schweiz zur See!
Ahoi, du Schweizer Seemann mein ...
etc.

Liechtensteiner Nationalhymne

(Nach dem phänomenalen Erfolg der Schweizer Nationalhymne forderten die Liechtensteiner Separatisten eine ähnliche, die zudem besonders die ökologische Bewegung ansprechen sollte).

Wo die Meereswellen rauschen,
Möchte ich den Möwen lauschen!
Aber ach, es kann nicht sein
Mein Vaterland heißt Liechtenstein!

Möcht' den Ozeanriesen winken,
Köm und Schnaps aus Buddeln trinken!
Doch es bleibt nur eitler Schein:
Mein Vaterland heißt Liechtenstein!

Möcht' verbrennen meinen Busen
Mir an Quallen und Medusen!
Doch ich seh's ja selber ein:
Mein Vaterland heißt Liechtenstein!

Möcht' anstatt hier in Vaduz sein
Auf dem Meere guten Muts sein!
Doch ich kenn' nur Ill und Rhein:
Mein Vaterland heißt Liechtenstein!

Nationalhymne der Inselrepublik Tonga

(Laut Regierungserlaß darf die Tonga-Hymne nur im Congarhythmus zelebriert werden, weshalb sie sich bei der tanzfreudigen Jugend aller Staaten besonderer Beliebtheit erfreut!)

Tonga – Conga –
Conga – Tonga –
Ach, mein Kreuz! – Des Südens Licht
Seh' ich vor Begeist'rung nicht!
Hallo, Dolly! Hallo, Poly!
Unvergeßliche Romanze!
Heute gehe ich aufs Ganze,
Wenn ich mit dir Conga tanze!
Hallo, Poly! Nesien ist schön!

Tonga – Conga –
Conga – Tonga –
Ach, mein Kreuz! – Des Südens Frucht
Traf mich hier mit voller Wucht!
Hallo Dolly! Hallo, Poly!
Eine Kokosnuß, o wehe
Traf mich aus zwölf Meter Höhe,
Daß ich nur noch Sterne sehe!
Hallo, Poly! Nesien ist schön!

Hymne der (atom-)freien Republik Wendland

Brüder, Halt der Gewalt und der Kernenergie!
Heil dir, Wendland, du Eiland des Lebens!
Ringsumher dräut ein Meer von Atomhysterie,
Doch den Brockdorfern droht es vergebens!
Die Welt, die böse Geister rief,
Ist längst schon radioaktiv!
Doch Wendland bleibt für sie tabu –
Und der Gerhard Wendland singt dazu!

Brüder, Stop dem Galopp des Atommeilerbaus
Spannt die Schirme auf, daß sie uns schonen!
Kein Atomregen fällt hier, kein Tropfen des Taus
Hat die Spur nur von Emissionen!
Die Welt, verseucht, vor Panik stumm
Macht einen Umweg um uns rum,
Denn Wendland bleibt für sie tabu –
Und der Gerhard Wendland singt dazu ...

Die Nationalhymne der unabhängigen Falkland-Inseln

Sturmumtoste blanke Inseln,
Selten hört man noch ein Winseln
Vom angeschoss'nen Pinguin.
Neues Leben wird erblühn,
Wenn wir in die Zukunft schreiten
Mit kühnem Blick nach allen Seiten.

Hoch unsere Falklands, nieder mit Malvinen,
wir werden nicht den Argies dienen.
Laßt Albions Soldaten grienen,
Wir haben Minen vor den Dünen.

Wo wir hinsehn, üb'rall Schafe,
Die endlich nun nach langem Schlafe
Ihr Schicksal in die Hände nehmen,
Sich nicht mehr länger lassen zähmen.
Den Blick sie jetzt nach vorne richten,
Alle Feinde sie vernichten.
Hoch unsere Falklands ...

Rings um uns verrostet Eisen;
Ölflecken in die Tiefe weisen.
Der Feinde Macht zerbrach in Stücke.
Zuschanden ward hier ihre Tücke.
So sind wir Herrn auf unserm Eiland
Und rufen runter von der Steilwand,

Hoch unsere Falklands ...

Neoromantik, Sprache der

Begriffe aus der Single-Szene, die man kennen sollte, um up-to-date zu sein

Siehe: Zoo

Affäre
Beischlaf (Weiß er, daß seine Frau eine Affäre mit dem Chef hat?)

Beziehung
Sexualakt (Ich hatte eine aufregende Beziehung im Fahrstuhl.)

Briefmarkensammlung
Doppelbett (Darf ich dir meine Briefmarkensammlung zeigen?)

Buch
Onanie (Ich les' heute abend ein gutes Buch!)

Dame
Verklemmt (Sie ist ganz Dame!)

Ehe
Institution, welche unter Vorspiegelung des Gegenteils schließlich die totale Keuschheit herbeiführt.

Ejakulieren
Das Standesamt fluchtartig vor dem Aussprechen des Wortes »Ja« zu verlassen.

Engel
Reich und spendabel (Meine neue Liebe ist ein Engel.)

Ernsthaft
Ehebrecherisch (Ich kann mir jetzt keine ernsthafte Beziehung leisten.)

Eros
Zeugungstrieb, sinnliche, geschlechtliche Liebe. Erosion = Abnutzungserscheinung bei übertriebenem E., deren Folge häufig Erotomanie = Liebeswahnsinn.

Falsch
1. Richtig, korrekt (Du siehst das alles falsch mit Fred und mir.)
2. schicklich, geschmackvoll (Barbara, was zwischen uns geschah, war nicht falsch.)

Feuchter Traum
Alptraum mit starkem Schweißausbruch.

Frigidität
Abwertende Bezeichnung für Ruhe und Ausgeglichenheit der Frau.

gehen
mit jemandem schlafen (Helga geht mit Rolf.)

Gentleman
impotenter Aufschneider (Er benimmt sich wie ein wahrer Gentleman.)

groß
klein, durchschnittlich (O Rolf, wie groß er ist!)

Gürtellinie
Untere Begrenzung des Menschen.

Silvia, nicht mehr mit Rolf zusammen. Siehe: Humor

häuslich
langweilig, nörgelnd, mißtrauisch, unausstehlich (Sie ist mehr ein häuslicher Typ.)

Humor
Verzweiflung (Rolf erträgt die Trennung von Silvia mit Humor.)

Impotenz
nicht wollen.

Kalte Dusche
Rituelle Waschung, die so oft wie möglich ausgeführt werden sollte.

Konventionell
schläft beim Beischlaf ein (Rolf ist mehr ein konventioneller Liebhaber.)

Mann
1. intelligente Frau (Rolf, benimm dich doch wie ein Mann!)
2. wildes Tier (Dieser Manuel! Was für ein Mann!)

Maske
Hose (Dem würde ich gern mal hinter die Maske gucken!)

Missionarsstellung
Aufrecht in der Mitte eines Dschungels stehen.

mögen
1. sexuell angezogen (Ich mag dich)
2. sexuell abgestoßen (Ich mag dich, laß uns nicht alles verderben.)

Nachsicht üben
Hörner aufgesetzt bekommen (Er übt Nachsicht mit seiner Frau.)

Nymphomanin
Ex-Freundin.

offen
1. absurd (Die beiden haben eine offene Beziehung.)
2. hohlköpfig (Er hat eine offene Einstellung.)
3. wahllos (Fred ist offen für neue Beziehungen.)

Savoir faire
Situation, in der man mit der Frau eines anderen im Bett liegt und dann plötzlich und unerwartet der Gatte ins Zimmer kommt und sagt: »Bitte macht doch ruhig weiter und laßt euch nicht stören« – wenn man dann wirklich weitermachen kann, das ist »Savoir faire«.

Sinn
Sex (Mein Leben ist so sinnlos.)

Unreife
Wissen, wo es ist, aber nicht wofür.

Verhütungsmittel, orales
Das Wörtchen »Nein«.

Zoo
Disco (Das ist ja wie ein Zoo hier, laß uns zu mir gehen.)

Zölibat
Ehelosigkeit zur Vermeidung der durch die »Ehe herbeigeführten« Keuschheit.

Neo-Weltwunder

Beim letzten Weltkongreß der Archäologen wurden folgende Weltwunder neu kanonisiert: Das Weltwunder, dem man sich nur mit einem Regenschirm nähern konnte; das Weltwunder, das sich unter einer schützenden Hydroschicht verbarg; das Weltwunder, auf das man sich trotz größter Vorsicht nicht verlassen konnte; und dann das Weltwunder, über das sich die Welt wundert: Waren die alten Ägypter vielleicht ›andersrum‹?

Nicht zu vergessen dieses Weltwunder: ›Die Hängenden in den Gärten der Semiramis‹

Die Chaos-Pyramide

Paris vor Troja

Atlantis

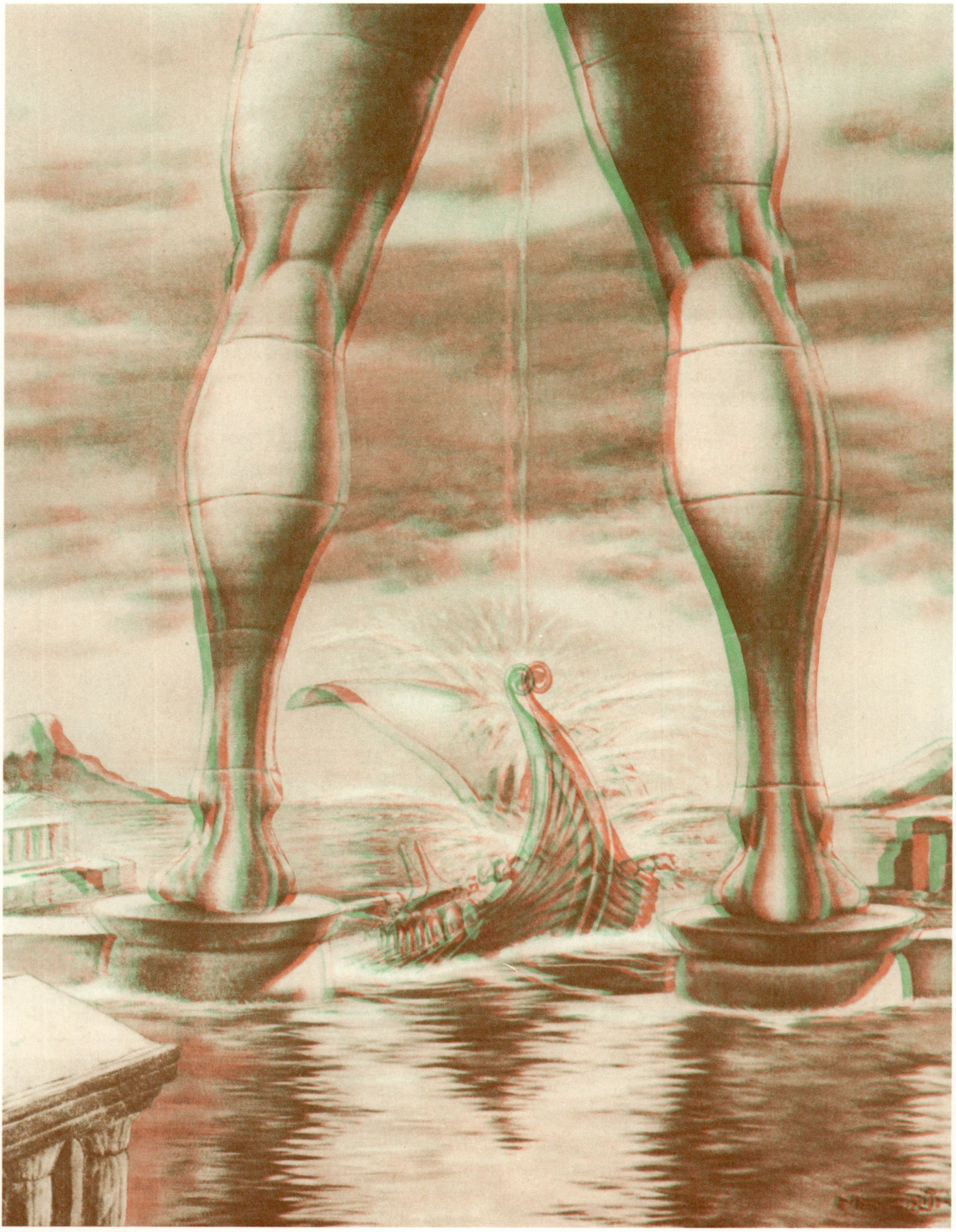

Der Koloß von Rhodos

Nettigkeiten im Verkehr

Seit es sich herumgesprochen hat, daß das »Vogelzeigen« teuer zu stehen kommen kann, haben sich neue Formen entwickelt, mit anderen Autofahrern zu kommunizieren. Hier die wichtigsten, die man kennen sollte:

Sie blindes Huhn!

Wenn Sie mich schneiden, semmle ich Ihnen eine!

Mit so was wie Ihnen sollte man kurzen Prozeß machen!

Ihre Fahrweise stinkt mir!

Sie brauchen wohl 'ne Brille?

Und für die Kleinen, die besonders nett mitschalten:

Hier eine Geschenkbuch-Auswahl, von der Deutschen Verkehrswacht empfohlen:

- Rotkäppchen und der böse Volvo.
- Das tapfere Karosserie-Schneiderlein
- Der Golf und die sieben Chrysler
- Hans im Buick
- König Drosselklappe
- Schneekettchen und die sieben Zwerge

Niagara-Fälle, Umnutzung der

Die Industriegesellschaft kann sich – wenn sie das richtige Augenmaß beweist – am eigenen Schopf aus der Krise ziehen. Ein Beispiel: Zwei der größten Nationen der Erde, Kanada und die USA, arbeiten Hand in Hand, um gemeinsam in einem ihrer Grenzgebiete gegen bestürzende Fälle von Rezession anzukämpfen.
Fälle – dies ist das Schlüsselwort. Beide Nationen sind durch die Niagara-Fälle eng verbunden. Die Niagara-Fälle waren einmal das klassische Ziel einer Hochzeitsreise. Aber die Niagara-Fälle sind nicht mehr das, was sie einmal waren. Heute heiraten Leute auch, ohne die Niagara-Fälle zu besuchen. Sie machen ihre Flitterwochen im Tschad oder im oberbayerischen Poing auf Schloß Aichbichl oder bei den Gorillas in Ruanda. Niemand sagt mehr: ›Hat es überhaupt noch einen Sinn zu heiraten, wenn wir unsre Hochzeitsreise nicht an die Niagara-Fälle machen?‹

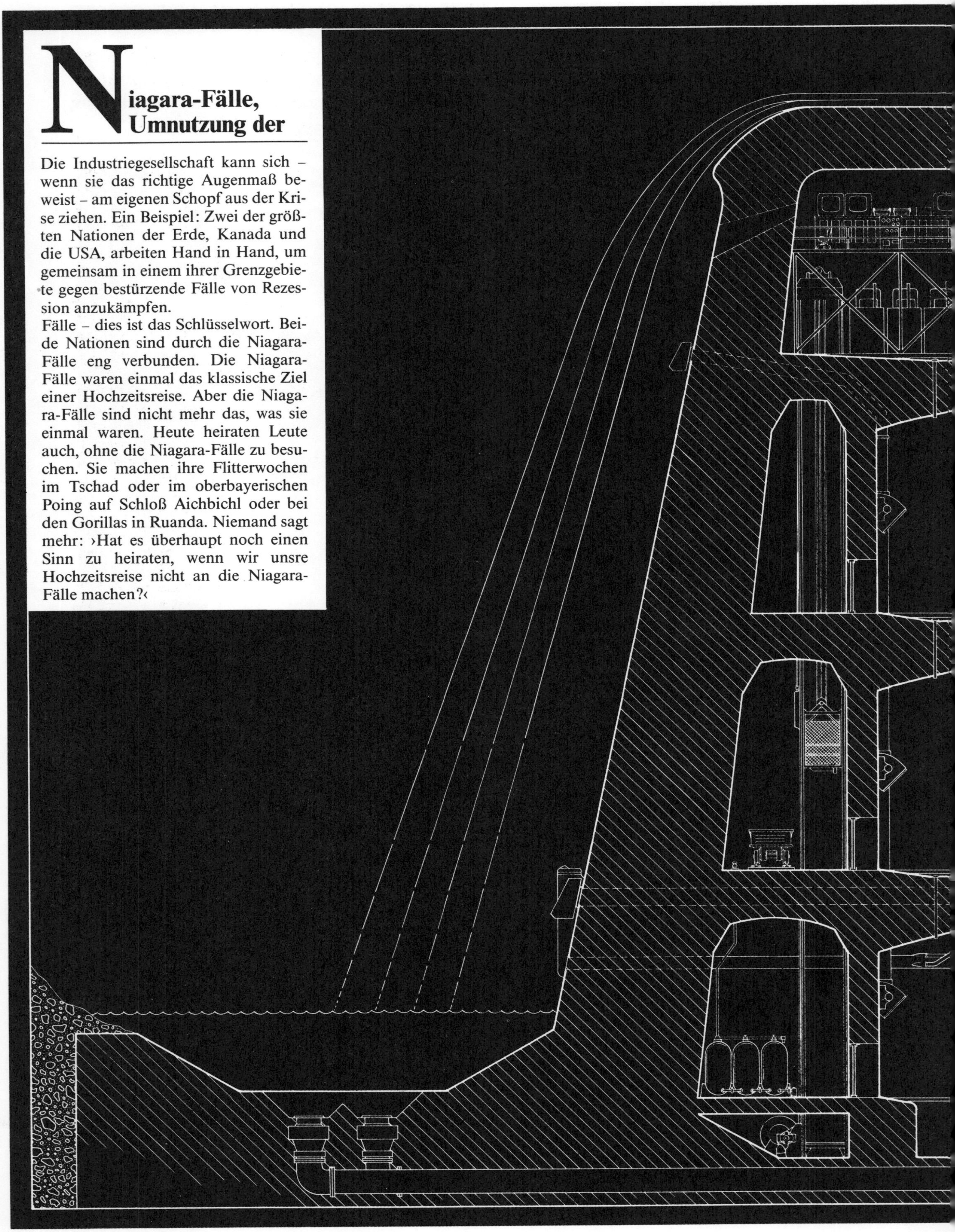

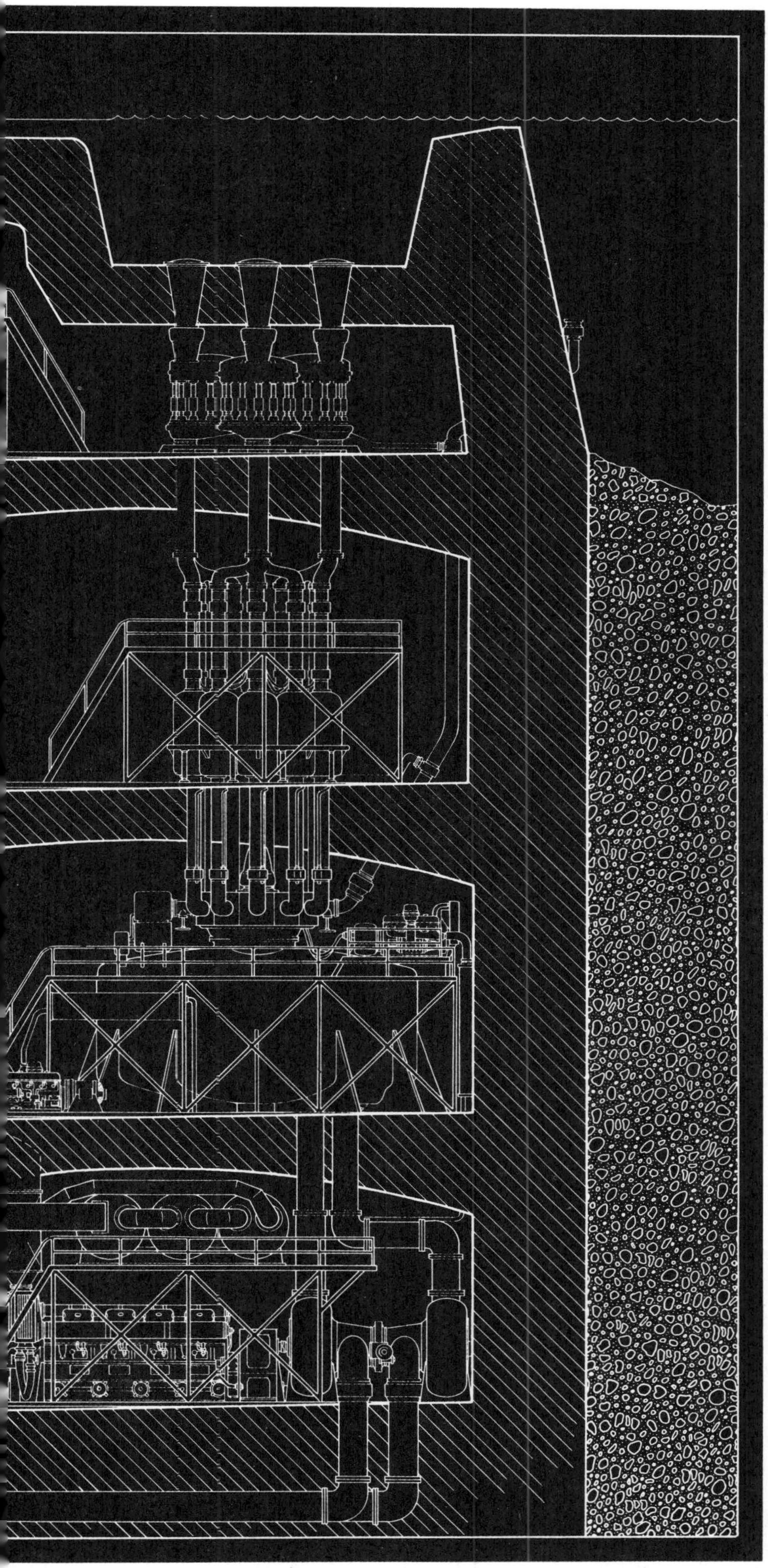

Mit Einbußen in der Gewinnsteigerung sehen sich deshalb dort Souvenirhändler, Würstchenbrater, Senf- und Pappdeckelhersteller konfrontiert. Um dem durch eine neue Attraktivität der Niagara-Fälle zu begegnen – und um überhaupt die Niagara-Fälle für den Arbeitsmarkt voll auszuschöpfen –, haben der Präsident der USA und der Ministerpräsident von Kanada ein ebenso kühnes wie einleuchtend einfaches Projekt in Angriff genommen: die Umnutzung der Niagara-Fälle.

Das Großprojekt basiert auf berechtigten Forderungen der Gewerkschaften beider Länder. Die Arbeiterorganisationen haben immer wieder darauf hingewiesen, sie würden auf keinen Fall weiter dulden, daß sich die Wasserführung der Natur – hier Erie- und als Mittäter der Ontario-See – strikt weigert, die Wasserkräfte zu vergewerkschaftlichen oder wenigstens eine Jahrespauschale in Millionenhöhe an die Organisationskassen abzuführen. Zur Warnung wird jetzt als Musterfall der Betrieb der Niagara-Fälle umgestellt und in die Hände menschlicher Arbeitskräfte gelegt.
Der unorganisierte Wasserzufluß wird abgestellt und nur noch ein Rinnsal bis zu den Fällen geleitet. Das im Raum der Fälle selbst reichlich vorhandene Wasser wird mit Hilfe übereinandergeschalteter Pumpstationen zunächst dem Becken entnommen und dann im Innern der Felsformationen hochgepumpt. Von oben ergießt es sich wieder über die Steilwände nach unten.
Zum Bau dieser Umnutzungsanlage werden über einen Zeitraum von vier Jahren 3116 Arbeitskräfte eingesetzt. Die Inbetriebhaltung gewährleistet weiterhin eine mehrstellige Zahl von gesicherten Arbeitsplätzen.

In kurzen regelmäßigen Abständen werden jeweils einige hundert deutsche Parlamentarier eingeflogen, die den Fortgang der Arbeiten verfolgen. Schon wird auch die Umnutzung aller deutschen Fälle ins Auge gefaßt. Auch, verlautet aus Bern, der Rheinfall bei Schaffhausen gilt als potentielles Umnutzungsobjekt und damit Arbeitsreservoir. Und: »Kein Fall ist zu unbedeutend, als daß er nicht umgenutzt werden könnte!« betonte Eugen Bäsle auf dem historischen Arbeitnehmerkongreß in Niederbipp, Vorarlberg: »Die Fälle können nicht einfach so herunterfallen, als ob es uns überhaupt nicht gäbe! Auf keinen Fall!«

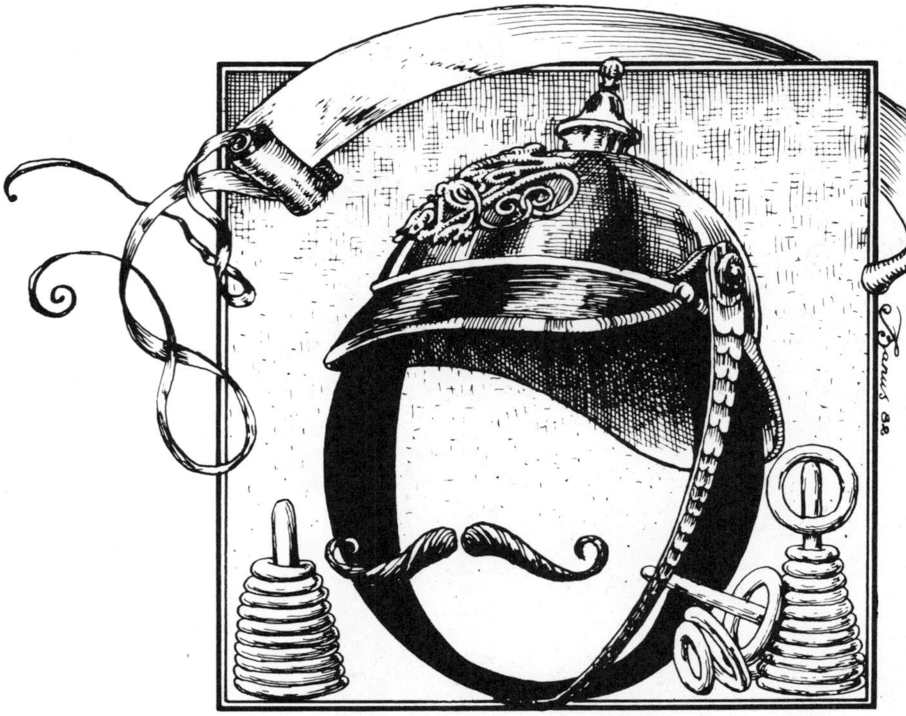

O wie Obrigkeit

O
Ausgespr. Oh. Das O, des Os. Selbstlaut im Hintergrund mit breiter Lippenstülpung, 15. Buchstabe im abendländischen ABC, bei den Griechen allerdings als Omega der letzte, daher das A und O (der Affe und der Ochse) als Symbol für jugendfrischen Anfang und abgeklärtes Ende.

Ober
Vorsilbe für Höherstehende z. B. Oberarzt (fälschlich auch als »Hotelarzt, Arzt für gastronomisch Dienstleistende, Kellner usw.« apostrophiert); Oberbayer = noch weitaus charakteristischer als der Einfach- oder Niederbayer; Oberrheinische Tiefebene (einzige Tiefebene, die oben liegt). Selbst in der relativ jungen Elektrotechnologie fand das Ober rasch Einzug: Volt – Obervolta.

Oberkirchenrat:
Gemeinderat von Oberkirch im Schwarzwald.

Obstipation
Durch zu reichlichen Kernobstgenuß verursachte Verstopfung.

Oiseau Battalion, das
Berühmte frz. Kampfeinheit aus dem Ersten Weltkrieg, die mit gelber Smokingjacke, rotem Kummerbund und hohen Kunstlederstiefeln die bei weitem schickste Uniform aller kriegführenden Nationen trug. Die Losung der Truppe: „Allzeit bereit für ein Diner zu zweit, zuzeiten für einen Streit, aber einem sauberen Chablis – – – iiih!«

Olsen, Olé
Künstlername von Hannsheinz Hansen (1943–1967). Einziger westfriesischer Torero.

Ordinarius
Beamteter Liebhaber vulgärer Ausdrucksweisen.

Ortega y Gasset
Spanische Dorfstraße, die besonders gerne von Lope de Vega beschritten wurde.

Osten
Ostentativ O-sagen.

Ornithologie

»Erstaunlich, wie sie jedes Jahr an den gleichen Ort zurückfinden.«

P wie Problem,
auch hierzu etwas zu finden

P
Das Peh. Es gilt als stimmloser Verschlußlaut und ist der 16. ABC-Buchstabe. Wie M ist P einer der urtümlichen Erstlaute der Neugeborenen (»Papa«).

Pack
Gesindel. Päckchen – halbwüchsiges Gesindel. Packlager = deren Unterkunft. Packstraße = berüchtigte von Pack und Päckchen bevölkerte nachts unsichere Gasse (meist Altstadt).

Parabola
Spanisches Musikinstrument des ausgehenden Mittelalters. Es wurde gespielt, indem man es in rascher Folge gegen eine Mauer warf. Ein geübter Parabolist konnte das leichte, mit Leder bezogene Instrument in einem schwindelerregenden Tempo spielen. Da der Schwindel allerdings zumeist den Virtuosen erfaßte, sind die überlieferten Stücke für Soloparabola und Drehleier sehr kurz und zeichnen sich stets durch merklich langsamer werdende Tempi aus.

Parade
Vorbeimarsch. Davon: 1. Paradeis = Vorbeimarsch bei Glatteis, 2. Paradentose = Zahnschmerzen beim Anblick einer Parade, 3. Paradox = anstelle eines Paradewallachs.

Paradentosen
Heftiger Zahnausfall bei militärischen Aufmärschen.

Partizip
Teil eines Reißverschlusses.

Pasteur (Aus der Schwulstzeit)
Vornehm für Pastor.

Patience
Weibliche Form von männlich Patient (mancherorts auch Patina).

Patron
Schiffsherr, Schiffseigner. Patrone = Schiffseignerin (meist Gattin des P.).

Pause
»Ich mache P.« = ich ruhe mich aus. Durchpausen: ohne Pause Pause machen.

Pazifist
Ein Mensch, der an einer Friedenskonferenz teilnehmen kann, ohne mit anderen Konferenzteilnehmern in Streit zu geraten.

Panem et circenses

Phantom-Bilder

Die Rolle der Kripo als unfreiwilliger Mäzen in der modernen Kunst

Viele unserer großen Künstler mußten sich mit Nebenjobs über Wasser halten, bevor sie reich und berühmt wurden. Einige von ihnen nahmen Jobs als Phantom-Zeichner bei der Polizei an, ließen sich aber weder korrumpieren, noch machten sie Zugeständnisse an ihre Auftraggeber, nur um irgendeinen Kriminellen hinter Schloß und Riegel zu bringen. Daher schufen sie auch während ihrer Polizei-Periode (häufig auch »blaue« Periode genannt; Ausnahme: Picasso. Dessen blaue Periode war rosa), stilistisch unverkennbar, frühe Meisterwerke. Und daher wurden sie auch ausnahmslos nach ein paar Tagen gefeuert.
Wie dem auch sei, die hier wiedergegebenen Phantombilder (mit freundlicher Genehmigung der entsprechenden Polizeidienststellen wiedergegeben) 1) repräsentieren eine wichtige Ausgrabung in der Geschichte der modernen Kunst, zeigen sie doch ein wenig bekanntes Feld der Betätigung, die den Samen späterer Größe in sich trug.

1) Unser Dank gilt dem Archiv des Deuxième Bureau, dem Brüsseler Polizei-Revier No. 64, dem KGB, dem Amsterdam Politie Corps Bureau, dem 103rd Precinct, New York City und dem BKA, Wiesbaden. Unsere dankbare Anerkennung gilt auch den Künstlern für ihre Kommentare und Erinnerungen.

Marc Chagall

»Dieser Chagall ist vielleicht ein Klotz. Er ist wie ein Orthopäde, der das Rückgrat nicht von einem Gartenschlauch unterscheiden kann. Wegen ihm verhaftete die zaristische Polizei 546 Juden, 231 Vögel, 79 Ziegen und zerstörte 48 Violinen, von denen manche sehr wertvoll waren.«

Witebsker Getto-Bote, 11. Dezember 1909

»Er konnte nichts dafür. Jede Figur, die er zeichnete, sah jüdisch aus. Er muß an die hundert Pogrome ausgelöst haben.«

Der Junge Chagall. Von Chaim Kussovitzki

Piet Mondrian

»Inspektor Van Den Groon glaubt nicht, daß meine Skizzen der Polizei bei ihrer Arbeit viel helfen, aber er war sehr freundlich. Ich habe jetzt den Auftrag, die Tapeten für den Pausenraum der Gendarmerie zu entwerfen, und seine Frau hat Vorhänge bestellt. Mein Gehalt beträgt nur zehn Gulden, was nicht viel ist. Ich verdiene aber trotzdem mehr als damals mit den Porträts von Touristen, die mich außerdem oft verdroschen haben.«

Brief an seinen Bruder Theo, 19. Januar 1921

René Magritte

»Der gewöhnliche Verbrecher gehört meist zu der Kategorie, die ich den Apfel-Typen nenne. Der Perverse würde als Mandarinen-Typ, vielleicht gar als Kiwi eingestuft werden. Die Polizei sieht nur Augen und Nasen und Ohren und Lippen. Sie sehen nicht die innere Frucht eines Mannes, das Obst seiner Seele. Oh verdunkelte Scholle! Sie sind Krautköpfe!«

Brief an seinen Freund René Eclair vom 16. Juni 1919

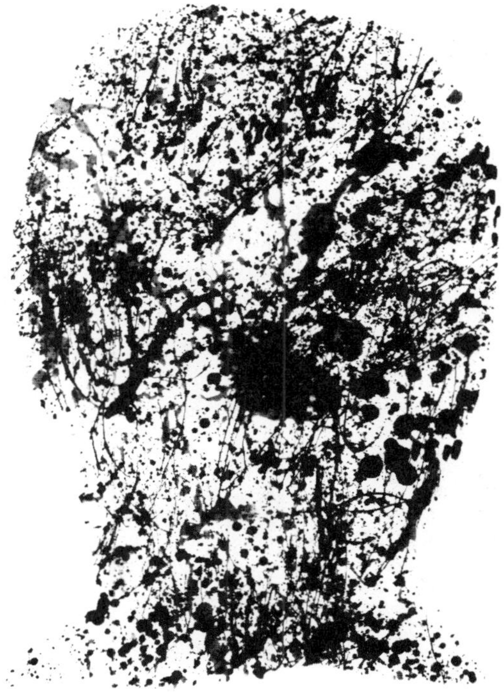

Pablo Picasso

»Der Kerl ist unverbesserlich ... Seine erste Zeichnung sollte einen Mann aus dem zweiten Stockwerk darstellen, der ihm von einer Concierge in der Rue Tabac beschrieben worden war. Daraufhin wurden 34 unschuldige, mißgestaltete Menschen festgenommen. 32 dieser Bedauernswerten wurden mit dem Ausdruck der Entschuldigung wieder freigelassen, aber zwei erlitten in der Aufregung einen Herzinfarkt ... Ich möchte dem Herrn Direktor mit allem schuldigen Respekt versichern, daß meine zehnjährige Tochter Marie-France bessere Bilder zeichnet.«

Bericht des Sous-Préfet Hubert Panhard an den Directeur de la Gendarmerie Parisienne

Jackson Pollack

»Nach der Vernehmung des Ladeninhabers, Giorgio Rotario, und einer Reihe weiterer Zeugen, fertigte der Polizei-Zeichner J. Pollack (in Kunstbüchern mit der falschen Schreibweise ›Pollock‹ geführt; richtig ist: Pollack) eine Phantomzeichnung des Verdächtigen an, der den Überfall auf die Pizzeria verübte. Eine sofort eingeleitete Fahndung in der Umgebung führte zur Festnahme und Einlieferung von 14 Männern mit fortgeschrittener Gesichts-Akne und 1 Pizza mit Pilzen und Anchovis.«

Bericht des Wachhabenden, 103. Revier,
New York 14. Juli 1949

Alexander Calder

»Ein Mensch, besonders wenn er zur Gewalttätigkeit neigt, ist aus kleinen Stücken zusammengesetzt, die von Fäden der Reue, Hoffnung oder was auch immer zusammengehalten werden. Jeder Mensch hat Masken, Verkleidungen – nicht nur Schnurrbärte und dunkle Brillen, sondern ganz verschiedene Erscheinungsweisen. Man kann nicht einfach ein zweidimensionales Bild machen und hoffen, ihn damit einzufangen. Er bewegt sich, er verändert sich. Lassen Sie es mich an einem Beispiel erklären: Sie schütten jemandem eine Terrine heiße Bohnensuppe in den Schoß. Verändert sich sein Gesichtsausdruck?« Calder spricht. In: Art News, Mai 1964

»Ich ziehe also diese Plättchen und Dinger an einer Schnur aus der Tasche und lasse sie vor diesem Kerl baumeln und sage: ›Haben Sie diesen Mann schon einmal gesehen?‹ Und er schaut mich an, als ob ich nicht in eine Uniform, sondern in eine Zwangsjacke gehöre.«

Ich – der Bulle.
Geschichte eines Polizisten
Von Wachtmeister Rupert Zirngibl,
aufgeschrieben von Raimund Leliqueur

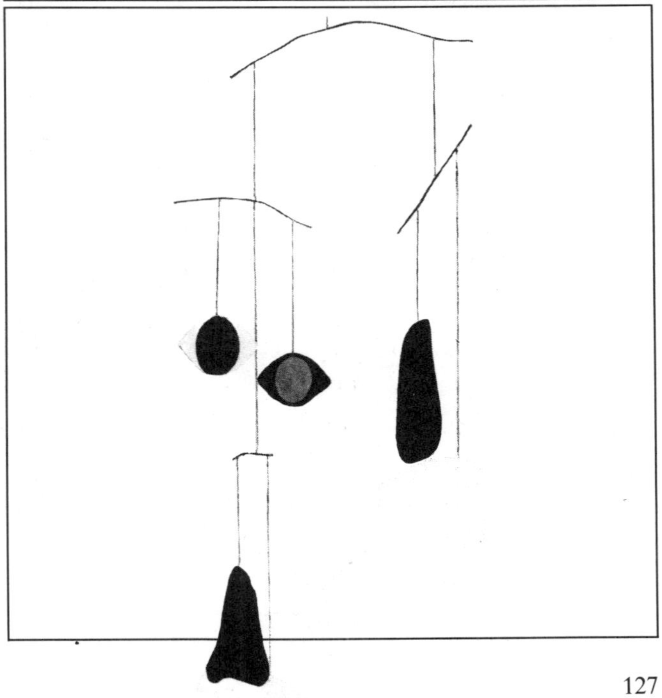

Piloteschein

Wir suchen Menschen, die gerne fliegen!

** Von der Bundesaufsicht für Fernlehrunterricht noch nicht verboten.*

Mit diesem leichtverständlichen Leitfaden werden Sie einen vollbesetzten Airbus steuern, noch bevor Sie sich vergegenwärtigt haben, daß Sie bis heute noch nicht wissen, wieso ein Flugzeug überhaupt fliegt!

Der Ex-Bundesverkehrsminister: »Fliegen kann die Gesundheit beeinträchtigen – weshalb ich am liebsten auf Nummer sicher gehe und Piloten bevorzuge, die das Uffnep-Diplom besitzen – oder zumindest davon gehört haben!«

Unbedingt **aufmerksam** *durchlesen! Andernfalls bewältigen Sie niemals den Test am Kursende und sind auch nicht berechtigt, das eindrucksvolle Uffnep-Flieger-Diplom im Wohnzimmer oder Partykeller aufzuhängen!*

Lektion a) Fliegen ist so leicht, leichter geht's nicht

Willkommen beim Uffnep-Airbus-Kurs! Sicher geht es ihnen wie vielen: ohne es je probiert zu haben, sind Sie überzeugt, Fliegen sei ziemlich schwierig, sei mindestens so kompliziert wie Reifenwechseln im Dunkeln oder wie moderne Textverarbeitung. Irrtum! Mit wenigen Grundregeln im Kopf steuert sich ein Airbus etwa wie ein Mofa. Möglich, daß Ihnen Fliegen unheimlich ist, weil Sie Katastrophenfilme wie »Airport« gesehen haben. Dabei ist die Fliegerei nicht so, wie sie reißerische Unterhaltungsfilme darstellen. Vielmehr ist sie so, wie sie in der flotten Zigarettenwerbung dargestellt wird! In der Tat, liebe Kursteilnehmer, ist im Himmel die Freiheit noch grenzenlos! Wenn Sie im Himmel ankommen, werden Sie erkennen, daß sich die Lernarbeit gelohnt hat, selbst wenn Sie einen ganzen Nachmittag brauchten, um Ihren Airbus in den Griff zu bekommen.
Und nun zum praktischen Teil, Ihren Berufsaussichten als Pilot. Bedenken Sie: am Boden wird es immer enger! Fußgänger überfüllen die Fußgängerzonen, Autos verstopfen die Autobahnen, U-Bahnen quälen sich durch enge, graue Röhren … Der Platz über uns aber ist so leer, daß ein Flugzeug von Frankfurt bis Köln fliegen kann, ohne von einem anderen Flugzeug angerempelt zu werden. Das Düsenzeitalter hat nämlich noch gar nicht richtig begonnen. Längst könnten Jets mit dringender Fracht und eiligen Passagieren neben- und übereinander die Weiten des Himmels erfüllen; doch dazu fehlen leider die Piloten. Und das ist **Ihre** Chance! Sie werden staunen, welch grandiose Berufsaussichten sich Ihnen bieten, ganz gleich, bei welcher Fluggesellschaft Sie sich morgen bewerben. Möge der Uffnep-Fernkurs noch Tausende aus der Arbeitslosigkeit heraus zur neuen Karriere in den Wolken führen, einer Karriere, für die Sie anderswo den Nachweis erbringen müssen, daß Sie das Abitur haben. Nutzen Sie jetzt Ihre Chance mit dem Uffnep-Kurs!

Lektion b) Wer hoch hinaus will, muß unten beginnen

Gehen Sie ganz gelassen vor. Setzen Sie sich ans Steuer Ihres Autos und sagen Sie laut und deutlich: zwischen Fliegen und Autofahren gibts keinen Unterschied. Sagen Sie es immer wieder. Merken Sie, wie Ihre Flugangst immer geringer wird? Oder steigt stattdessen Ihre Angst vorm Autofahren? Dann vergessen Sie schleunigst diesen doofen Satz. Denken Sie vielmehr an die schnelle Autofahrt und daran, wie es jedesmal im Bauch kitzelt, wenn es nach einer Kuppe plötzlich runtergeht. Das kommt von der momentanen Schwerelosigkeit und entspricht dem Gefühl beim Fliegen. Fühlen Sie jedoch dieses Bauchkitzeln auf ebener Strecke, dann geben Sie lieber Ihrer Beifahrerin eins auf die Finger.

Lektion c) Wie kommt es, daß Flugzeuge fliegen?

Vielfach wird behauptet, die Luft über den Städten sei so dick, daß ein Flugzeug darauf wie ein Ballon schwebt und nicht abstürzen kann. Das stimmt natürlich nicht. Stattdessen fliegt ein Flugzeug durch den sogenannten Auftrieb. Das ist etwa so, wie wenn man einen flachen Stein über eine Wasseroberfläche schleudert. Wenn er schnell genug fliegt und im richtigen Winkel aufs Wasser aufschlägt, hüpft er von Berührungspunkt zu Berührungspunkt. Und genauso hüpft ein Flugzeug in der Luft. Allerdings nur, wenn gerade eine Mahlzeit ausgeteilt wurde. Zu den übrigen Zeiten fliegt es gottseidank ruhig und ohne Erschütterung.

So kommt es, daß ein Flugzeug fliegt

FLÜGEL-VORDERANSICHT

Auf der Vorderansicht sieht es fast so aus, als würde das Flugzeug nur fliegen, weil es an mehreren Fäden hängt. Wenn Sie das glauben, sieht es mit Ihrem Testresultat allerdings schlecht aus.

FLÜGELQUERSCHNITT

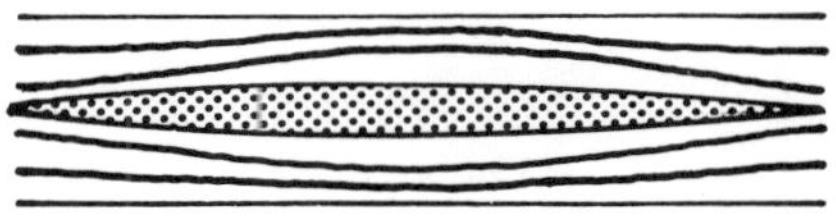

LUFT

Halten Sie sich lieber an diesen Querschnitt! Er zeigt, daß es sich bei diesen »Fäden« um Luftlinien handelt, die etwas auseinandergehen, sobald das Flugzeug kommt. Daß hier auch die Schrift »Luft« lesbar wird, ist ein weiterer deutlicher Hinweis, daß Sie im Test die 2. und nicht die 1. Skizze anfertigen sollten.

Lektion d) »Himmelsräder« – Die Dinger, ohne die Ihr Airbus wie ein Auto ohne Reifen wäre

Betrachten Sie jetzt Ihren Airbus von außen. Kümmern Sie sich nicht um die zahllosen Bolzen, Klappen und Verstrebungen!
Der Kleinkram sollte Sie als Pilot nicht interessieren. Wichtig sind nur die Seiten- und Höhenruder am sogenannten Schwanz, und den hat das Flugzeug hinten. Da ist also das große Seitenruder. Die Funktion ist identisch mit jener eines Steuerruders an einem Boot, nur, daß es in die Luft taucht und nicht ins Wasser, es sei denn, Sie fliegen bei Regen. Mit den Höhenrudern können Sie Ihren Airbus steigen und sinken lassen, aber bitte nicht gleichzeitig, sonst kriegen Sie hinterher Ärger mit den Passagieren.

Lektion e) So wird der Airbus ein Bus der Luft

Das Airbus-Armaturenbrett gleicht dem Ihres Autos, nur ist es größer. Leider wirkt es auf den ersten Blick unübersichtlich, doch sind die zusätzlichen Kontrolluhren, Schalter, Knöpfe etc. unvermeidlich. Der Käufer eines Airbus gibt schließlich viel mehr Geld aus als der Käufer eines Autos – und dafür will er auch was sehen! Zwangsläufig ist auch die Bedienung etwas anders. Und doch ist Fliegen einfacher als Autofahren, da Sie dabei nicht krampfhaft nach Ampeln oder Geschwindigkeitsbegrenzungen Ausschau halten müssen.

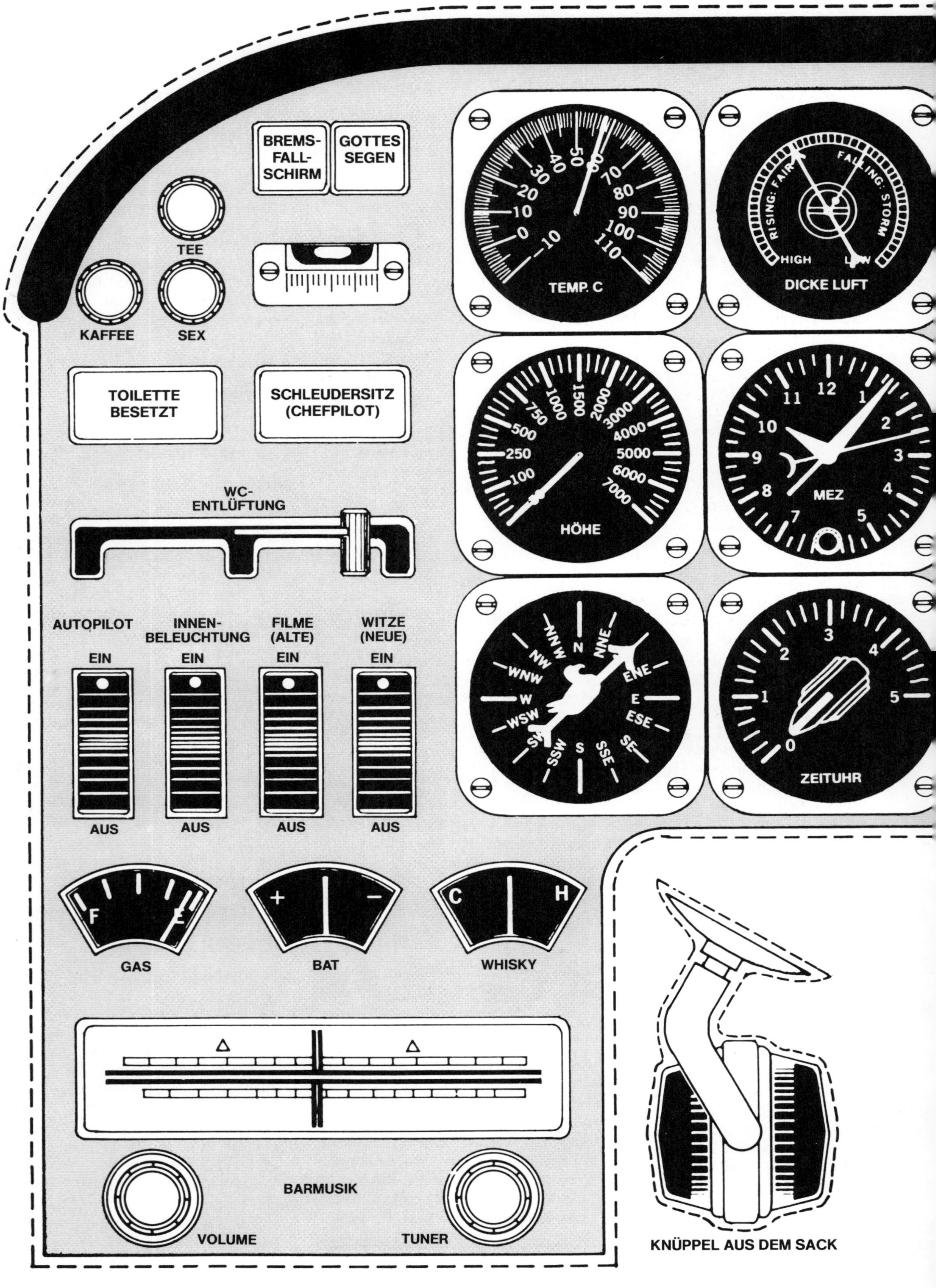

BREMS-FALL-SCHIRM
GOTTES SEGEN
TEE
KAFFEE
SEX
TEMP. C
DICKE LUFT
RISING: FAIR
FALLING: STORM
HIGH
LOW
TOILETTE BESETZT
SCHLEUDERSITZ (CHEFPILOT)
HÖHE
MEZ
WC-ENTLÜFTUNG
AUTOPILOT
INNEN-BELEUCHTUNG
FILME (ALTE)
WITZE (NEUE)
EIN
AUS
ZEITUHR
GAS
BAT
WHISKY
BARMUSIK
VOLUME
TUNER
KNÜPPEL AUS DEM SACK

Narrensicheres Flugmobil der STRAUSS-AFF-AIR, modifiziert für Fluganfänger

Sie sitzen also im Cockpit, in der Hand eine Art Lenkrad, zu Ihren Füßen zwei Pedale. Beim Starten beachten Sie folgendes: das Lenkrad kann nicht nur gedreht, sondern auch reingeschoben und rausgezogen werden. Und die Pedale sind nicht etwa Gas und Bremse, sondern bedienen das Seitenruder (wissen Sie noch? Ihre Lenkung!). Merken Sie sich einfach: will ich rechts abbiegen, muß ich Gas geben, will ich links abbiegen, muß ich bremsen. Beschleunigt wird daher nicht mit dem Gaspedal, sondern mit jenem Hebel, der wie eine Handbremse aussieht. Wozu aber ein Lenkrad, wenn man mit Gaspedal und Bremse lenkt? Nun, es hilft Ihnen, Ihren Airbus beim Kurvenfliegen zusätzlich zu stabilisieren. Das sollten Sie unbedingt tun, selbst wenn in der Gebrauchsanweisung steht, Ihr Airbus sei von Haus aus stabil genug. Nachdem Sie nun mehrere Kreise gezogen haben, wollen Sie sicher mit Ihrem Airbus in die Luft. Ziehen Sie mal am Lenkrad! Na, überrascht? Und wie kommen Sie wieder runter? Drücken Sie Ihr Lenkrad feste nach vorne, als wollten Sie hupen. Na also, da sind Sie ja wieder! Klar, besonders das Landen muß fleißig geübt werden, denn Zack, runter aufs Rollfeld ... hoppel ... hoppel ... hoppel .. so geht's zwar auch, doch kann es Ihnen dann passieren, daß Ihre Passagiere nicht applaudieren. Und das wäre doch sehr schade nach so einem anstrengenden Flug.

Lektion f) Von der Ausbildung in die Praxis – Ihr Airbus im Alltag

Praktisch sind Sie jetzt Pilot. Bitte achten Sie künftig jedoch genau auf Ihren Flugplan, damit Sie auch immer pünktlich sind. Vermeiden Sie Tiefflüge über Verwandte und Freunde, die zufällig längs Ihrer Flugstrecke wohnen. Was Ihren Airbus betrifft, so konnten Sie mittlerweile feststellen, daß er auch in kritischen Situationen nicht schwieriger zu handhaben ist als andere Apparate dieser Größenordnung. Zudem sind die starken Motoren wartungs- und bedienungsfreundlich, die Sitze sind mit pflegeleichten, freundlichen Stoffen bezogen und für den reibungslosen Dauerbetrieb stehen ständig ein Co-Pilot sowie mehrere perfekt ausgebildete Stewardessen zu Ihrer Verfügung.

Üben Sie jetzt noch ein bißchen an Ihrem Uffnep-Flugsimulator, damit Sie morgen, wenn Sie an Ihrem neuen Arbeitsplatz anfangen, das gleiche Selbstvertrauen ausstrahlen wie Ihre Kollegen mit langjähriger Flugerfahrung.

Letzte Lektion: Die Geschichte der Luftfahrt

Die Luftfahrt begann, als die Brüder Wright (sprich: reit) einen Doppeldekker in die Luft kriegten. Dann kam der 1. Weltkrieg, und Flugzeuge wurden als Waffe benutzt.
Sodann erkannte die Menschheit immer stärker die Möglichkeiten der zivilen Luftfahrt, auch Fliegen als Sport gewann ganz schön an Bedeutung. Im II. Weltkrieg war es wie im I., doch waren die Flugzeuge viel moderner. Nach '45 nahm die zivile Luftfahrt unheimlich zu. (Tip: legen Sie die Betonung auf das Wort »unheimlich«.)

Der Uffnep-Flugsimulator macht Spaß, auch nach *der Ausbildung! Da er schnell und problemlos überall aufgestellt werden kann, benutzen ihn immer mehr Piloten im Flughafenrestaurant, der Pilots Lounge etc., um sich für den nächsten Einsatz fit zu halten.*

Piloten-Prüfung

1. **Zum Rechtsabbiegen müssen Sie:**
   a) aufs Gaspedal treten
   b) das Lenkrad reinschieben
   c) alle Passagiere auffordern, sich nach rechts zu begeben
2. **Erstmals wurde das Flugzeug als Waffe eingesetzt:**
   a) in der Völkerschlacht bei Leipzig
   b) in der Tortenschlacht bei Metro-Goldwyn-Mayer
   c) im I. Weltkrieg
3. **Flieger verständigen sich international:**
   a) mit Sexsymbolen
   b) auf englisch
   c) mit Zeichensprache
4. **Was muß man anfertigen, wenn man im Pilotentest als Bester abschneiden will:**
   a) die erste Skizze
   b) die zweite Skizze
   c) einen Spickzettel
5. **Wie heißt die italienische Fluggesellschaft:**
   a) Alitalia
   b) Genitalia
   c) Somalia
6. **Nach einer Notlandung müssen Sie darauf achten, daß**
   a) die Passagiere nicht klauen
   b) die Treibstoffzufuhr gedrosselt wird
   c) Sie nicht erdrosselt werden
7. **Was ist eine »checklist«:**
   a) ein Schwindel mit einem ungedeckten Scheck
   b) eine Masche, mit der man Stewardessen rumkriegt
   c) eine langweilige Litanei mit lauter Fachausdrücken
8. **Was ist »ground control«:**
   a) die Typen im Tower, die alles besser wissen wollen
   b) wenn Sie nachgucken, wieviele Zuckerstückchen im Kaffee sind
   c) wenn Sie Ihre Ehefrau/Ehemann ständig vom Flughafen abholt
9. **In einer »Waschküche« fliegen Sie, wenn:**
   a) Sie den Simulator genau dort aufgestellt haben
   b) die Wolken ziemlich dicht sind
   c) Sie nicht ganz dicht sind
10. **Testen Sie Ihre Reflexe** (Zeit: 15 Sek.) Wiederholen Sie diesen Satz fünfmal, ohne sich zu verplappern:
    Siebzehn silberne Supersonics schwirren samt Stewardeß schillernd durch Stuttgart
11. **Susi ist ganz verzweifelt.** Sie muß zehn Landebahnen mit je drei Landelichtern anlegen, hat aber nur neun Landelichter. Wie soll sie das nur anstellen?

12. **Betrachten Sie dieses Bild. Entdekken Sie die zehn Fehler?**

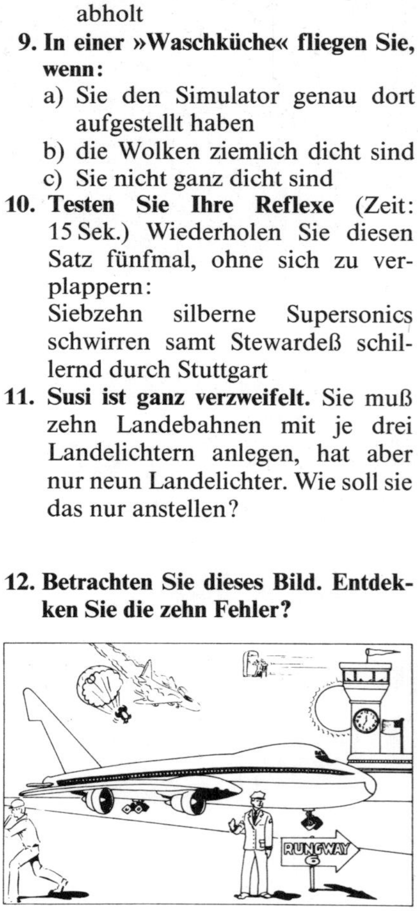

13. Achtung! Gewitter im Anzug! **Eine Minute** haben Sie Zeit. Finden Sie flugs und ohne abzusetzen eine sichere Route nach Helgoland, auf der Ihnen die gefährlichen Wolken nichts anhaben können!

Lösungen

13) 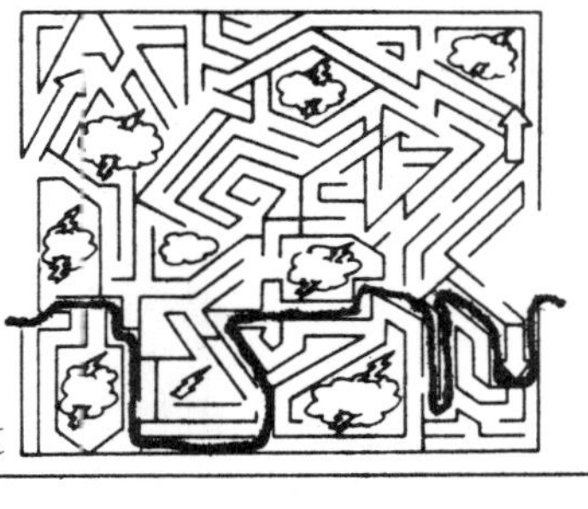

1. (a)
2. (c)
3. (b)
4. (b)
5. (a)
6. (b)
7. (c)
8. (a)
9. (b)

12. So ist es richtig:

1) Das Flugzeug hat viereckige Räder
2) Das Seitenruder am Flugzeug fehlt
3) Die 4 auf der Tower-Uhr ist verkehrt rum
5) Die Knöpfe auf der Fliegeruniform sind auf der falschen Seite
6) Aus dem brennenden Flugzeug springt ein Pinguin mit Fallschirm
7) Startbahn West ist falsch geschrieben
8) Die Schatten stehen im falschen Winkel zur Sonne
9) Ein Mann fliegt mit einem Kühlschrank
10) Fahne und Windhose zeigen eine unterschiedliche Windrichtung an

11. So muß Susi die Landebahnen anlegen:

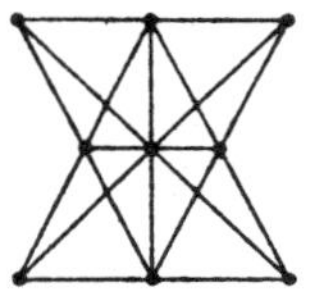

Testauswertung

Jetzt wird addiert. Vergleichen Sie, wieviele Fragen Sie richtig haben. Aber nicht schummeln! Auch der ehrwürdige Baron von Richthofen hat seine Abschlüsse immer ehrlich angegeben. Beweisen Sie vor sich selbst, daß sie der Nachfolge des Roten Barons würdig sind und gewähren Sie sich Punkte wie folgt:
Aufgaben 1–9 bringen je 5 Punkte
Aufgabe 10 bringt 20 Punkte abzüglich 2 Punkte für jeden Fehler
Aufgabe 11 bringt 5 Punkte
Aufgabe 12 bringt 8 Punkte
Aufgabe 13 bringt 10 Punkte
Aufgabe 14 bringt 12 Punkte
Hundert Punkte können Sie »abschießen«. Bestanden haben Sie mit mindestens 55 Punkten.

Bitte mit Ihrer Punktzahl vergleichen:

95–100	Pilot zur uneingeschränkten Verwendung
85– 95	Co-Pilot mit guten Aufstiegschancen
75– 85	Spitzenpilot für Charterflüge
65– 75	Gute Eignung für Postflugzeug (Inland)
55– 65	Flugdrachen, Segelflieger, Sportmaschinen
unter 55	nur für Bodenpersonal, Verwaltung, Starfighter etc.

Sie haben es geschafft? Dann lassen Sie sich zuallererst von Ihrem UFFNEP-Trainingsteam gratulieren: Wir gratulieren! Sie besitzen hiermit das Recht, das UFFNEP-Diplom auszufüllen und die Pilotennadel auszuschneiden. Falls es jedoch nicht geklappt hat, empfehlen wir zu Ihrer Sicherheit, ein weiteres Exemplar dieses Buchs zu kaufen und den Kurs zu wiederholen.

Universität für die Fernausbildung neuer Piloten

Obengenannte Lehranstalt verleiht

____
(Name deutlich sichtbar eintragen)

aufgrund seiner/ihrer unter Fernaufsicht der Unterzeichner und unter höchst ungewöhnlichen Bedingungen erworbener, jederzeit abrufbarer sowie völlig ausreichender Kenntnisse ein

OFFIZIELLES PILOTEN-DIPLOM

ausgestellt am ____ *im Jahre 19*____ *in* ____________________________

*Der Inhaber dieses Dokuments erfüllt alle Richtlinien des Deutschen Instituts für Flugaufsicht**

Quax
(Präsident)

von Richthofen
(1. Vorsitzender)

*Das Deutsche Institut für Flugaufsicht ist eine anerkannte Unterabteilung der Universität für die Fernausbildung neuer Piloten (UFFNEP)

IHR UFFNEP-DIPLOM *(gilt gleichzeitig als Pilotenschein)*

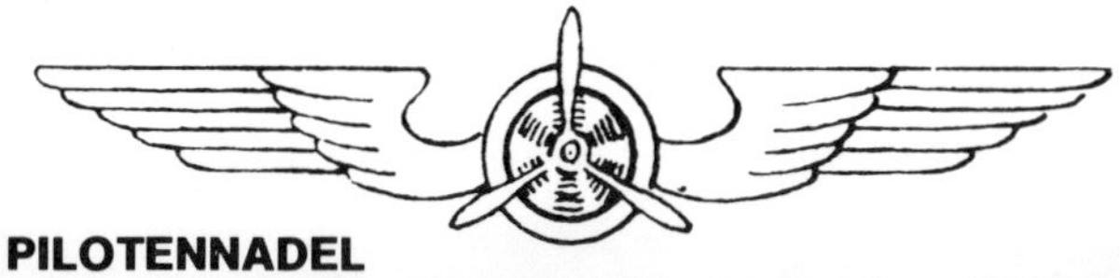

IHRE PILOTENNADEL

Pfeifengras
In schlechten Zeiten Tabakersatz. Pfeifenstrauch = Tabakersatz in ganz schlechten Zeiten.

Pferdebremse
Rennpferden neu angezüchtete Bremsvorrichtung.

Pferdegroßhändler
Rossist.

Pfifferling
Kleiner Junge, unablässig pfeifend.

Phänomene, psychische

»Und seit wann leiden Sie schon unter diesen Halluzinationen?«

Pharmazeutik (bayer.)
Aufforderung zum pünktlichen Aufbruch.

Pickelhaube
Haube zum Bedecken von Pickeln.

Pince Nez
Nomadisierender Indianerstamm der amerikanischen Hochebene mit starker Neigung zu Unfällen. Um 1855 standen die P. N. in Gefahr auszusterben, da sie fortwährend von Büffelherden niedergetrampelt wurden, in Schluchten stürzten u. dgl. mehr. 1857 entdeckte Dr. August Moo aus Cincinnati den Grund für die Tragödie der P. N.: Die ausschließliche Ernährung durch grüne Runkelrüben hatte zu einem erblichen Defekt der Netzhaut und daraus resultierend zu klinischer Fehlsichtigkeit geführt. Bis zum Jahre 1860 war das Problem weitgehend behoben, indem man jeden erwachsenen P. N. mit jener Art kleiner Augengläser ausrüstete, die heute den Namen des Stammes trägt. Fortan lebten die P. N. lange genug, um schließlich durch Hunger, Kälte, Völkermord, kurz: die übliche Art auszusterben.

Pinie
Ablehnung eines griechischen Buchstabens.

Pipapo
Ein Nebenfluß des Po, der bei dem oberitalienischen Städtchen Pipa entspringt.

Plagiator
Beim Abschreiben von Büchern und Zeitungsberichten sich mühsam Plagender.

Planet, neuer
Arthur Haley nahm bereits im Jahre 1873 an, daß ein kleiner, bis dato unbekannter Planet, der zehnte, in unserem Sonnensystem existiert. Aber seine Umlaufbahn am Himmel, irgendwo jenseits von Pluto, konnte er nicht herausfinden. Seither haben die Astronomen Millionen von Arbeitsstunden damit verbracht, den mysteriösen Planeten zu lokalisieren. Alle Techniken von der Radio-Astronomie bis zum Telefonbuch wurden dabei eingesetzt. Letztendlich lieferte das oft belächelte Telefonbuch die Information, die Wissenschaftler der Universität von Kalifornien zu dem Planeten führte. Ein Ferngespräch mit der Mutter des Planeten brachte die Astrophysiker auf die Spur, die von einem Punkt im All außerhalb des Orbits von Pluto direkt in den Wartesaal eines Busbahnhofes in Midland (US-Staat Texas) führte. Dort fanden sie den Planeten, allein und vor Kälte zitternd, auf einer Bank unter einigen Lagen Zeitungspapier. Offensichtlich hatte der Planet seinen Kurs verlassen, als er versuchte, per Anhalter nach New York City zu fahren, wo er bei einer Vorstellung im Hayden-Planetarium vor einigen hundert behinderten Kindern auftreten sollte. Die Astrophysiker riefen die Polizei und ließen den Planeten wegen Landstreicherei verhaften.

Plantage
Termin nach Knaus-Ogino.

Plato
Griechischer Denker, in Liebesdingen unerfahren. Daher: platonische Liebe.

Pochen
Kleines Gesäß.

Poebene
Italienisches Kritikerlob für amerikanischen Schriftsteller.

Pokerautomat
Dieses computergesteuerte Wunderwerk modernen Erfindergeistes ist seit 1977 auf dem Markt und kann auf drei Spielstärken eingestellt werden: Laie, Durchschnittsspieler, Berufszocker. Das Gerät ist umstellbar auf Quartett und Bauernskat und verfügt für alle Spielarten über eine Mogeltaste (s. Abb.)

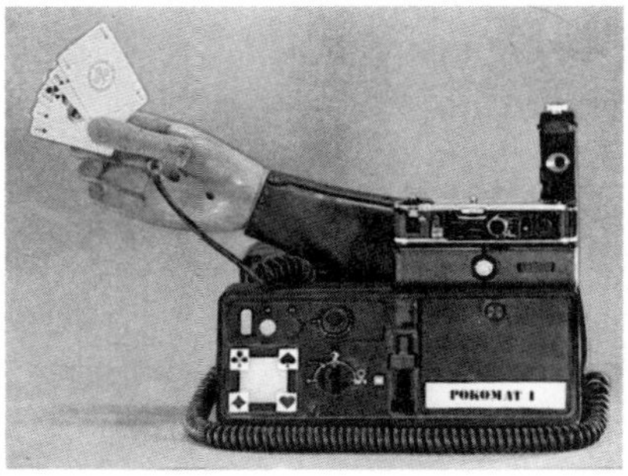

Polente:
Schwimmvogel, vorwiegend in Polarkreisnähe brütend.

Politesse
(franz.) Die Höflichkeit (im Deutschen: ebenfalls weiblich, nicht immer jedoch höflich).

Politiker
Exportartikel der westslawischen Wenden.

Polyglotte, Treffpunkt für

Portofino
(ital.) Schöne Briefmarke.

Portoriko
(span.) Rückporto.

Preise
Wertangaben für Personen und Sachen. (Beispiel: Liebhaberpreis = Wert eines Liebhabers.)

Promille
Von der medizinischen Wissenschaft neu entdeckter Bestandteil des Blutes, den man in unmittelbare Verbindung mit der Kraftfahrzeughaltung bringt.

Prost
(Kurzform v. lat. prosit) Wohl bekomm's! Allzu häufiges Zuprosten verursacht Prostata.

Proust
»Gesundheit!« auf französisch.

Przybyszewski, Stanislaw
Verkehrsteilnehmer in Heidelberg, der trotz falschen Parkens von der Polizei noch nie aufgeschrieben wurde.

Psychiater
Leute, die keine Sorgen haben, solange andere Sorgen haben.

Purpur
Zwei Weißmacher.

Puzzle, größtes der Welt
Es besteht aus 50000 Puzzleteilchen und zeigt nach dem Zusammensetzen einen Schneesturm in der Antarktis. (Die Abbildung zeigt nur einen bescheidenen Ausschnitt vom Beginn der Zusammensetzarbeit.)

Pyramidon
Altägyptischer Baumeister, errichtete die Pyramide des Thutmanches III.

Pyramidenklettern

»Das ist etwa die Stellung, die ich bei Siemens einnehme.«

Pyrrhus-Puzzle

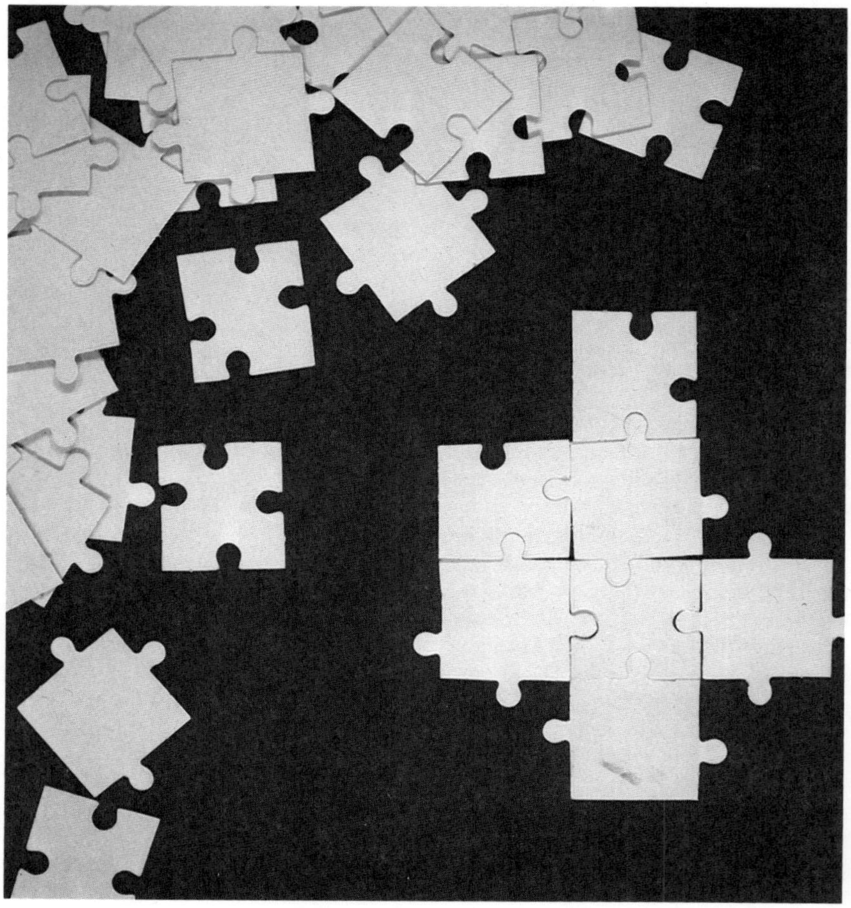

Polit-Paradiese, die letzten

Jeder von uns träumt von einer Rückkehr ins Paradies, jeder würde gerne einmal aus seinem Leben aussteigen, um fern der Heimat, in einer tropischen Idylle am Ende der Welt, seinen inneren Frieden zu finden. Aber nur wenige finden dieses Paradies auf Erden. Hier ein Mann, der es geschafft hat . . .

»**Es war** im Jahr des Zweiten Donnerns«, erinnern sich einige unter den Eingeborenen. »Ein großer, silberner Fisch brachte den Fremdling«. Klein und einsam ist die Insel, ein grünes Paradies vor der Orinoco-Mündung, auf kaum einer Seefahrerkarte verzeichnet. Die Indios nennen sie Walla-Walla – Raum des Lebens.

Hier stieg der Fremdling an Land. Hier fand er seine neue Heimat. Ein Stück Frieden, zwar fern der Mutterscholle, aber gütig und fruchtbar. Reich und verschwenderisch hat hier die Natur den Tisch gedeckt, ein Leben ohne Not und Darben: der rechte Zufluchtsort für den Unverstandenen. Das erste Mißtrauen war bald überwunden. Ein reger Tauschhandel setzte ein: Die Eingeborenen brachten Fleisch und

Die neue Heimat des Fremden. Sie heißt jetzt: »MEIN KAFF«

Früchte, der Fremde gab gläserne Perlen und eiserne Kreuze. Die Bescheidenheit seines Lebensstils, sein energischer Wille, seine überzeugende, fast dämonische Beredsamkeit verschafften ihm alsbald Respekt. Und aus dem Respekt wurde Zuneigung. Sie erkannten seine Führernatur und unterwarfen sich willig.
Aber der Fremdling wahrte Distanz.
Nur einen Vertrauten wählte er als ständigen Begleiter und Diener aus ihrer Mitte. Er nannte ihn Thor.

Geduldig wartet Thor am Strand, wenn sein Herr den Tag mit einem erfrischenden Bad beginnt. Eine Stunde genau labt er sich täglich an seinem Lieblingsstrand, den er wegen des blauen Wassers und des hellen Sandes »Bucht der Reinen Rasse« getauft hat. Wie schon seit Jahren lebt er auch heute noch in der schlichten, aber gemütlichen Strohhütte, die er in den ersten Tagen nach seiner Ankunft mit eigener Hände Kraft errichtet hat. Eine Liege, einen Tisch, einen Stuhl, einen Schrank – was braucht der Mensch auf der Suche nach dem Selbst mehr?

Den größten Teil des Tages widmet er der Pflege seines Gartens, ein paar Morgen Land, die er selbst gerodet und mit Rasen bepflanzt hat. Es war ein harter, zäher Kampf gegen die üppig wuchernde Tropennatur gewesen. »Mein Kampf«, lächelt er stolz.

Wenn die mittägliche Tropensonne zum Feuerschwert wird und jeglichen Schatten mordet, dann entspannt sich der Fremde im heißen Sand. Glut und Boden – die Natur ist sein Verbündeter, nicht sein Feind.

Von den Eingeborenen hat er gelernt, wie man aus Kräutern und Baumrinde leuchtende Farben gewinnt. Bald ist aus ein paar Ästen die Staffelei hergestellt, Schilfrohr liefert den Pinsel, und wohlgemut pflegt er die Malerei, das lang entbehrte Steckenpferd seiner Jugend. Träume werden zum Bild. Aber nicht nur der Kunst leiht er seine lockere, sonnengebräunte Hand. Zwischendurch trägt die Staffelei auch Pläne kühner Bauten und zukunftsweisender Monumente. Ein Festspielhaus auf dem Termitenhügel zum Beispiel, oder ein großzügiges Netz mehrbahniger

Betonstraßen. Heute schon treten die Eingeborenen zusammen und erörtern freudig erregt die Trassenführung der künftigen Autobahn, die bald als hurtige Brücke zum Morgen die Insel festlich umspannen wird.

Aber nicht nur Ideen brachte der einsame Deutsche in den naß-feuchten Urwald. Er befruchtete ihn auch mit seiner Liebe zu Ordnung und Sauberkeit und pflanzte Manneszucht in die Herzen der Wilden. Er verwandelte das Paradies der Fruchtbarkeit in ein Paradies der Organisation. Als Verbündete im Kampf gegen die Feinde der Welt wählte er unter den jungen Kriegern die besten und tüchtigsten aus. Thor

half ihm. »Kampf dem Verderb!«, lautet die Parole. Hart wie Kokosschalen, zäh wie Kautschuk, flink wie Fliegende Hunde sind seine Getreuen, die Schmutz-Staffel der Grünen Hölle. Singend und säubernd ziehen sie im Gleichschritt durchs Land, allzeit bereit. Er selbst setzt das Beispiel und scheut sich nicht, persönlich Hand anzulegen. Einmal wöchentlich kämmt er mit dem Rechen das Strohdach. Der Waschtag am Mittwoch verhilft ihm zum saubersten Weiß der Tropen. Seine Sorge um die Jugend kennt keine Rast. Auch wenn er sich in seinen Hochsitz über dem steilen Kliff, dem Horst des Adlers, zurückgezogen hat, läßt er seine Freunde nicht aus den Augen, wenn sie fernab am Strand unter Thors Leitung turnen. »Ein gesunder Geist in einem gesunden Urwald!« Auch im Tropenparadies schenkt Vater Jahn Kraft durch Freude. Wohlwollend betrachtet der Fremde das muntere Treiben: »Mein liebes, braunes Jungvolk . . .«

Gewiß, die Spuren der Jahre sind auf dem Gesicht des einsamen Mannes nicht unsichtbar geblieben. Und wenn er nach der Mühe der täglichen Arbeit den Weg zurück zur Hütte sucht, ahnt man die morschen Knochen. Der Fremde ist alt geworden.
Später freilich, wenn das Lagerfeuer lodert, erwacht auch der rastlose Geist zur neuen Glut. Staunend und hingerissen hängen die Männer an seinen Lippen, sind berauscht von seinen Gesten. Worte von Kampf und Sieg, Wille und Tat, Volk und Rasse. Vor der Allmacht einer Idee verblassen die Dschungeldämonen. Die Vergangenheit wird lebendig. Wenn die ersten Strahlen der Morgensonne die Unendlichkeit des Ozeans in ein Flammenmeer verwandeln, finden wir ihn am Strand wieder.
Abgeklärt und voll des inneren Friedens, den Blick ohne Ziel hinaus in die Ferne gerichtet, auf eine Welt, die es nicht mehr gibt.
Die Eingeborenen freilich wissen es anders. »Er wartet«, sagen sie ehrfürchtig. »Er wartet auf den großen Silberfisch . . .«

Ende

Postservice, neuer

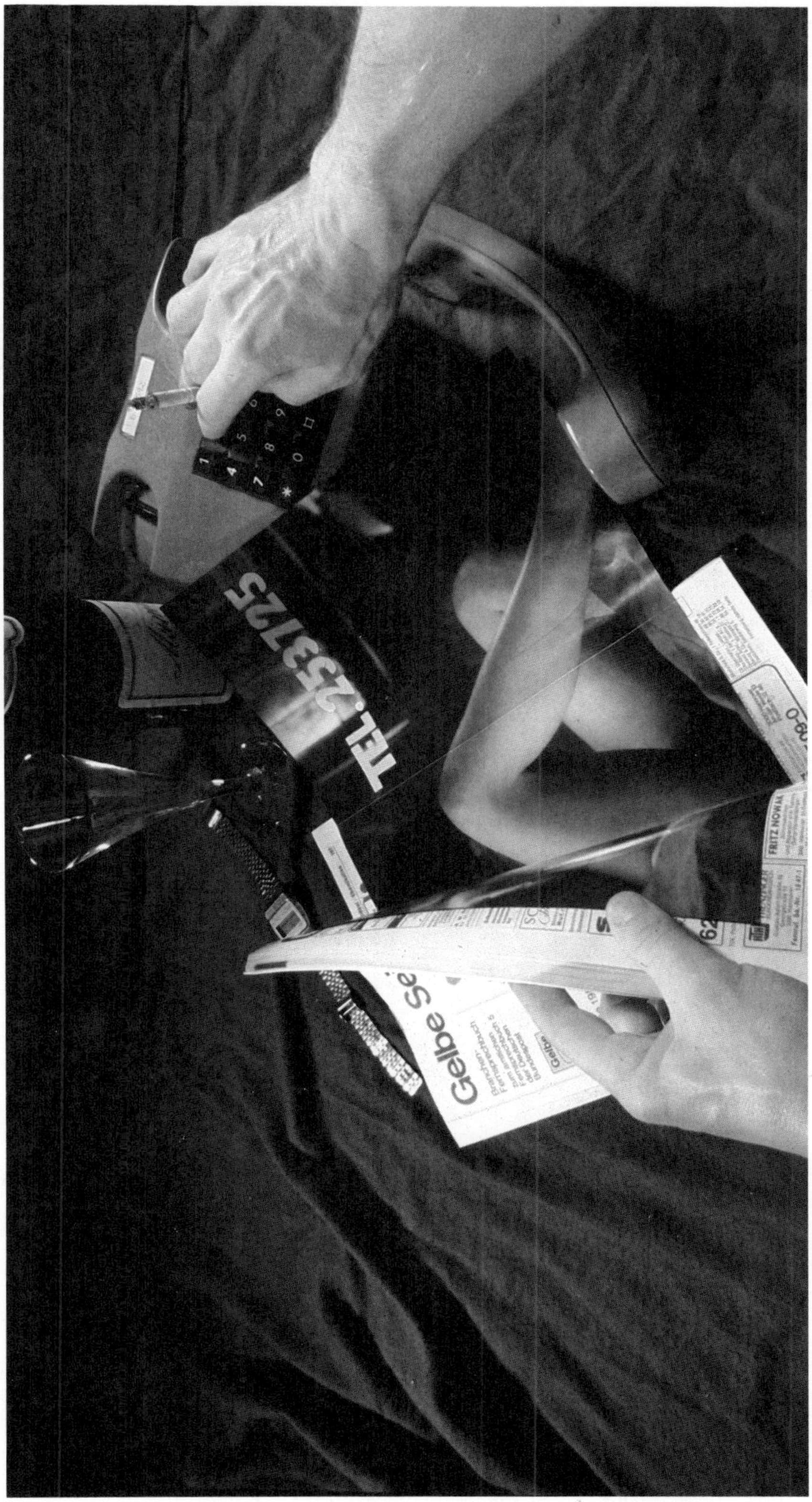

Rosa Zeiten – jetzt auch in den Gelben Seiten

Q wie Quod erat demonstrandum

Quacksalber

»Natürlich kann Akupunktur für eine Weile helfen, Frau Böhm. Jeder Quacksalber kann für eine Weile helfen. Aber nur eine wahrhaft wissenschaftlich begründete Medizin kann einen Menschen für immer am Leben halten.«

Q
Das Q, 17. Buchstabe im Alphabet, der ohne sein u-Anhängsel nicht lebensfähig ist. Ausgesprochen wie das friedlich-nützliche Haustier, die Kuh, wird es aber in der Praxis hauptsächlich wie qw verwendet: »mir ist ganz quabbelig zumute«. Neben dem Menschen, benutzt auch der Frosch (Laubfrosch, Teichfrosch) das Q zur Lautäußerung, um sein Weibchen anzulocken. In historischer Zeit war das Qu Symbol für die medizinische Betreuung (Quacksalberei).

Quäker
Größere Anzahl Weibchen anlockende Teichfrösche.

Qualifikation
Durch Qual errungene Befähigung.

Quark
Bonner Spezialität als Kohl-Ersatz. Schmeckt nicht abgestanden, wenn mit saurem Apfel zubereitet und mit reinem Wein serviert.

Quartett (Streich-)
Meist in Notzeiten zusammentretendes Gremium (»Vier Weisen« o. ähnl.), das liebgewordene Privilegien außer Kraft setzt.

Quickborn
Lukrative Quelle, die unablässig sprudelt; siehe auch Lebensborn.

Quadratzirkel

Dieser Zirkel revolutionierte das Zeichenwesen.

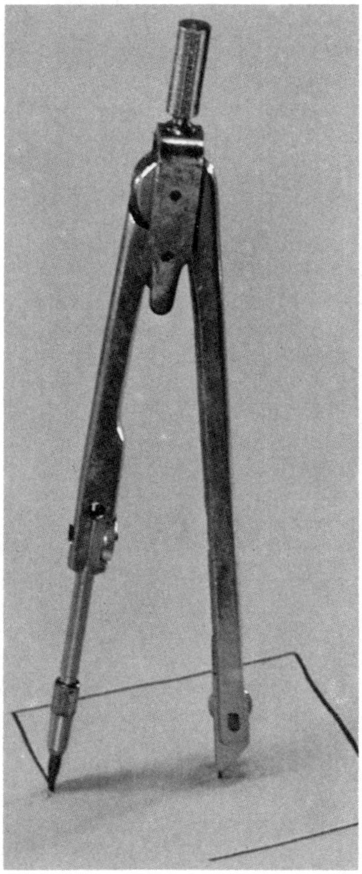

R wie Reiseausfallversicherung

R
Als 18. Buchstabe im ABC ein Fließlaut, der zwei verschiedene Laute bezeichnet, einmal das Zungen-r, wobei die Zungenspitze gegen das obere Zahnfleisch vibriert, und das Zäpfchen-r = die Hinterzunge schlägt gegen das Zäpfchen oder den hinteren Gaumen, mit einiger Übung durchaus zu erreichen.

Raddampfer
Dampfgetriebenes Fahrrad im Zeitalter der Ölverknappung.

radebrechen
Sehr schlimmer Radfahrunfall, meist mit Totalschaden.

Radi
Die Leibspeise bayerischer Radfahrer.

Radiologe
Separée für Funkfans.

radieren
Vollbremsung mit der Fahrradvorderbremse.

Radies
Sich unschicklich, verkehrswidrig aufführende Radfahrer (bei Fußgängern = Rowdies).

Radius
Herrenfahrrad.

Rädelsführer
Anführer einer Radfahrgruppe.

raspeln
Schabende Tätigkeit, wie Süßholz raspeln (die Damen schaben). Meister darin war der russische Mönch Grigori Jefimowitsch Raspeltin.

Rauchverzehrer
Raucher, der seinen Tabaksrauch (Pfeife, Zigarre, Zigarette) aus Frustration hinunterschluckt.

Raupenschlepper
Gerät zur Schädlingsbekämpfung. Es schleppt jede Raupe einzeln ab.

Regulus
(lat.) Kleiner König (davon regulieren = kleinkariert regieren).

Reichsapfel
Im Kaiserreich Bezeichnung für Frucht an den reichseigenen Baumanpflanzungen (Plantagen, Chausseebäumen). Amtsapfel = Abfallprodukt des Amtsschimmels.

Reinkarnation

Rasensport u. a. Unarten

Anpfiff: Rüge

Bogenschießen
Eine Sportart mit der ganzen Anziehungskraft, die man erwarten kann, wenn einer mit einem spitzen Stock auf ein Bündel Stroh zielt. Sogar die Indianer gaben es auf, als sie Gewehre in die Hand bekamen.

Boxen
Der einzige wahre Sport, da es sich dabei um einen Wettkampf Mann gegen Mann handelt, nicht um ungleiche Auseinandersetzungen wie Mann gegen Fahrrad, Federball oder Video-Bildschirm.

Eislauf
Eislauf zerfällt in zwei Kategorien: Eisschnellauf und Eiskunstlauf. Eisschnellauf ist, wenn man richtig schnell im Kreis herumläuft und versucht, die DDR-Läufer einzuholen. Eiskunstlauf ist schlechtes Ballett, in mäßigem Tempo vorgeführt. Eiskunstlauf macht man, um als Profi in einer Show mit riesigen Disney-Figuren auf Schlittschuhen zu tanzen.

Friedlich
Adjektiv zur Bezeichnung von Freundschaftsspielen in der Sommerpause der Fußball-Bundesliga.

Fünfkampf
Dieser Kampf hat, neben dem Existenzkampf und dem Klassenkampf, die wohl wechselvollste Geschichte aufzuweisen. Schon bei Scriptoteles ist der Fünfkampf erwähnt. In seinem 456 vor Chr. verfaßten »Handbuch für den griechischen Gelegenheitsturner« besteht der Fünfkampf – wie ja auch schon der komische Name sagt – aus sechs verschiedenen Übungen: Hangeln, Kungeln, Schubsen, Hopsen, Anpirschen und Kurz- und Kleinschlagen. Diese Sportarten hielten sich aber lange Zeit in Griechenland und kamen endlich auch durch griechische Raubdrucker und Glücksritter bis ins mittlere Europa.
So berichtete Cäsar in seinem verhaßten Standardwerk »De Sportivo Gallico« etwa dieses: »... diese Gallier, von denen ich noch berichten werde, treffen sich, wie ich schon im letzten Kapitel zu erwähnen vergaß, um Übungen des Leibes zu betreiben, von denen ich hier nur, da es mir an Platz mangelt, eine die mir am wichtigsten erscheint, aufzählen will und welche dergestalt verläuft, daß sie, da sie, obwohl sie von morgens bis abends dauert, in fünf Teile geteilt ist, in folgenden Abläufen stattfindet ...«
So ließ es Cäsar bei einem Besuch in der Sportschule Hannoverum mitstenographieren, und das waren die Übungsteile: Waldhornschnitzen, Unterholz roden, Frauen fangen, Krakeelen und Met brauen.
Wie man sieht, hatte der Fünfkampf griechischer Prägung schon die ersten zivilisatorischen Korrekturen erfahren.
Der Schriftgelehrte Karl von Aschenbahn (geb. 1192, verh. 1223, vor Ärger gestorben 1224) hat in seiner Enzyklika »De Sportuis nihil nisi bene ...« – auf französisch etwa: »Nur Gutes über die Sportler, bitte ...« den Fünfkampf ganz ausgelassen. Da man aber aus zeitgenössischen Quellen weiß, daß der Geschichtsschreiber schon wenige Monate nach seiner Heirat zum Alkoholiker geworden war, ist anzunehmen, daß es sich bei dem von ihm beschriebenen Zehnkampf um einen doppelt gesehenen Fünfkampf handelt.

Die Söhne des Turnvater Jahn bei Übungen auf dem Rhönrad ohne Rhönreifen

Olga Kavoba (15), Darling des sowjetischen Tennisverbandes: Wird sie der zukünftige Weltmeister?

In den offiziellen historischen Quellen taucht der Fünfkampf erst 1767 wieder auf und zwar mit Schaukeln, Gaukeln, Rokokovitrinenschnitzen, Lakritze essen und Senfeier kullern.
In Frankreich wurde er zur gleichen Zeit wie folgt ausgetragen: Köpfen, Schröpfen, Fürsten scheuchen, Gründeln und Zündeln . . .
Eine interessante Variante gab es noch, als mit der Neuzeit der Kapitalismus seinen Einzug hielt und die Parole »Geld regiert die Welt« aufkam. Damals bildete sich unter der Oberaufsicht von Turnvater Fietje eine Gruppe gleichgesinnter Sportsfreunde, die in der Sprungübung einen notwendigen Widerstand zur Materialisierung der damaligen Zeit sahen: »Sprung regiert die Wung«. So stand es in die Balken gemeißelt über ihrem Klubheim. Und so wurde der Fünfkampf durchgeführt: Absprung, Weitsprung, Hochsprung, Schlußsprung und noch ein Sprung.
Von dort bis zu unserem heutigen Fünfkampf war noch ein weiter, uninteressanter Weg.

Golf
Wenn Sie gern lange Spaziergänge machen, machen Sie bitte lange Spaziergänge. Wenn es Sie gelüstet, Gegenstände mit einem Stock zu schlagen, schlagen Sie bitte Gegenstände mit einem Stock. Aber es gibt keinen Grund, beides zu verbinden und den Rasen zu zerstören.

Mit Froschblut gedopt: Jimmy McFly, US-Baseball-Spezialist für hohe Flugbälle

Katastrophe
Jedes kleinere Mißgeschick, etwa wenn ein Nationalspieler vor einem Länderspiel eine Sehnenzerrung bekommt.

Lacoste
Französischer Sport, bei dem es darum geht, in möglichst kurzer Zeit möglichst viele kleine Alligatorbilder auf möglichst viele Sportbekleidungsartikel zu kleben.

Alfred Ernst von Neumann, blauäugiger und blaublütiger Eishockeyspieler, der als erster ein Monokel zum Schutz vor Pucks trug

Pfeilwerfen
Pfeilwerfen ist fraglos eine der spannendsten, aufregendsten und ansprechendsten sportlichen Disziplinen, die man heutzutage ausüben kann. Darüber hinaus sind die Wettkämpfe in höchstem Maße beglückend, weil sie ausschließlich in Kneipen ausgetragen werden.

Rudern
Wieso das ein Sport werden konnte, ist völlig rätselhaft. Denn ursprünglich wurde es von Sklaven ausgeführt, die an die Bänke phönizischer Galeeren gekettet waren und die Hände voller Splitter hatten. Da hätten sich die nachfolgenden Generationen besser woanders ordentlich in die Riemen legen beziehungsweise sich an denselben reißen sollen.

Tennis
Tennis ist eine Sportart, die in England erfunden wurde. Nach wenigen Sätzen klagen die Spieler über ihre Tennisarme, ein Leiden, das »Englische Krankheit« bezeichnet wird.

Völkerball
Internationale Tanzsport-Veranstaltung.

Volleyball
Der Sinn beim Volleyball besteht darin, die Brüste der Mädchen auf und ab hüpfen zu lassen. Das Tragen von Büstenhaltern verstößt gegen die Regeln und entspricht nicht sportlichem Fairplay.

Reizspiele, exotische

Seit drei Jahren arbeitete der geniale Wissenschaftler Prof. Dr. Senkel an einem der ungelöstesten Rätsel der Natur: der Bananenpaarung.

1 Die Bananen, obwohl in der Gefangenschaft noch zurückhaltender als in freier Wildbahn, nähern sich einander. Sollte etwa . . .?

2 Und tatsächlich! Zaghaft lupft das Männchen die Deckschale seiner Partnerin. Dr. Senkel wagt kaum zu husten . . .

3 Es ist soweit! Zum ersten Male von Menschen beobachtet banant sich der Beginn einer Bananenpaarung an.

4 Und nun geht alles holterdiepolter, kaum daß der Laborfotograf mit dem Einlegen der Filme nachkommt:

5 Und da, tatsächlich: mit der mitteleuropäischen Gebrauchsstellung beenden die hemmungslosen Früchte ihre Kopulation.

6 Die Gustav-Greulich-Position (aufgestützt) leitet die nächste Paarung ein . . .

7 . . . Die Wiener Caféhaus-Position (abgewandt) schließt sich an. Die beiden haben nun offensichtlich alles um sich herum vergessen.

8 Die Wiener Caféhaus-Position (zugewandt) setzt das Liebesspiel fort. Deutlich erkennbar jetzt die in der Erregung stark erigierten Enden der Bananen.

9 Das seltene Naturschauspiel drängt deutlich seinem Höhepunkt entgegen, der klassischen Position: der aufgesprungene Rittberger (einfach).

10 Die Probanden sind erschöpft. Ermattet liegen sie in ihrem keimfreien Sauerstoffzelt. Mit zitternden Fingern spult Dr. Senkel den Film zurück und öffnet die Druckschleuse, um die beiden Bananen herauszunehmen und sich ein Müsli zuzubereiten. Eine Sternstunde der Wissenschaft? Zweifellos!

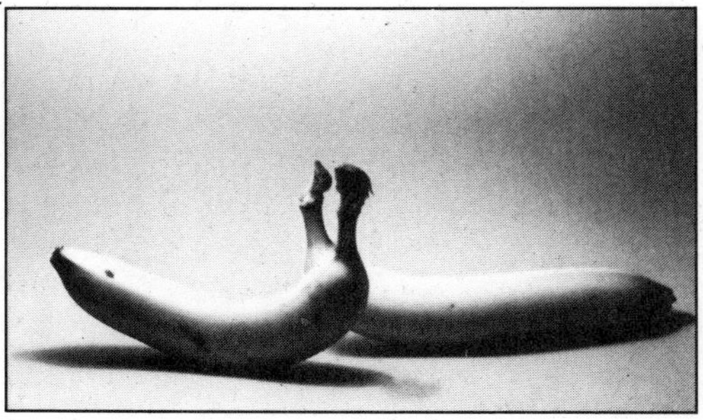
1

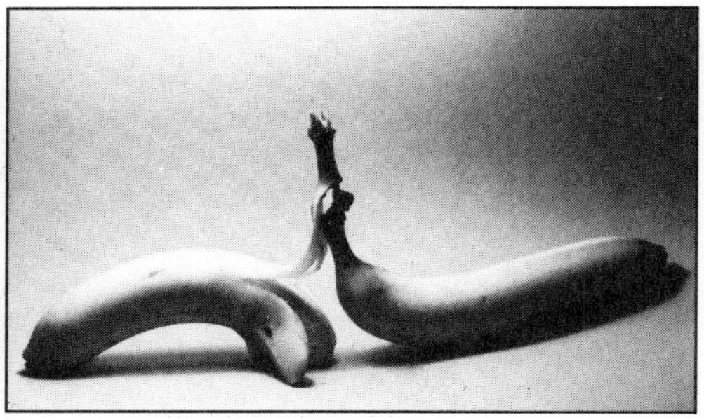
2

3

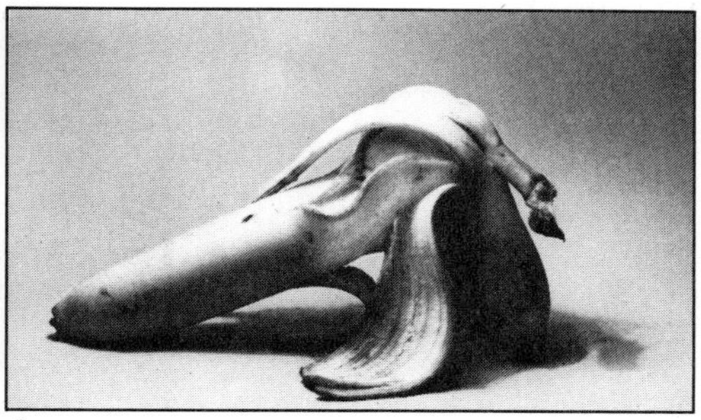
4

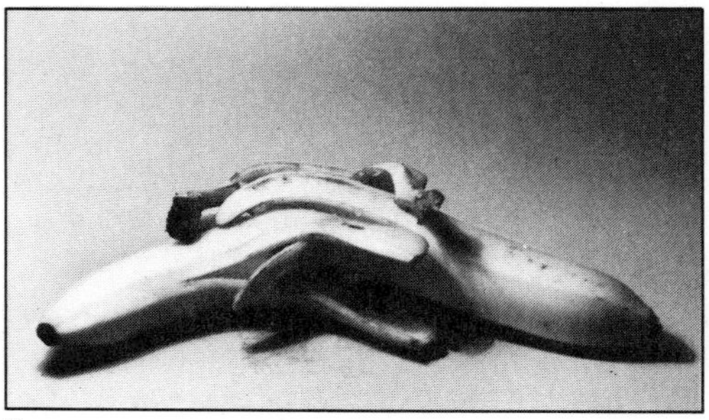
5

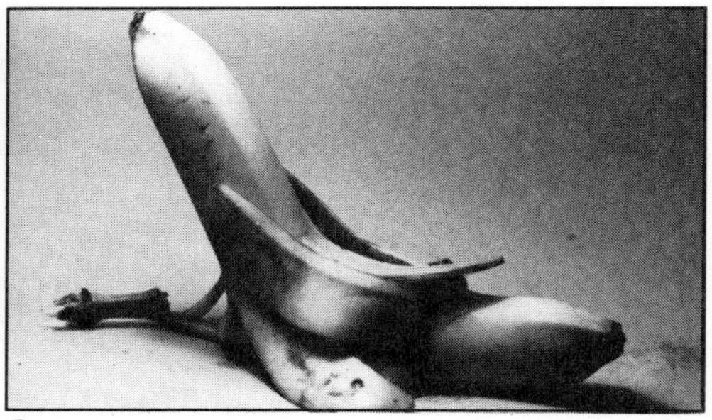
6

7

8

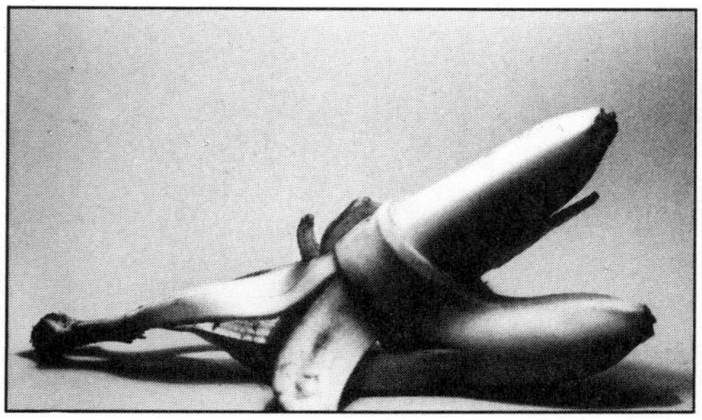
9

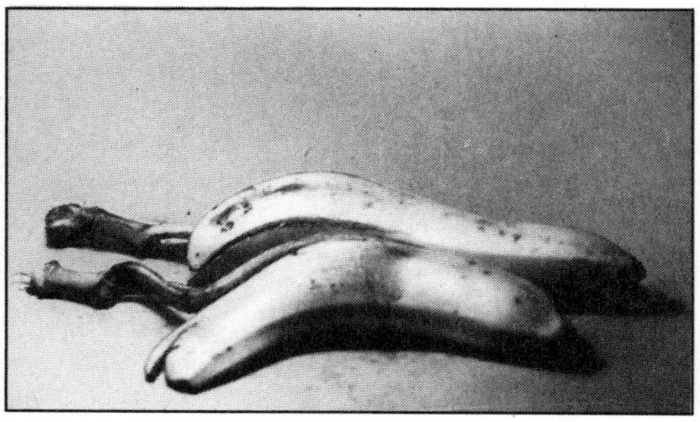
10

rem
Einheit einer Strahlendosis. Einen Rembrandt bekommt, wer sich dieser Dosis unvorsichtig zu lange aussetzt.

Renaissance
Die Geburt eines Rentieres in Lappland.

Renoir
In französischen Wäldern auftretendes schwarzes Reh, auch Rappen-Reh genannt.

Reprise
Zweiter Schnupfvorgang.

Resident
Zahnpastamarke für die Dame von Welt.

Rest
Was übriggbleibt, übriggelassen wurde. Restaurant; Verwertungsstelle dafür.

Reuter, Fritz
Technisch interessierter plattdeutscher Dichter, der seine niederdeutschen Geschichten und Gedichte direkt über sein Telegraphenbüro (»Reuters Telegraphenbüro«) in aller Welt verbreitete.

Rindviech, das – zu Lande und in der Luft
Vieles deutet darauf hin, daß der Stammbaum des Rindes tief in die Frühepochen der Erdgeschichte zurückreicht, und daß es damals Arten gegeben hat, die fliegen konnten. Heute noch sieht man an den Schulterblättern die Ansatzstellen und Gelenkpfannen, an denen früher die Flügelknochen saßen. Ein geflügelter Ochse ist seit alters das Symboltier des Evangelisten Lukas, ein deutlicher Hinweis für den Maler, als dessen Schutzpatron der hl. Lukas gilt. Mehr denn je sollten wir aber das Symbol des Evangelisten anatomisch wörtlich nehmen und uns in die herrlichen Zeiten der Flugbullen und der wandernden Luftkühe zurückversetzen. Es muß ein prachtvoller Anblick gewesen sein, wenn die gewaltigen Herden auf ihren jährlichen Wanderungen mit Flügelbrausen über die Alpen zogen, oder kühn die Gipfelkette des Kaukasus überquerten. Kein Adler, kein Kondor konnte sie dann aufhalten. Furchtbar muß es aber auch gewesen sein, wenn zwei Leitbullen im Kampf um den Herrschaftsanspruch gegeneinander losrannten, daß die Hörner splitterten und die kolossalen Schädel aufeinander krachten, was unweigerlich zum Absturz des Unterlegenen, dessen Gehirnmasse herausspritzte, führen mußte. Vornehmlich diese Luftkämpfe und die herabfallenden Zentnermassen waren es, die das Flugvieh langsam zum Absterben brachten, während sich die Landschläge ungehindert weiter ausbreiteten und sich zu den milchgebenden Rassen entwickelten, auf denen die Gründung der antiken Städte beruht.

Rotes Kreuz
CDU/CSU-Seufzer.

Ruhestand
Höchst unbequeme Art des früher bequemeren Büroschlafes.

Ruhrgebiet
Deutscher Landstrich, in dem Durchfälle an der Tagesordnung sind.

Rumäne
Dem Rum Verfallener.

Revolution

»Wir müssen uns jetzt entscheiden: Stürmen wir das Winterpalais oder das Sommerpalais?«

Rekorde, Welt-, sportliche und sittliche

Das englische Wort Record bedeutet Schallplatte. Recordsucht ist folglich der Wahnwitz, um jeden Preis die meisten Schallplatten zu ergattern. Das berühmte Guinness-Buch der Rekorde ist also ein Schallplattenverzeichnis, der Recordbrecher also ein Mensch, der Schallplatten zerbricht. Da diese neuerdings aus unzerbrechlichem Material hergestellt werden, hat sich der Begriff des Recordbrechers auf andere Höchstleistungen übertragen, die den menschlichen Ehrgeiz beflügeln. So schaffte es beispielsweise der amerikanische Austauschstudent McCheat, die Staumauer des Kraftwerks von Kaprun von unten nach oben in Rückwärtsfahrt mit dem Skate-Board zu bezwingen. Leider fiel er anschließend in den Stausee und fand als Nichtschwimmer den Seemannstod. Schwerlastwagenweitsprungmeister wurde Joe Cracker mit 110 Metern und 95 Zentimetern. Weitere Leistungssteigerungen geben Anlaß zu der Hoffnung, daß Autobahnbrücken in Zukunft nicht mehr benötigt werden. In Springfield (U. S. A) wurde bereits eine Automobilsprungschanze eröffnet. Der Bau eines Kartenhauses aus 3750 gezinkten Spielkarten scheiterte leider an einem unerwarteten Luftzug, während die Unterbringung von 49 Sündern in einem einzigen Beichtstuhl ein erfreuliches Zeichen der wiedererwachten Religiosität darstellt.

»Liebling, da ist der Mann vom Guinness-Buch der . . .«

»Und wo warten die jungen Leute auf mich?«

Kaprun, 29. Juni 1982:
Der junge Austauschstudent Brian McCheat aus Ohio bei seinem Rekordversuch. Die DLRG nannte die Aktion des Nichtschwimmers später verantwortungslos.

Der Welt längster LKW-Sprung, 110,95 m, 1. April 1982

Riesentiere

Der Sahne-Adler ist der einzige Vogel, den ABC-Schützen haben dürfen. Unter seinen Krallen lernt der Schulanfänger das Leistungsdenken und den rücksichtslosen Gebrauch von Schnabel und Klauen samt dem Trend, jedes Aas fertigzumachen.

◁ Der Vulkan-Trampler (Rhinozeros eruptivus) liefert über sein pulverisiertes Nashorn, das er übrigens selber einstampft, das bekannte Eruptiv-Aphrodisiakum ›Dentonat‹, Neusilber für die Frau, Golddoublé für den Mann!

Die Tigersanduhr ist ein praktischer ▷ Zeitmesser für alle, die bisher ihre Zeit totzuschlagen pflegten. Der Tigerkopf im oberen Teil des Chronometers beißt sie tot. Mal was anderes.

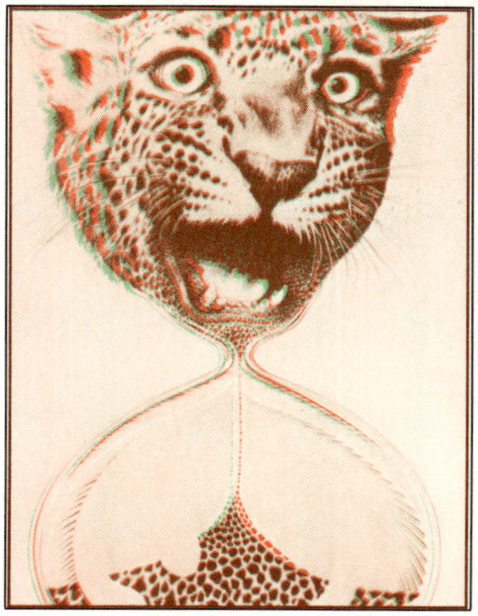

S wie Schlangenfraß

S
19. Buchstabe im ABC, als kleines s häufig gebraucht am Wortende. Das S ist ein stimmloser Zahnreibelaut, weshalb man es nicht zu häufig gebrauchen sollte. Als $ steht es für Dollar und gewinnt so deutlich an Wert.

Saaltochter
In der Saale gezeugter Abkömmling weiblichen Geschlechts.

Sachverständiger
Zum Sachverständigen wird ein Politiker dann, wenn er mit seinen Diäten (s. dort) nicht auskommt.

Sahara
Temperamentvolle, unkonventionelle Afrikanerin (»die wüste S.«), Pendant zur wüsten Gobi.

Salome
Bezeichnung für Damen, die sich mit Vorliebe abgeschlagene Männerköpfe auf Schüsseln servieren lassen.

Sand, George
Tochter eines französischen Schuhmachers, die mit fünfzehn Jahren die Sandale erfand.

Sankt Blasien
Schwarzwaldkurort. In seinen Kuranzeigen spielt die Heilung wundgelaufener Füße eine herausragende Rolle.

Sahara, Durchquerung der

»Wenn das keine Fata Morgana ist, sind wir echt in Schwierigkeiten.«

Sankt Gallen
Schweizerischer Wallfahrtsort für Gallenleidende. St. Gallus = rührte zum ersten Mal die Gallustinte an.

Sanktion
Schutzheiliger der Kernphysiker.

Satzzeichen
Hilfszeichen der Schrift, fast immer an der falschen Stelle, was jedoch ohne Bedeutung ist, weil es niemals ausgesprochen wird.

Saus
Sine qua non für Braus. Ohne Saus kein Braus, jedoch kann Saus durchaus ohne Braus existieren, etwa im Straßenverkehr.

Schacht, Hjalmar
Konstrukteur des nach ihm benannten Schachtelhalmes, unentbehrlich zum Reinigen von Zinngeschirren.

Schatzanweisung
Staatlich angewiesene Geliebte (etwa für frustrierte Staatsbeamte: Bundesschätzchen). Sinn dieser humanitären Maßnahme am Arbeitsplatz ist die Leistungssteigerung.

Scheidung
Neben der → Hochzeit die teuerste aller zwischenmenschlichen Vergnügungen.

Scheinblüte
Echte Banknote.

Scheinwerfer
begüterter Menschenfreund, der in regelmäßigen Abständen seiner Umgebung Freude macht.

Schiller
Einziger deutscher Autor, dessen Locken in Konditoreien und Fischhandlungen feilgeboten werden.

Schriftsteller, so werden Sie ein erfolgreicher

»Auch wenn ich mit meiner Schriftstellerei keinen Pfennig verdienen könnte, würde ich mir meinen Lebensunterhalt anderweitig verdienen und nächtens weiterschreiben.«

Edgar Wallace

»Finanzieller Erfolg ist nicht der einzige Lohn für gutes Schreiben. Es bringt dem Schriftsteller auch reiche innere Befriedigung.«

Hermann Schreiber

DIREKTOR DER »SCHULE FÜR BERÜHMTE SCHRIFTSTELLER«

EINFÜHRUNG

Vor langer Zeit, gerade als ich mir mein Brot selbst zu verdienen begann, hatte ich das große Glück, die berühmte Anaïs Nin zu treffen. Mit der ganzen Dreistigkeit der Jugend fragte ich sie, welchen Rat sie einem angehenden Schriftsteller geben könnte, und sie sagte: »Ein angehender Schriftsteller sollte zuerst langsam beginnen, indem er kurze, einfache Sachen verfaßt, etwa Telegramme, Kochrezepte, Erpresserbriefe mit Wörtern, die er nur aus der Zeitung herausschneidet und nebeneinanderklebt, Spickzettel, Losnummern und dergleichen. Dann erst, wenn er sich bereit fühlt, sollte er sich an anspruchsvollere Dinge heranwagen wie Briefe ans Finanzamt, Passionsspiele, Schmähschriften, Wohnungsanzeigen, Transparente für Protestmärsche und päpstliche Bullen. Vor allem darf er niemals vergessen: Die Feder ist mächtiger als die Pflugschar. Damit meine ich, daß Schreiben verdammt mehr Spaß macht als Feld- und Stallarbeit. Schriftsteller müssen zum einen selten, wenn überhaupt, um fünf Uhr früh aufstehen und Mist schaufeln. Meiner Ansicht nach ist das der springende Punkt.« Sie erzählte mir noch viele wunderbare und weise Dinge, eröffnete mir die Geheimnisse ihrer Schreibkunst und unterwies mich im Knüpfen des Netzes aus Wörtern, mit dem man das fliehende Leben selbst festhält. Leider habe ich alles davon vergessen.
Ich erinnere mich jedoch an ihre Antwort, als ich sie fragte: »Könnten Sie mir nicht noch eine Faustregel sagen, an die ich mich immer halten muß?« Sie hielt inne, sah kurz an mir herunter und sagte schließlich: »Trage niemals braune Schuhe zu einem blauen Anzug.«
Dem kann ich kaum mehr hinzufügen als »Ans Werk und Glück auf.«

LEKTION 1: DER ANREISSER

Der »Anreißer« ist der erste Satz eines Romans oder einer Kurzgeschichte. Er ist so konstruiert, daß er den Leser schockt und aus seiner Selbstzufriedenheit reißt, seine Neugier weckt und ihn zwingt weiterzulesen. Ein Beispiel: »Es hilft nichts, Alex«, erwiderte sie, »selbst wenn ich dich lieben würde, gäbe mir Vater nie die Erlaubnis, einen Alligator zu heiraten.«
Unverzüglich wird der Leser so mit Fragen bombardiert, die ihm unter den Nägeln brennen: »Wieso läßt sie ihr Vater nicht einen Alligator heiraten?« »Wieso liebt sie ihn nicht?« »Kann sie ihn noch rechtzeitig lieben lernen?« Der Leser ist »angerissen«! Damit es über diese Anreißer keinerlei Mißverständnisse gibt, führe ich noch ein paar an:

- »Ich fürchte, Sie sind zu spät gekommen«, hohnlachte Zoltan, »der Goldene Greif ist bereits über den Winter nach Süden geflogen!«
- Sylvia lag tot zwischen dem Familiensilber ...
- »Chinesische Wachteleier bedeuten mir mehr als dir, Liebling«, bemerkte Charles zu seiner Frau und würzte seine Beleidigungen, indem er ein Grapefruitmesser in ihren Hals bohrte.
- Eines Morgens erwachte Egor Samba aus einem unruhigen Schlaf und fand sich in einen riesigen Volkswagen verwandelt.
- »Ich habe hier in Händen«, rief Professor Biederbein, indem er einen Pack Papiere in seinen bebenden Händen hielt und im Zimmer hin und her lief, während ich am Fenster stand, kaum fähig, durch den dicken, wallenden Nebel, der vom Rhein aufstieg, das Bonner Bundeshaus auszumachen, mich wundernd, was nur so wichtig sein könnte, den zurückhaltenden Gelehrten zu dieser unziemlichen Stunde in mein Büro hereinplatzen zu lassen, »den festen Beweis, daß Bismarck schwul war!«

Das ist nur eine Handvoll von Anreißern, die wirklich anreißen. Natürlich gibt es noch abertausend andere Anreißer, aber wenn Ihnen keine einfallen, nehmen Sie sich ruhig einen von diesen.

LEKTION 2: DAS ENDE

Nur zu oft plätschert die Geschichte des aufgekratzten Autors munter dahin, und dann sieht er keinen Weg, sie zufriedenstellend zu beenden oder, wie es in unserem Fachjargon heißt, »zuzuschnüren«. Passen Sie auf, wie leicht ich dieses Problem löse: Plötzlich wurden alle von einem Lastwagen überfahren. – Ende –
Es ist verblüffend, für wie viele Situationen und Lokalitäten dieses Ende anwendbar ist. Wenn Sie zum Beispiel eine Geschichte über Ameisen schreiben, würde sie etwa so enden: »Plötzlich wurden alle von einem Tausendfüßler überrannt.« Tatsächlich brauchen Sie nie ein anderes Ende zu verwenden. **Warnung:** Wenn Sie eine Geschichte über Lastwagen schreiben, lassen Sie die Lastwagen nicht von einem Lastwagen überfahren, sondern von einem Sattelschlepper.

LEKTION 3: DER TITEL

Vor kurzem wurden einige Artikel eines meiner Freunde von **Reader's Digest** abgelehnt. Er wandte sich an mich um Hilfe. Sofort durchschaute ich das Problem. Indem er seine Stücke folgendermaßen betitelte: *»Unverheiratete Mütter – Ein Blitzstart ins Leben«*, *»Ein führender Psychologe erklärt, wieso es im Fernsehen mehr Gewalttätigkeit geben muß«*, *»Kidnapper, die ich kannte und liebte«*, und *»Mein Baby wurde totgeboren und es war mir völlig egal«*, hatte er den Markt von Grund auf falsch eingeschätzt. Um ihn auf den rechten Weg zu bringen, schrieb ich ihm diese Liste von todsicheren, allseitig verwendbaren Titeln:

. . . . *am Kreuzweg*
. . . . *tut not*
Die Bedeutung von . . . .
Die Überwindung sich wandelnder . .
Ein realistischer Ausblick auf . . . . .
Die Überbrückung des . . *konfliktes*
Ein . . . . . . *für alle Jahreszeiten*

Fügen Sie einfach das Thema Ihrer Wahl auf der punktierten Linie ein. Sollte garnichts gehen, dann greifen Sie auf den einen Titel zurück, der es noch immer voll gebracht hat: **Südamerika, der schlafende Riese.**

LEKTION 4: DIE EXPOSITION

Das Schwierigste für den flüggewerdenden Schriftsteller ist die marktgerechte Bearbeitung der Exposition. Achten Sie auf die subtile, ja schlaue Art, mit der ich bei meinem Erfolgsstück **Der letzte Lastwagen** mit einem Minimum an Worten und Aufwand in das Geschehen einführe:
(Der Vorhang öffnet sich: Geschmackvoll eingerichtetes Wohnzimmer, in dem Männer in Frack und Frauen in kostbaren Abendkleidern um eine Hausbar gruppiert sind.)
Lord Overbrooke: »Oh, komm doch nur herein, Lydia. Darf ich dir meine Gäste vorstellen?
Dies ist Cheryl Heatherton, unter uns: die verrückte Sojabohnenerbin, deren Überspanntheit nur verbergen soll, daß ihr Herz durch ihre Unfähigkeit gebrochen wurde, sich echt mit ihrem zu ihrer Linken sitzenden Vater E. J. Heatherton zu verständigen, der zu stark in die Hochfinanz verwickelt ist, als daß er mit seiner von Anfang an unerwünschten Tochter ein ruhiges Gespräch führen könnte und seinen väterlichen Pflichten nur insoweit obliegt, indem er ihr alles gibt, alles außer Liebe. Neben ihnen sitzt Geoffrey Drake, ein scheinbar erfolgreicher Bankier, gefangen in einer unglücklichen Heirat mit einer Frau halb so reich wie er.
Der leere Stuhl zu seiner Rechten wurde vor fünf Minuten von Geoffreys 23jähriger, goldenhaariger Frau Edwina Drake verlassen, die, eine Migräne vorschützend, sich verabschiedete und vorgab, sich nach Hause zu begeben, während sie in Wirklichkeit in diesem Augenblick in die Arme eines anderen eilt, uneingedenk der grauenhaften Folgen ihrer Leidenschaft – überzeugt, sich ihr Glück erkaufen zu können.

EDGAR WALLACE RÄT:

Der ältere Butler, der den Kaviar *en socle* zubereitet, ist Arthur Pott, der meiner Familie seit über vierzig Jahren dient, obwohl er in den letzten zwei Jahren kein Gehalt bekommen hat, ja sogar soweit ging, mir seine Lebensersparnisse zu leihen, um meine schwindelerregenden Spielschulden zu dekken, obwohl es nur eine Frage der Zeit ist, bevor ich als Betrüger entlarvt werde und die High Society, die Sie vor sich sehen, mir den Rücken kehrt. Die dunkle Schönheit mir gegenüber ist Yvonne de Zenobia, der verblassende mexikanische Filmstar. Sie spricht von ihrem letzten Film, als wäre er erst gestern gedreht worden, und mag sich nicht eingestehen, daß sie seit einem Jahrzehnt nicht mehr vor der Kamera stand.
Und natürlich kennst du deinen Vater, den rücksichtslosen Kriegsgewinnler, und deine Mutter, die Alkoholikerin, die nie ihrer trüben Vergangenheit entfliehen konnte und zu spät einsah, daß sie trotz all ihrer Juwelen und Pelze immer noch ein Animiermädchen ist, das jedem Mann für einen Drink und ein paar Zigaretten gehört.
Nimm bitte Platz. Wir sprachen gerade von dir.«
Dieses Beispiel zeigt alles, was Sie über Exposition wissen müssen. Lesen Sie es täglich.

LEKTION 5: WO FINDE ICH DIE RICHTIGEN ANREGUNGEN?

Jeder professionelle Schriftsteller kann Ihnen sagen, daß die reichste Quelle für Anregungen Verwandte, Nachbarn und sehr häufig auch völlig fremde Personen sind. Es vergeht kein Tag, an dem mir nicht jemand, nachdem er erfahren hat, daß ich Schriftsteller bin, irgendeine tolle Idee für eine Geschichte anbietet. Gerade letzte Woche fand ein Zigarettendreher aus meiner Bekanntschaft das überraschende Ende für eine Geschichte, das auch den abgebrühtesten Leser garantiert elektrisieren wird. Man muß eine verrückte Geschichte erzählen, die immer verrückter wird, und genau wenn der Leser meint »Wie kann er denn das je wieder auflösen? Da hat er sich aber in eine Sackgasse hineingeschrieben!« lassen Sie die »Bombe« hochgehen: »Doch dann wachte er auf. Es war alles nur ein Traum!« (Als professioneller Schriftsteller habe ich es dann verbessert zu: »Doch dann läutete der Wekker. Es war nur ein Traum!«) Und das bekam ich von einem ganz einfachen Zigarettendreher! Umsonst!
Eine andere reiche Materialquelle sind Taxifahrer, die oft sagen: »Junge, Junge, über einige von den Typen, die ich in diesem Taxi schon gefahren habe, könnte man ganze Bücher schreiben! Wirklich irre Typen, Sie wissen schon, was ich meine!« Und dann, ohne daß ich sie irgendwie drängen müßte, erzählen sie mir von ihnen, und das **füllt** dann ein Buch.

LEKTION 6: WENN ANDERE AUTOREN ZITIERT WERDEN MÜSSEN

Wenn Sie in eine Situation geraten sollten, in der Sie einen anderen Autor zitieren müssen, schreiben Sie immer »(sic)« für jedes Wort, das auch nur in irgendeiner Form fragwürdig erscheint. Sollte es keine falschgeschriebenen oder seltsamen Worte geben, werfen Sie trotzdem ein paar »(sic)s« ein, nur um den Fluß der Worte zu unterbrechen. Dadurch erscheinen Sie gelehrt und aufgeweckt, während der Zitierte suspekt und leicht unglaubwürdig erscheint ... Ein Beispiel soll genügen:
Habe nun ach, Philosophie (sic), Juristerei (sic)
und Medizin (sic) durchaus studiert
mit heißem (sic) Bemühen.

Da steh ich nun, ich armer Tor (sic)
und bin so klug als wie (sic!) zuvor.
Haben Sie's mitgekriegt: Es gibt (sic) und (sic!). (Sic!) – Der Kollege ist erledigt.

LEKTION 7: DAS AUFBEREITEN VON NACHRICHTEN

Haben Sie sich schon einmal gefragt, wie es Reportern möglich ist, jeden Tag, Jahr um Jahr, mehrere Artikel zu liefern und trotzdem immer frischer, vitaler und fesselnder zu schreiben? Sie kennen nämlich die »Zehn Zauberformulierungen des Journalismus«, Schlüsselkonstruktionen, mit deren Hilfe man **jede nur bekannte menschliche Empfindung** ausdrücken kann. Wie sich vermuten läßt, sind diese Formulierungen – ein Schatz, den Generationen von Journalisten angehäuft haben – ein streng gehütetes Geheimnis und niemand außer den akkreditierten Mitgliedern der Presse zugänglich. Trotz der Gefahr, daß man mich dafür aus der Journalistenzunft ausstößt, werde ich sie Ihnen jetzt enthüllen:

Die zehn Zauberformulierungen des Journalismus

1. »Gewalttätigkeiten flammten auf«
2. »schleppte sich in den Hafen«
3. »wie aus gewöhnlich gut unterrichteten Kreisen des Hofes verlautet«
4. »blinde Zerstörungswut«
5. »von Unruhen erschüttert«
6. »Revoluzzer«
7. »leugnete rundweg ab«
8. »kein direkter Kommentar«
9. »Blutbad«
10. »umherstreifende jugendliche Banden«

Wir wollen diese Ausdrücke nun an einer einfachen Reportage ausprobieren:
London, 22. Aug. (UPI) – **Gewalttätigkeiten flammten gestern** im **von Unruhen erschütterten** London auf, als **umherstreifende jugendliche Banden** Fenster einwarfen und Geschäfte plünderten. Der Lord Mayor gab zwar **keinen direkten Kommentar,** aber **wie aus gewöhnlich gut unterrichteten Kreisen des Hofes verlautet, leugnete er rundweg ab,** daß **Revoluzzer** die Ursache der **blinden Zerstörungswut** waren, durch die mehrere Gebäude völlig vom Feuer zerstört wurden, und er fügte hinzu: »Wenn diese Stadt ein liberianischer Frachter (Wenn nötig, durch »panamesischer Tanker« ersetzbar. Man betrachte sie als austauschbar.). wäre, hätte er sich gerade noch **in den Hafen schleppen** können.«

LEKTION 8: BERUFSGEHEIMNIS

Gerade so wie es für Hausfrauen gewisse Tricks gibt (Beispiel: Ein Stück Baumwollstoff mit Vanilleextrakt getränkt, absorbiert den Geruch von Speisen im Kühlschrank), so haben auch Autoren ihre Trickkiste, voll von Winken und Tips, die man, wie ich versichern kann, nicht an jeder Straßenekke aufliest. Viele Schriftsteller, Elfenbeinturmidealisten die sie sind, ziehen es vor, ihre »Kunst« mit einer »mystique« zu umgeben (Küsse von der Muse, l'écriture automatique, Reden in verschiedenen Zungen, etcetera) und die harten Fakten der Praxis einfach unter den Teppich zu kehren. Ich halte mir jedoch vor Augen, daß ein guter Handwerksmann auf sein Handwerkszeug stolz ist, und werde nun die lange Zeit unterdrückten Geheimnisse unserer Zunft lüften . . .
Angenommen, Sie haben gerade ein grauenhaftes Kapitel geschrieben (wir wollen es hier Kapitel 6 nennen, siehe auch oben), ohne jeden Wert, ermüdend und unglaublich langweilig, und Sie haben ganz einfach nicht die Energie, es nochmals zu überarbeiten. Offensichtlich wird der Leser, nachdem er erkannt hat, wie langweilig und erbärmlich Kapitel 6 ist, sich weigern, noch weiterzulesen. Sie müssen also für ein anderes, starkes Motiv sorgen, daß er das Kapitel zu Ende liest.
Wollust ist meist höchst wirksam:
Im nächsten Kapitel ist kunstvoll das erstaunliche Geheimnis eines uralten, bhutanesischen Liebeskultes versteckt, das Ihre sexuelle Fähigkeit um mindestens 60% erhöhen wird –
(Es folgt Kapitel 6)
und dann schreiben Sie noch:
Ziemlich stark, wie? Sie können es wohl kaum erwarten, es selbst auszuprobieren? Und vergessen Sie nicht, Ihre Dankbarkeit dadurch zu zeigen, daß Sie auch Kapitel 7 lesen.*

Auch Angst ist höchst effektiv:

Lieber Leser,
diese Botschaft ist auf chinesisches Giftpapier gedruckt, gefertigt aus tödlichen Kräutern, die sofort durch die Fingerspitzen absorbiert werden, so daß es nichts nützt, die Hände zu waschen, da nach etwa einer Stunde Ihr langer und grauenhafter Todeskampf beginnt. Sie werden allerdings nicht sterben, wenn Sie das spezielle Gegenmittel anwenden, das Sie in Kapitel 6 erfahren werden!
Mit freundlichen Grüßen
(Ihr Name)

Oder auch:
Lieber Leser,
offensichtlich sind Sie einer jener seltenen Menschen, die gegen chinesisches Giftpapier immun sind! Deshalb ist diese Botschaft auf braunes Giftpapier aus Manila gedruckt, das tausendfach stärker ist, und Sie auch töten wird, selbst wenn Sie Handschuhe tragen, wenn Sie nicht Kapitel 6 sorgfältig lesen und das Gegenmittel entdecken!
Mit freundlichen Grüßen
(Ihr Name)

Indem Sie an Geldgier, Eitelkeit, Faulheit oder was auch immer appellieren, können Sie diese Methode Kapitel um Kapitel beibehalten, bis das Buch fertig ist.

EDGAR WALLACE RÄT:

LEKTION 9: WEITERE TIPS UND WINKE

Es gibt noch viele Tips und Winke für Schriftsteller, die ich Ihnen mitteilen könnte, wenn ich könnte. Ich werde nämlich gleich von einem Lastwagen überfahren.

Ende

---

* dadurch geht man ganz sicher, daß der Leser Kapitel 6 nicht nur einmal, sondern sogar mehrmals hintereinander liest. Vielleicht wird er sogar Kapitel 7 lesen.

Schiffahrtstragödie

»Mann, hätte der uns eine Geschichte erzählen können!«

Schleichpfad

Schreibstubenhengst

Ursprünglich die Bezeichnung für eine männliche Person, die ihren Militärdienst am Schreibtisch ableistete. Heute sind Schreibstubenhengste Fließbandschreiber, die uniform aussehen und deshalb wie Hühner in Legebatterien zusammengepfercht werden. Diese Bezeichnung ergab sich aus dem Vergleich zwischen Schreibstube und Pferch. Obwohl Schreibstubenhengste in ihrem Aussehen und in ihren Texten auf Zucht und Ordnung achten, sind sie nicht mit Zuchthengsten zu verwechseln.

Schüttelreim

Produkt von Poeten im Winter in ungeheizter Dachkammer bei Schüttelfrost. Schüttelreime erzeugen meist eine Gänsehaut.

Schulmedizin

Staatlich geförderte Betreuung Schulpflichtiger in den Grund-, Haupt-, weiterführenden und Berufsschulen, in den weiterführenden Schulen auch Oberschulmedizin genannt. Zum Wirkungsbereich der Schulmedizin zählen ebenso die Zahn-Reihen-Untersuchungen, wie auch der Aufklärungsunterricht.

Schurz, Carl

Deutschamerikanischer Staatsmann, eigentlich C. Lendenschurz, der sich bald nach seiner Auswanderung eine Kurzfassung seines Namens wählte.

Schwabenalter

Das 40. Lebensjahr. Nach einer durch keine gegenteilige Erfahrung ins Wanken zu bringende Überzeugung gelangen Schwaben mit dem 40. Lebensjahr in den Vollbesitz ihrer Geisteskräfte.

Schwarzseher, Kalender für

Da nicht jedermann einem neuen Jahr optimistisch entgegensieht, erscheint für notorische Schwarzseher alle zwei Jahre Dr. Dusters Schwarzkalender mit zwölf gestochen scharfen Fotos der finstersten Nächte der letzten Jahre.

Schwerkraftaufhebung

Von alters her beschrieben und für unmöglich gehalten, gelang die Schwerkraftaufhebung erstmals in einem geheimen Diesellaser-Labor in Sibirien. Die Bekanntgabe dieser umwälzenden Erfindung durch die Nachrichtenagentur Tass erfolgte nur, weil sich vorerst nur friedliche Nutzungsmöglichkeiten finden lassen.

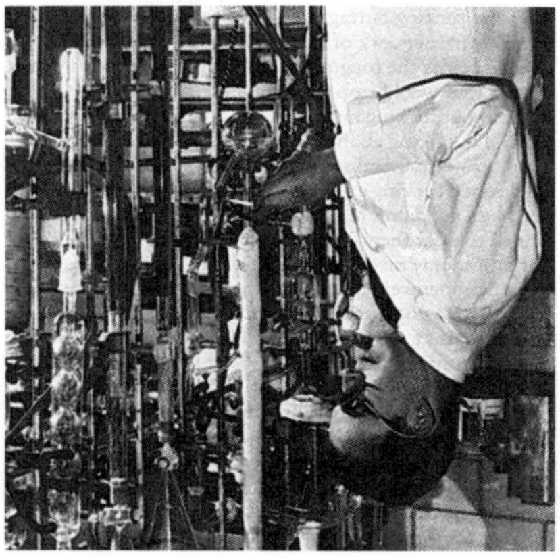

Sekte

Verschiedene Arten von Schaumweinen.

Semantik

Nervenkrankheit bei Matrosen.

Serbolenkung

Jugoslawische Staatskunst nach Tito.

Setzmaschine

Maschine, die das Hinsetzen maschinell betreibt. Ihr Einsatz befördert beispielsweise Gäste rasch und entschieden auf die für sie vorgesehenen Sitzplätze.

Shakespeare, William

Dafür, daß er nicht einmal gelebt haben soll, hat dieser englische Dramatiker doch ganz leidliche Stücke geschrieben.

Shaw, George, Bernhard

Führte den Shawl auch in England ein, was die Erkältungskrankheiten merklich eindämmte.

Siegessäule

Prämiiertes Schweinchen.

Sisyphus

Gehwerkzeug einer österreichischen Kaiserin, die wegen ihrer pedestrischen Leistungen berühmt war.

Sitte

Kurzform für Sittenpolizei. Sittiche = Sittenpolizisten.

Statistik, nackte, Deutsche in der

Statistik ist zu begreifen als eine geordnete Menge von auf nackte Zahlen gebrachten Sachverhalten und Informationen ohne Aussagewert. Einige Beispiele (siehe rechts) verdeutlichen, auf welch stupende Weise Statistiken das Wesentliche verbergen. So wird denn auch das zynische Wort eines Statistikers verständlich: »Statistiken, Bilanzen und Höschen ist gemeinsam, daß sie das Wichtigste verbergen.«

Von 100 deutschen Männern sind 99 männlichen Geschlechts

79% der Männer tragen immer das Bild der geliebten Frau in ihrer Brieftasche

58% der deutschen Frauen wäre gerne Filmschauspielerin

55% aller Männer schieben Unangenehmes auf ihre Frau ab

25% der Frauen haben regelmäßig Vertreterbesuch

49% der Frauen heben ihre Liebesbriefe auf

7% der Männer lassen sich regelmäßig maniküren

Spielhölle

Smoking
Verpönter Herrenanzug in angelsächsischen Ländern, häufig mit dem strikten Verbot »no smoking« belegt.

Sparen
Sparsame Lebensform der Spartaner.

Stammbaum
Bezeichnung für das Baumstammprivileg des Haushundes.

Standesamt
Behörde zur Überwachung der Standesunterschiede, die im Standesamtregister aufgeführt sind.

Stangenbäume

Zweig- und astlose Bäume, die zwecks problemloserer Papiergewinnung auf dem Versuchsgelände einer Papierfabrik in Kalamazoo im amerikanischen Bundesstaat Michigan entwickelt wurden. Im Gegensatz zu herkömmlichen Bäumen lassen sich Stangenbäume hundertprozentig zu Papier verarbeiten und wachsen in kürzester Zeit auf die gewünschte Höhe heran.

Star
Großer Singvogel (Schlager, Folklore). Starlett = aus Lettland gebürtiger St., Stars and stripes = Darbietung in Nachtlokalen.

Starfighter
Kämpfender Publikumsliebling.

statuieren
Eine Statue aufstellen.

Staubecken
Permanent nicht gründlich gesäuberte Partien eines Raumes (Wohnzimmer etc.).

Steuergeheimnis
Alles, was mit den Steuergeldern geschieht.

Steuerschraube
Unansehnliche Finanzbeamtin.

Steuerzahler
Person, die keine Gesinnungs-Prüfung abzulegen braucht, um für den Staat arbeiten zu dürfen.

Stickstoff
Ausgangsmaterial für vielfältige Stikkereien.

Störsender
Lieferant von Kaviar.

Straßenhandel
Vertrieb von Straßen und Wegen.

Strauß, Vater und Sohn
Ihre Blumengebinde erlangten Weltruf.

Strom
Großer Fluß. Stromer = Flußanrainer (davon Stromboli = sein Söhnchen).

Struwwelpeter
(Eigentl. Peter Struwwel) Hofmann und Arzt am Hofe Heinrichs des Kindlichen. Verfasser eines zwar wirren, aber doch lehrreichen Sittengemäldes seiner Zeit mit dem lat. Titel »Petrulus hirritus«.

Suff
Trunksucht (davon: Süffel = Säufer, Suffisance = Besäufnis, Suffragette = Trinkerin).

Sultan
Gebieter, Herr eines Harems. Sultanine = im Zuge der Emanzipation auch in arab. Ländern weibl. Sultan.

summa cum laude
(lat.) besonders laut summen.

Surrealisten
Kunstrichtung der realistisch Surrenden (Ihre Werke häufig Surrogate).

Sylmann Heinrich
(1892–) Entdeckte 1918 im Polarkreis die Spitze des Eisbergs, eine bis dahin unbekannte, besonders kältewiderstandsfähige Hunderasse.

Stellensuche

»Tut mir leid, aber Sie sind überqualifiziert!«

Sternbild, neues

Die Namen der Sternbilder an unserem nördlichen Nachthimmel stammen noch von den alten Zivilisationen des Mittelmeerraums. Sie kamen, eingedeutscht zwar, aber sonst unverändert, durch die Jahrhunderte zu uns. Es ist schade, daß unsere junge Generation beim Blick in die unendlichen Weiten des Weltalls, der wahrhaft letzten Grenze der Menschheit mit all den herrlichen Erscheinungen, nur Namen von verstaubten, mythologischen Figuren findet, Konstellationen, die keinen Bezug zur schnellebigen Moderne haben. Herkules beispielsweise ist für junge Leute eindeutig eine fränkische Zweiradfirma. Und Castor und Pollux – von welchem Schüler oder Studenten unserer Zeit kann man erwarten, daß er sich um solche altertümlichen Halskrankheiten kümmert? Was wir brauchen, ist klar: Wenn wir eine neue Generation von Astronomen, Astronauten, Astrophysikern und nächtlichen Sternguckern hervorbringen wollen, dann ist eine Umbenennung der Sternbilder unumgänglich. Hier einige Vorschläge, die die Volkssternwarte Bochum in Zusammenarbeit mit dem Verein »Deutsche Sprachnorm« (DSN) erarbeitet hat:

Alte Namen	**Neue Namen**
Andromeda und Pegasus	*Turbo-Porsche*
Widder	*Pekinese*
Wassermann	*Pernod mit Soda*
Adler	*Drachenflieger*
Fuhrmann	*Gemeinschaftssauna*
Bärenhüter	*Mokassin*
Krebs	*Mildred Scheel*
Steinbock	*Espressomaschine*
Walfisch	*Squash-Schläger*
Berenices	*Valium*
Nördliche Krone	*Rolex-Armbanduhr*
Rabe	*Die neue Kraftwerk-LP*
Schwan	*Lauda-Air*
Fluß Eridanus	*Kreditlinie*
Zwillinge	*Charles und Diana*
Herkules	*Skilehrer*
Löwe	*Fiorucci-Tasche*
Kleiner Löwe	*Fiorucci-Gürtel*
Waage	*Hasch-Waage*
Orion	*Paul Breitner*
Fische	*Scholle mit Weißwein*
Schütze	*Sylt*
Skorpion	*Ibiza*
Stier	*Lino-Ventura-Monogramm*
Großer Bär	*Großer Kokain-Löffel*
Kleiner Bär	*Kleiner Kokain-Löffel*
Jungfrau	*Bianca Jagger*

Mitternacht

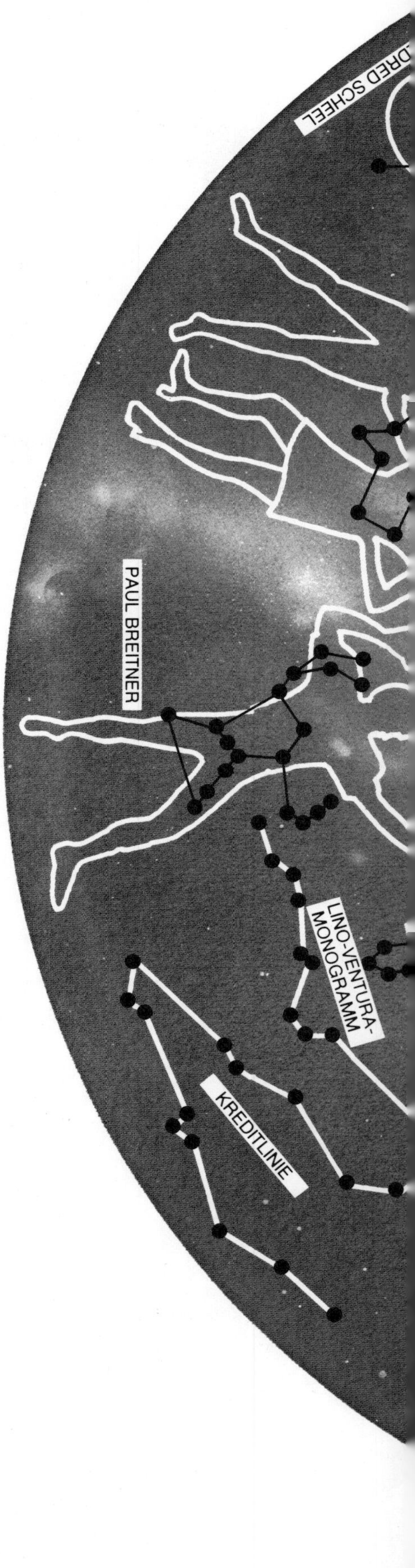

Morgengrauen

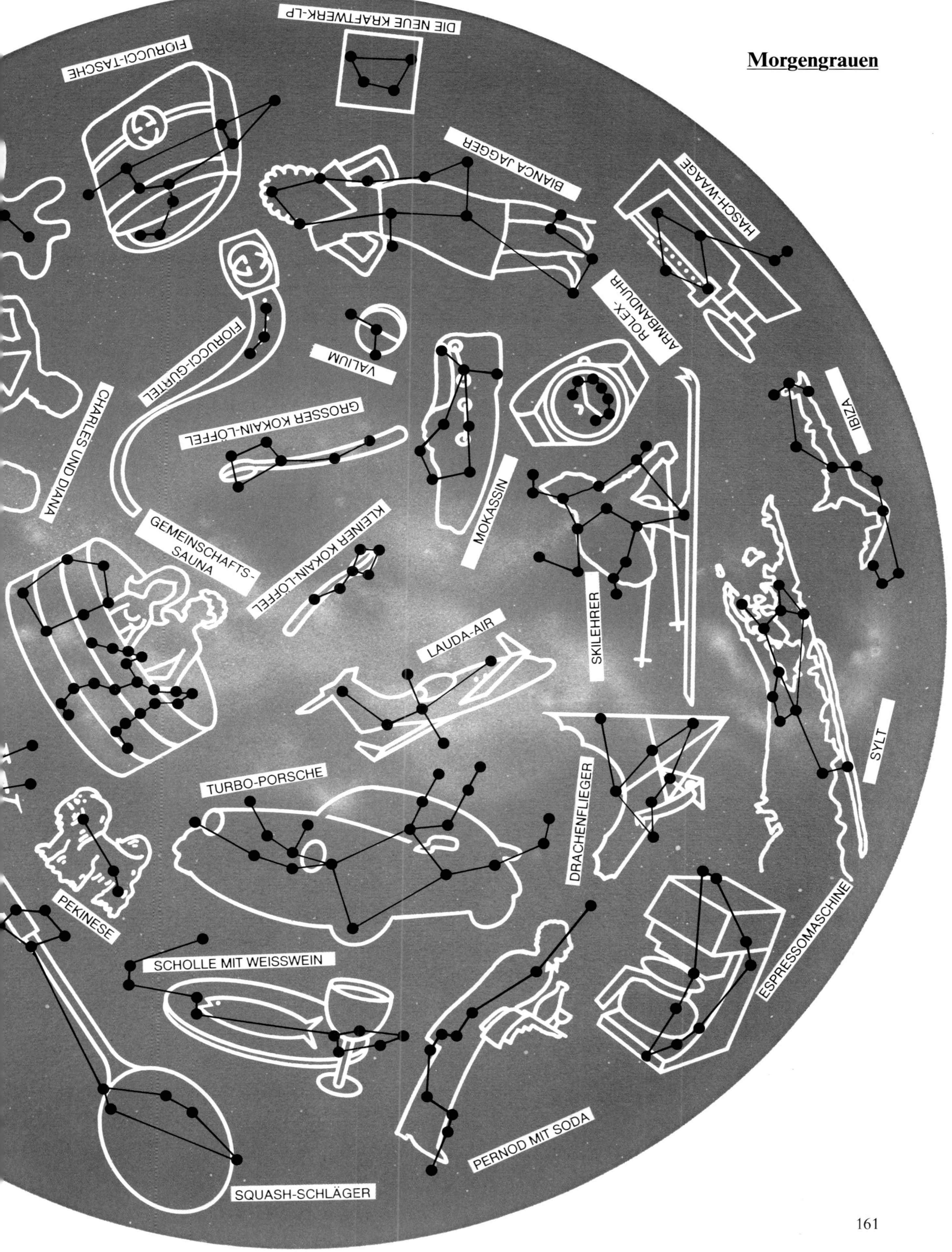

Europäische Luftmotte
Irischer Schneider
Scharnierling
Zwergpygmäe
Echter Totenkopf
Herbstzeitschönling

Subtropen, Schmetterlinge der

Man teilt sie ein in Tag- und Nachtfalter. Sie werden vom betörenden Duft der Puppen angelockt, um dann meist sehr rasch wieder zu verduften. Japanische Schmetterlinge heißen Butterflies und singen. Die Männchen nennt man auch Heldentenöre. Unter der französischen Bezeichnung Papillon waren sie früher auf der Teufelsinsel anzutreffen.

Kodak
Kodak
Schnappschießer
(Klickfalter)
Rosettenfenster
(Ambiguoso religioso)
Couchpolsterknöpfling
Leckergelbling

T wie Trauerspiel

T
Gesprochen Tee (nicht trinkbar). Harter gesprengter Zahnlaut, stimmloser Verschlußlaut, 20. Buchstabe im ABC, Symbol für einige unentbehrliche Dinge wie z. B. T-Träger, T-Bone-Steaks, T-Rosen und Tunten.

Tag
Zeitraum von Mitternacht bis Mitternacht, daher die Nacht zum Tage oder den Tag zur Nacht machen. Begriff, der unablässig gezählt wird (»seine T. sind gezählt«), aber auch ständig einund ausgeht, nämlich tagein, tagaus. Schließlich gibt es für jeden von uns einen Tag, der kommen wird. Tagsüber bringt es die Sonne an den T., wenn es nicht mühselig zu Tage gefördert wurde. Stets wird bis spät in die Nacht hinein getagt. Nicht selten wird ein Tag gestohlen durch die das Tageslicht scheuenden Tagdiebe. Dann muß im Tagebau ein Ersatztag gefördert werden. Dabei liegt der Tagespreis sehr hoch. Die Tagegelder sind schwierig zu beschaffen; gerne verschläft man da einen solchen Tag.

Taktik
Geräusch eines Weckers, der verkehrt herum läuft.

Tannhäuser
Aus Tannenholz konstruierte fahrbare Behausungen (bevorzugtes Produkt des Wagner-Handwerkerstandes).

Tantieme
Lukrative Hoffnung, die man in Erbtanten setzt.

Tarnopol
Polnische Stadt, unsichtbar.

Tauroggen
In strengen Wintern auf dem Halm gefrorener, im Frühjahr aufgetauter Roggen von verminderter Konvention (schmeckt penetrant nach York).

Tautologie
Schneeschmelzkunde.

Tee
Aussprache für T.

Tell, Wilhelm
Gründer von Tell Aviv.

Terrine
Futterschüssel für Terriers.

Testamentsvollstrecker
Ungeduldig gewordener Universalerbe.

Text
Spinnerei-Ausgangsstoff, der zu Textilien verarbeitet wird.

Thurn + Taxis
Fürstliches, sportliches Geschlecht, das nach Absolvierung seiner Leibesübungen stets in Taxis nach Hause fuhr.

Tintenfische, kleine
In Tintenfässern lebende Federflossler.

Tippfräulein
Unverh. weibliche, routinierte Lottospielerin, die ihre Tippzettel wöchentlich tipp-topp ausfüllt (auch Topp-Modell genannt).

Tochtergesellschaft
Ausschließlich von Mädchen gesegnete kinderreiche Familie.

Torso
(weiblich). Künstlerische Selbstbeschränkung auf das Wesentliche.

Toscanini, Arturo
Ital. Kapellmeister, dem Puccini seine Oper »Tosca« widmete.

Traktat
Über die Arbeit mit Traktoren verfaßte religiöse Flugschrift.

Turban
Kopfbedeckung des Mohammedaners, Turbine = der Mohammedanerin; von beidem abgeleitet: turbulent.

Tassen, Unterfliegende

Auf dem Bild rechts deutlich zu sehen: aus schlichten Untertassen wurden noble Suppenterrinen in modernem Styling

Die "Fliegende Untertasse" gehört der Vergangenheit an. Während es sich bei früheren Untertassen-Flügen um wahre Himmelfahrtskommandos handelte, sind nun mit modernen UFOs Rund- und Rückflüge sowie Weltraumschlachten durchführbar.

UFO - Kurzbezeichnung für unbekanntes Flugobjekt, was jedoch falsch ist, da es sich hier um die gemeinhin bekannten Fliegenden Untertassen (FUT) handelt. Nicht wenige Menschen glauben, daß in FUTs menschenfressende, intelligente Wesen aus dem Weltall durch dasselbe reisen. Dies erwies sich jedoch längst als jenseits jeder Realität liegend. Wo immer eine FUT auf unserer Erde landete und Menschen an Bord nahm oder, bei moderner Bauart, die Außerirdischen mit Hilfe sogenannter Traktor-Strahlen Menschen gegen ihren Willen an Bord sogen, wurden diese nicht gefressen. Vielmehr wurden sie nach relativ schmerzfreier Tötung durch Sauerstoffentpumpung zu FUT-Treibstoff zerstampft. Auffälligerweise wurden bisher ausschließlich Menschen mit körperlichen Gebrechen, wie etwa Brillenträger "verfutet".

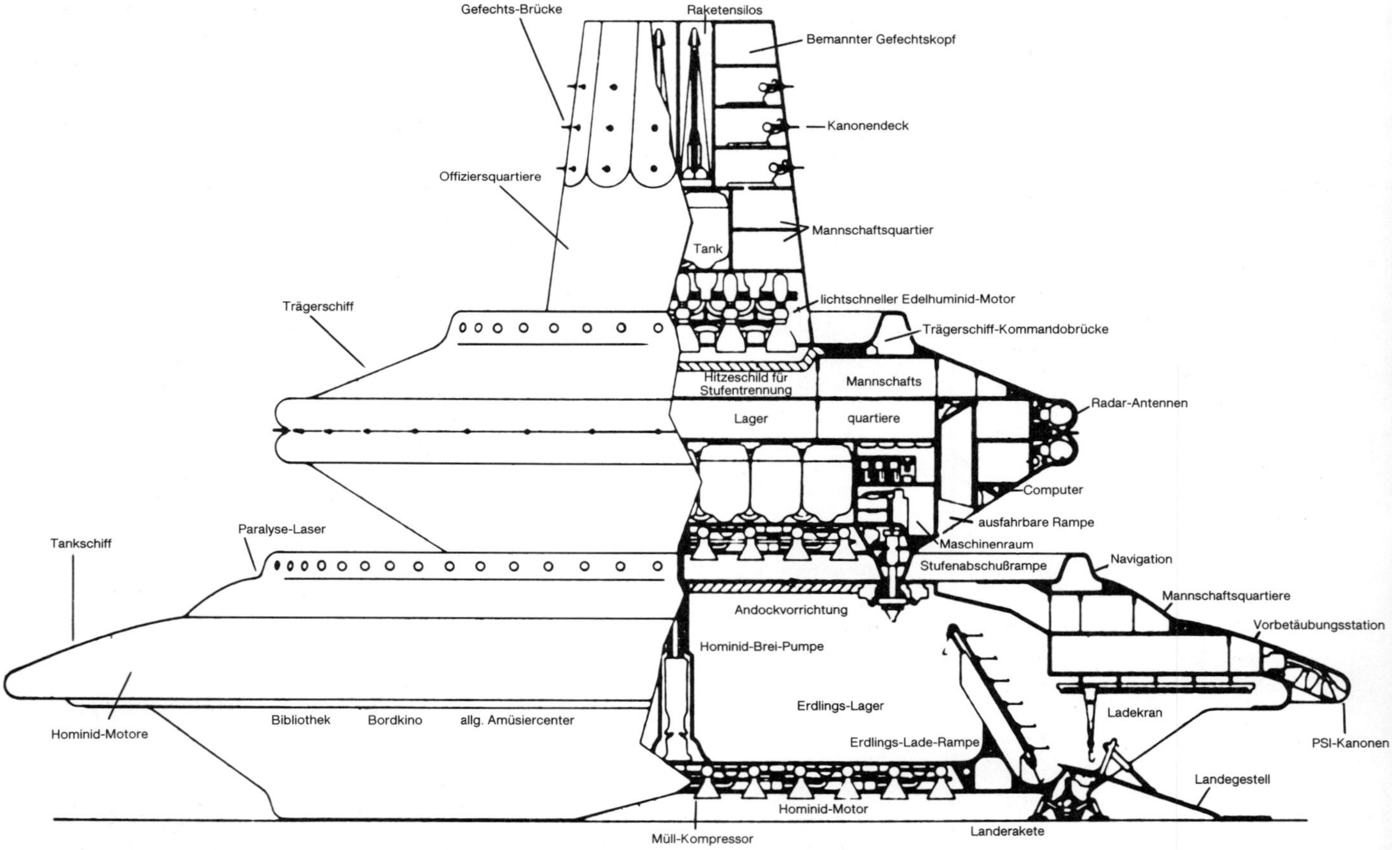

I Entvölkerungs-Kampfschiff / Herkunft: Alpha Centauri

U wie Urknall

U
Das U. Ungemein komplizierter Buchstabe, der 21. des Alphabets. Er wird nämlich mit spitzer Lippenstülpung und Hinterzunge am vorderen Teil des weichen Gaumens gebildet. Kein Wunder, daß es das U noch nicht allzu lange gibt. Bis in das Mittelalter hinein war das U ein V, ein Mitlaut also, der sich selbst in einen Selbstlaut umformte, zum Glück rechtzeitig genug, um als Abkürzung U für U-Boot (Unterseeboot) verfügbar zu sein.

Überbein
Beim Sitzen jenes Bein, das über dem anderen liegt.

Überfluß
Komparativ (3. Fall) von Fluß = Fluß, flüssig, Überfluß.

Überrock
Schwierige Figur beim artistischen Rock 'n' Roll. Die Gegenfigur hierzu ist der Unterrock.

Ultimo
Schwärzester Tag für Lohn- und Gehaltsempfänger (davon Ultimatum der Vermieterin, des Vermieters); ultimo ratio (lat.) = am Ultimo mit dem Fahrrad fahren, weil kein Geld mehr für Benzin.

Umweltverschmutzung
Ein verblüffendes Beispiel für Evolution in der Tierwelt: Untenstehendes Foto zeigt eine herkömmliche Weinbergschnecke und eine, die ihr Äußeres hervorragend den neuen Bedingungen (z. B. Schwermetallverseuchung) angepaßt hat.

Untersatz
Immer enger werdende Symbiose von Mensch und motorisiertem Fahrgestell.

Uppsala
Charakteristische Lautäußerung nach zu fetter Mahlzeit.

Urheber
Sportler der Vorzeit.

Urzeugung
Liebesleben des Frühmenschen.

Ute
weiblicher Vorname. Uterus: männlicher Vorname. Utrillo: Drillingsgeburt aus der Verbindung beider Namensträger.

Unfug und Wahnwitz im Lauf der Jahrtausende

Das Angebot an Wahnwitz hat stets die Nachfrage überwogen. Dennoch zeichnen sich, global betrachtet, einzelne Perioden als Höhepunkte an absolutem Wahnwitz aus. Die Ära der Hexenverbrennungen, die Zeit kreischender Mopeds, schriller Rasenmäher oder das Zeitalter der Bürokratie in Deutschland (1250–).
Auf der unten abgebildeten Weltkarte sind alle Länder mit weiteren Wahnwitz-Reserven eingezeichnet.

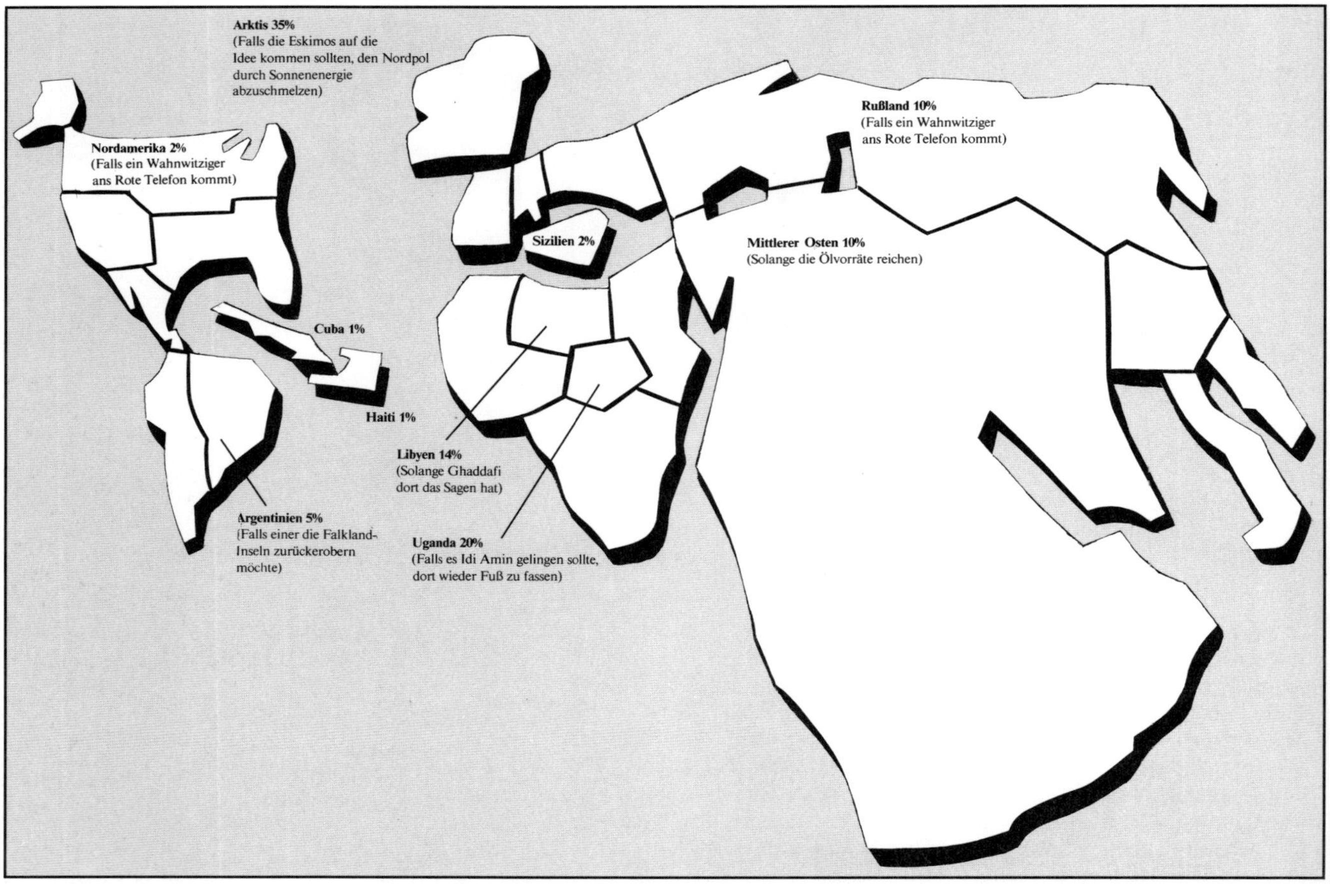

Vor den Glanzperioden des Wahnwitzes mögen andere Phasen verblassen. Doch unvergeßliche Taten und Daten des Wahnwitzes und des Unfugs illuminieren die ganze Geschichte der Menschheit – weltweit. Hier einige der frappierendsten Beispiele, die kaum in Geschichtsbüchern zu finden sind:

<u>**Wahnwitz im Himmelreich**</u>

10000 v. Chr.: Entdeckung der Radinstandsetzung
545 n. Chr.: Der erste Käse wird hergestellt

1069 n. Chr.: Der erste Wal wird harpuniert
1157: Papst Adrian IV. gibt Irland den Engländern
1170: Die Araber erfinden Algebra
1260: Die Gebrüder Buonsignori aus Siena gründen die erste Bank
1273: Erste Doktorarbeit über die Frage: Wie viele Engel können auf einer Nadelspitze tanzen?
1295: Marco Polo kommt aus China mit einer Geheim-Nudel zurück
1296: Geburt der Spaghetti in Italien

10000 v. Chr. – 545 n. Chr. **1069– 1296**

Wahnwitz im Tierreich

1308: Die Bank der Gebrüder Buonsignori geht pleite
1420: Halskrause wird zum Modeschlager erklärt
1531: Die Kirche erklärt den Gebrauch von Knöpfen zur Todsünde
1541: Die Kirche erklärt den Gebrauch von Nadeln statt Knöpfen zur Todsünde
1542: Cabrillo entdeckt Kalifornien
1815: Macadam baut die erste Straße mit festem Belag
1832: Bentham entdeckt auf dem Totenbett die künstliche Beatmung
1835: Erste zahnmedizinische Doktorarbeit: »Der Goldzahn in Goethes Faust«

1852: Die Kirche erklärt Benutzung des Reißverschlusses zur Todsünde
1854: Otis läßt den Aufzug patentieren
1870: Papst Pius der Neunte (Pio Nono) erklärt sich für unfehlbar
1884: Julius Maggi perfektioniert die erste Suppenpackung
1893: Der erste Hamburger wird auf der Weltausstellung in Chicago verkauft
1896: Wilhelm II. läßt sich zum Besuch von Wagners Oper »Der Fliegende Holländer« eigens Admiralsuniform schneidern
1906: Die erste ansteckbare Krawatte entwickelt
1917: Lenin fährt im Güterwagen
1923: Das erste Spannbettuch kommt auf den Markt
1925: Die Luft wird erstmals konditioniert
1927: Der erste Steuerabsatz wird abgesetzt
1931: Erste Kundenkreditkarte anerkannt
1934: Erster Hund eingeäschert
1937: Doppelte Buchführung eingeführt
1938: Erstmals Frischluft künstlich hergestellt

1945: Konferenz in Jalta
1953: Erste Einwegflasche wird nicht zurückgegeben
1957: Das erste automatische Garagentor wird eingeführt
1958: Das erste Toilettenpapier mit Duft versehen
1959: Erster Ratenkauf ohne Anzahlung (in Biloxi, Mississippi)
1959: Erster Raketenkauf ohne Anzahlung (Uruguay in den USA)
1960: Oberstudiendirektor Vull obsiegt vor Gericht und darf weiterhin am Eingang seines Gymnasiums in Oldenburg nachmessen, ob die Röcke seiner Gymnasiastinnen mindestens 25 Zentimeter unters Knie reichen
1961: Bau der Berliner Mauer
1962: Rhein-Main-Gebiet wird betoniert
1962: Polizei baut Geheimstraße an einsamen Waldsee, um Nacktbader mit Funkstreife verhaften zu können
1963: Erster Starfighter der deutschen Luftwaffe eingestellt
1963: Erster Starfighter der deutschen Luftwaffe abgestürzt
1965: Erstmals Batterien nicht mitgeliefert
1969: Erstmals Frischluft künstlich beleuchtet
1970: Erstmals Kaffee gefriergetrocknet
1971: Das erste künstliche Bio-Gemüse wird verkauft
1975: Kaffee wird künstlich befeuchtet
1976: Walkman entdeckt
1977: Erste Heizölsparanlage entwickelt, die mehr kostet, als sie einspart
1979: Herbert Achternbusch erfindet Grönland
1980: Der erste Digital-Schwur vor Gericht wird anerkannt
1981: Erstmals Frischluft künstlich belüftet
1982: Die bundesrepublikanischen Schlucker beugen sich einem neuen Diätplan und nehmen ab sofort mit Kohl vorlieb
1989: Versuchspostamt hält erfolgreich sämtliche Schalter einen Tag lang »Vorübergehend geschlossen«
2001: Steuer erstmals über 100 Prozent
2099: Bundesrepublik Deutschland vollständig zubetoniert

V wie Vögelkunde

V
Das V (gesprochen wie wau, aber mit f). Der 22. Buchstabe im ABC geht über das lat. V auf das griech. Y zurück, das wiederum aus dem 6. Buchstaben des semit. Alphabets waw gebildet ist. Bis zum Mittelalter war das V auch das U, was zu vielen Mißverständnissen Anlaß gab, zum Beispiel Uhu = VhV (was damals niemand auszusprechen vermochte). Schon Karl Valentin wies in München darauf hin, daß das V im Deutschen wie F gesprochen wird und nur in Fremdwörtern wie W. So bestand er ohne Nachsicht auf seinem Falentin.

Van Dyk
niederländischer Deichbauer.

Van Eyck
niederländischer Maler.

Van Ille
niederländischer Pudding.

Vaseline
Keramikerin.

Vatikan
Zärtlich für Familienoberhaupt, dem Probleme fremd sind.

Vera
Weiblicher Vorname. Veracruz = wenn mit ihr verheiratet.

Versprecher, Freudscher
Wenn die hingebungsvolle Ehefrau sagt: »Ich gäbe besser eine Witwe ab als du einen Witwer.«

Veteran
Alter Soldat. Veterinär = sein Stabsarzt.

Vogelstraußpolitik
eigentl. Vogel/Strauß-Politik (gemeinsam festgelegte politische Linie der Ministerpräsidenten von Rheinland-Pfalz und Bayern).

Vermächtnis, testamentarisches

». . . und dem Herrn Pfarrer, der mich von meinen Betrügereien wieder auf den rechten Weg zurückführte, vermache ich in Dankbarkeit den Eiffelturm.«

Vasen, griechische

uraltes Requisit, stammt noch aus dem ›Goldenen Zeitalter‹ des Show-Business

Der Wurf einer Vase an den Kopf eines ungetreuen Ehemanns leitete die Geburt der griechischen Komödie ein. Man kennt ja noch heute die Redensart ›Sie sagte es ihm auf den Kopf zu‹, womit das lautstarke Zertrümmern einer Vase auf dem Schädel des jeweiligen Partners gemeint ist. Vasen werden wie ihre proletarischen Verwandten, die Krüge und Blumentöpfe, hauptsächlich als Wurfgeschosse und Schlaginstrumente verwendet, ferner als Schlüsselbehälter für nächtliche Liebhaber und als Postkästen für Liebesbriefe, weniger zu Dekorationszwecken mit der Flora des Landes.

Auf den griechischen Vasen waren freimütige Darstellungen von ›Oben-ohne-‹, aber auch ›Unten-ohne-Szenen‹ abgebildet, die auch die Kirche beim besten Willen nicht als Dokumente reiner Nächstenliebe auslegen kann. Deshalb konnten sich Film und Fernsehen, die ja bekanntlich der Zensur unterstehen, im klassischen Griechenland und Rom nicht durchsetzen. Da das Video-System damals noch nicht erfunden war, erfreuten sich die erwähnten Vasendarstellungen, die der Experte übrigens ›Vasallen‹ nennt, bei jung und alt auch als Anregungsmittel größter Beliebtheit. Eine kleinere Vase, die von den berüchtigten Hetären meist als Aschenbecher benutzt wurde, hieß ›Vaseline‹. Zerriebene Vasenscherben, die in Pulverform unter Fettzusatz zu einer Salbe verarbeitet werden, tragen noch bis in die heutige Zeit diese Bezeichnung. Ein anderes Wort für Vase ist Amphore. Da sie kitzlig war, wurde sie mit zwei Henkeln ausgestattet, um sie zu transportieren. Außer zum Milchholen wurden sie auch als Schirm und Spazierstock benutzt. Bekannt ist der Vasenbesitzer Amphortas, der sich versehentlich auf eine Amphorenscherbe setzte. Er blieb ein Leben lang in ärztlicher Behandlung.

Gern wurden im klassischen Altertum zerbrochene Vasen zu Scherbengerichten verarbeitet. Viele Athener Familien scheinen sich davon ernährt zu haben. Die zerrütteten Eheverhältnisse von Sokrates und Xanthippe scheinen in diesem griechischen Volksgericht ihre Ursache gehabt zu haben. Da griechische Spezialitätenrestaurants es bisher noch nicht angeboten haben, scheint es Feinschmecker nicht zu interessieren. Zu denken gibt auch, daß Grabbeilagen in Scherbenform nach den Erkenntnissen der Wissenschaft noch nie von den Verblichenen verzehrt worden sind.

Linke Vase zeigt: Szene aus der auf Lesbos nie gespielten Komödie »Homophilos, der Männerfreund«.

Rechte Vase zeigt: Szene aus dem dionysischen Schwank »Der Blaue Satyr«.

W wie Weltrekord

W
Das W (gespr. Weh; das kleine, das große Weh), deshalb der wehleidigste Buchstabe im Alphabet.

Währungen, alte
1) Tomatenmark. Ländliches Zahlungsmittel um 1600. Sehr geringe Kaufkraft: Fünf Tomatenmark entsprachen etwa dem Wert einer frischen Tomate, 20 Tomatenmark (längere Zeit bei sich getragen) einer Flasche Ketchup (heutiger Ladenpreis).
2) Emmentaler. Schweizer Weichmünze zwischen 1745 und 1780. Erstes Zahlungsmittel, das den römischen Spruch widerlegte: Pecunia non olet! – Geld stinkt nicht! Kam Ende des 18. Jahrhunderts bei Einführung der ersten neuzeitlichen Hartgeldwährung, der Jackettkrone, aus der Mode.

Waggerl, Karl Heinrich
Dichter. Wenn er gedruckt wird, ist Weihnachten.

Wahl
In Demokratien selbstquälerische Tortur ganzer Völkergemeinschaften. Wahlversprechen = stets das, was sie sind, nämlich Versprecher. Wahlverwandtschaften = je größer, desto lukrativer für einen Politiker.

Walachei
Pferdeapfel.

Wald
Wegen zu dicht stehender Bäume kaum noch sichtbar.

Waldmeister
Höchsterreichbare berufliche Stellung der unteren Waldfacharbeiterlaufbahn.

Waldtraut
Töchterchen einer Mutter, die sich in den Wald traute; nach anderen Autoren: Mutter, die lediglich im Wald (von amtsanmaßendem Dompfaff) getraut wurde. Waldemar = der mutmaßliche Vater.

Walhall
Garage für Walfische.

Wallace, Edgar
Bobby (engl. Polizist), berühmt geworden durch seine Geschicklichkeit im Fesseln (Handschellen, Stricke, aber auch Ketten usw.).

Walroß
Zu groß geratene Version des Seepferdchens.

Walsertal
(Richtiger Walzertal) Heimat des österreichischen Komponisten Johann Strauß. Seine Kompositionen sind als Walzwerke in der Musikgeschichte nicht mehr wegzudenken.

Wandmalerei, teuflische

Wannsee
Entsteht, wenn Badewanne überläuft.

Wetterhäuschen
Allgemein = unentbehrlich für die moderne Meteorologie. Speziell = zum Unterstellen von Meteorologen bei falscher Prognose.

Wettervorhersagen
Noch heute lebendiger, unausrottbarer altgermanischer Aberglaube.

Wetterwürfeln
Alter Brauch, den Diplommeteorologen von Fernsehsendeanstalten jeden Nachmittag in der Kantine pflegen. Je nach Dienstalter und Besoldungsgruppe hat jeder Teilnehmer zwei bis fünf Würfe frei. Wer dreimal hintereinander Gewitter würfelt, muß den Würfel putzen und eine Runde bezahlen.

Western, Spaghetti-

Realizzato da Alfredo Dente Versione originale senza subtitulos

Der Italo-Western, auch Spaghetti-Western genannt, war nie mehr als ein Verschnitt. Die echten Southern dagegen liefen jahrelang nur in ein paar winzigen Kinos in den Abruzzen. Hier eine filmhistorisch bedeutsame Originalsequenz aus dem Pionierstreifen IL SHOWDOWN DI SPAGHETTI.

JESSE! SONO GECOMO PER TE!
ECCO IL SHOWDOWN. UN' EVVICAITO PASSA... POI...
HOMO!
HOMO!
HAH, JESSE, SO FIXO MA NON BASTA! NEHMO DIESO!

LOCCO DI ARSO!
TU STECCATO UN CACTUS EN LA SUA POPO!
MANGIA LA MIA CACCA!
TUTTA LA SERA IL SHOWDOWN CONTINUA...
...MA VERSO LA NOTTE MAC O'RONY APPARE UN UOMO KAPUTTO.
TU HA PIMMELINO COME UN PICCOLO MAUSO! E UN'ALTRA COSA...
CRETINO...
POI...
LA TUA MAMA È UNA HURA...
AAARGH!
TUA MAMA STINCO COME UN KILO DI GORGONZOLA DEL SECOLO QUINCESIMO!
NO! PER PIACERE! NON LA MAMA!

DIESO PER LA TUA MAMA!
E DIESO!
E DIESO!!!
LA SERA, LUI VA VIA. LA VENDETTA È FATTA. E IL DUELLO HISTORICO A RIO PASTRAMI E FINITO.
SALUMERIA
PASTICCERIA
OGGETTI RELIGIOSI
-FIN-

Wikinger, Erklärungen eines

WICHTIG SIND:

Mädchen
– denn: ohne Mädchen keine Liebe, ohne Liebe keine Romantik, ohne Romantik keine Seufzer, ohne Seufzer keine Schwüre, ohne Schwüre keine Gerichte, ohne Gerichte kein Mittagessen, ohne Mittagessen aber können wir nicht existieren. Deshalb sind Mädchen so ungeheuer wichtig.

Radfahrer
– denn: ohne Radfahrer keine Fahrräder, ohne Fahrräder keine Bereifung, ohne Bereifung keine Ventile, ohne Ventile entweicht die Luft. Ohne Luft aber kein Leben. Deshalb sind Radfahrer so ungemein wichtig.

Regenwetter
– denn: ohne Regenwetter keine Scheibenwischer, ohne Scheibenwischer keine Möglichkeit durch den TÜV zu kommen, ohne TÜV-Erlaubnis keine Autofahrt, ohne Autofahrt kein Auto, ohne Autos leere Straßen. Leere Straßen wirken trostlos, besonders bei Regenwetter. Deshalb ist Regenwetter so ungemein wichtig.

Sünde
– denn: ohne Sünde keine Reue, ohne Reue keine Tränen, ohne Tränen keine Taschentücher, ohne Taschentücher keine Textilwirtschaft, ohne Textilwirtschaft keine Weltwirtschaft, ohne Weltwirtschaft keine Völkerverständigung. Ohne Völkerverständigung jedoch droht Krieg. Infolgedessen ist Sünde so ungemein wichtig.

Wiener Becken
Erotika (Trivialsprache).

Wild
Tiere (in Wald und Feld), die auf eigens für sie erbauten, sogen. Wildbahnen, Freifahrten beanspruchen dürfen.

Wilde Ehe
Ungebärdige, temperamentvolle E. (davon auch »wildes Fleisch«).

Wirbelsäule
Rotierendes Bauelement.

Wirtschaftskammer
Früher Chambre séparée. Intimer Raum zu geselligem Beisammensein in einer Gastwirtschaft.

Wirtschaftspolitik
Stammtischpolitik.

Wirtschaftssabotage
Meist durch Rabauken, die mutwillig Biergläser umwerfen.

Witzbold, weihnachtlicher

X wie X-Beine

X
das X (ikß), drittletzter Buchstabe unseres ABCs, das nun doch klar erkennbare Ermüdungserscheinungen zeigt. Ausgesprochen wird es innerhalb eines oder zu Beginn eines Wortes wie kß. Häufig ganz bewußt mit dem U verwechselt (ein X für ein U vormachen).

Xanthippe
Gattin des Sokrates. Unter ihrem Einfluß mußte er zwangsläufig zum Philosophen werden.

X-Achse
Ostberliner, der sich dagegen verwahrt, ein Sachse zu sein, meist mit Frage- und Ausrufungszeichen.

X-Beine
Scheidungsgrund und Beweis für die These, daß man Katzen nicht im Sack(kleid) kaufen soll.

X-Chromosom
Erbanlagenträger für X-Beine.

Xenie
Pädagogische Aufforderung, nach Brause niemals in Gesellschaft zu icksen (= rülpsen).

Xerographie
Kaschierte Bezeichnung für Regale mit Pornographie in öffentlichen Bibliotheken, die auch Minderjährigen zugänglich sind.

X-Fach
Spezialkurs einer Hochschule in Geilenkirchen, wo Damen mit X-Beinen so zu wirken lernen, als ob sie O-Beine hätten.

X-Marken,
der Geschmack von

X-Haken
Ein um verräterisches Beiwerk bereinigtes Hakenkreuz in rechtsnationalen Kreisen.

Xyz
Das. (Mehrzahl = die Xyz's) neuer Begriff, bisher unbekannt.

»Die spinnen doch mit ihrer Zigarettenwerbung: Eine schmeckt so wie die andere!«

Y wie Yachtsitz

Y
Vorletzter Buchstabe im ABC, Ypsilon ausgesprochen und seltsamerweise aus dem W entlehnt; wird bei uns ausschließlich in Fremdwörtern gebraucht, beispielsweise in dem lebensnotwendigen Whisky.

Yacht
Fachausdruck für höheren Geldbetrag, der als berufsbedingte Werbungskosten von der Steuer abgesetzt werden kann.

Yak (seltener auch: Jak)
Aus Stoff geschneiderter Ärmel. Mehrzahl: Jacke.

Yamswurzel
Insider-Ausdruck für das Zentralorgan eines Playboys aus Boston.

Yard
Maßeinheit der sparsamen Schotten (daher auch: Scotland Yard): der Kunde kommt immer zu kurz.

Ybbs
In guten Kreisen vornehm unterdrückter Rülpser.

Yeti
Siehe → Gärtnereihilfskraft.

Yvonne
Freude am Ypsilon.

Yggdrasil
Rasiercreme, die den Bart mit Haut und Haar vernichtet (kein Nachschaben mehr nötig).

Ylang-Ylang-Öl
Konkurrenz für Oil of Olaz.

YMCA
Abkürzung der Erkenntnis, die schon die alten Römer hatten: Sunt pueri pueri, pueri puerilia tractant (Wenn Knaben unter sich und wirklich Knaben sind, dann tun diese Knaben miteinander Knabenhaftes).

Yoga
Masochistische Selbstkasteiung zum Verlust von Pfunden.

Yoghurt
Gurt, den man nach Praktizierung von Yoga enger schnallen kann.

Ypern
Fast völlig vergessene griechische Insel, die seit Jahrzehnten mit der Türkei um ein geklautes Z streitet.

Ypern, Ikarus auf

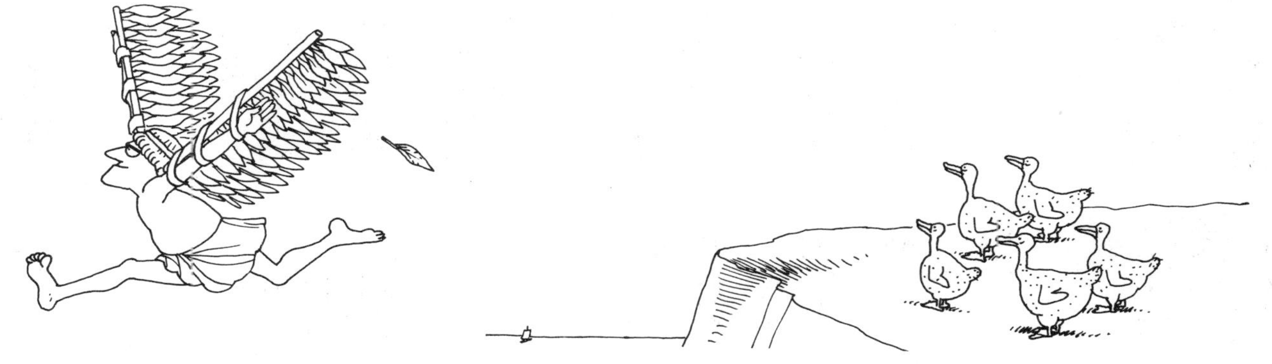

Z wie Zitzewitz trifft Zorro im Wilden Westen

Z
Sechsundzwanzigster und deshalb letzter Buchstabe im ABC, ausgesprochen Zet, das Zet (kleingeschrieben: das zettelchen).

Zählkandidat
In demokratischen Gesellschaften ein Abgeordneter, der wenigstens bis drei zählen kann.

Zahlmeister
Einer in der Bundeswehr, der noch viel weiter zählen kann (über hundert hinaus!).

Zahnarzt
Sägt sich mit jedem Zahn, den er zieht, langsam den Ast ab, auf dem er sitzt.

Zahntechniker
Benutzt statt der Beißzange einfach seine Zähne.

Zeitansage
Für alle, die die Uhr noch nicht kennen.

Zeitgeist
Gespenst, das nur von Zeit zu Zeit erscheint.

Zeitlupe
Zur Erforschung der Zeit. Mit Zeitlupen erkennt man Sekundenbruchteile bis auf etwa 100stel Sekunden genau. Elektronische Zeitmikroskope reichen da viel weiter zurück.

Zeitzeichen
Besser Zeichen der Zeit, meist als unübersehbare Ankündigungen nahenden Unheils.

Zelle
Abgeschlossener, meist vergitterter Raum in Gefängnissen. (Tierzellen = etwa bei der Käfighaltung der Hühner).

Zellenstaat
Streng diktatorisch geführtes Staatswesen (davon Zellularpathologie).

Zellteilung
Die Art und Weise, wie sich Nonnen und Mönche vermehren.

Zitat

»Leser dieses Artikels haben natürlich im Kopf . . . *. . . daß Goethe schon sagte . . .«*

Zellkur

»Liebe Birgit, Du würdest mich kaum wiedererkennen, wenn Du mich nach meiner vierzehntägigen Diät jetzt sehen könntest . . .«

Zeppelin, Ferdinand – Graf von
Konstruierte, nachdem er aus gesundheitlichen Gründen das Zigarrenrauchen aufgeben mußte, in halluzinatorischen Entziehungserscheinungen gigantische, feuergefährliche, fliegende Zigarren, denen er seinen Namen gab.

Zinnsoldaten
Einzig legitime Form der Aufrüstung.

Zitronenfalter
Verpackungsspezialist für Südfrüchte.

Zollstock
Zum Verprügeln von Schmuggler (-innen). Im Zollstrafrecht verankerte Sühnemaßnahme.

Zorro
Nie gelüftetes Pseudonym des »Mexikanischen Robin Hood«, Don Diego de Orroz (1834–1942). Don Diego erfreute sich während seiner aktiven Laufbahn als der geheimnisvolle Zorro bei den Oberen Zehn des Landes größter Beliebtheit wegen seines Wahlspruchs: »Nimm den Armen und gib den Reichen!«

Zuckmayer, Carl
Blickt auf ein abenteuerliches Leben zurück. Als Hauptmann in Köpenick stationiert, strich er in aller Öffentlichkeit über das freie Knie der Schweizer Zirkusartistin Katharina, mußte daraufhin seinen Abschied nehmen, pachtete sich in Nackenheim am Rhein einen Weinberg, in dem er bacchantische Feste feierte, deren Fröhlichkeit die geziemenden Grenzen sprengte, so daß er in Teufels Küche kam, wo er sogleich zum General avancierte. Nach weiteren, abenteuerlichen Eskapaden legte er als Schinderhannes im Seelenbräu seine Fastnachtsbeichte ab und führte von da an ein solides Leben, unterstützt und geleitet von einer guten Schweizer Fee, die ständig neben ihm Saas.

Zugpflaster
Erste Hilfe bei kleinen, harmlosen Beschädigungen von Lokomotive oder Waggons (bei schwereren Besch. = Zugverband).

Zugspitze
Die Lokomotive.

Zug um Zug
Z. B. er verpaßte Zug um Zug = permanent zu spät kommender Eisenbahnfahrgast.

Zuzug
Stotterer von einer Eisenbahnfahrt berichtend.

Zwangsvorstellung
Theaterbesuch, wenn der Chef sein Abonnement zur Verfügung stellt.

Zwiesprache, Technik der politischen
Um im politischen Grabenkampf, in der Auseinandersetzung mit Berufsfragern der Fernsehanstalten beispielsweise, überleben zu können, kommt es vor allem auf die richtige Antworttechnik an. Das Rezept dabei lautet: Tun Sie mit der Frage und dem Frager, was Sie wollen, aber vermeiden Sie es um Himmels willen, eine Antwort zu geben. Hier einige kleine Beispiele:
Frage: Warum haben Sie das deutsche Volk unentwegt belogen?
Antwort: Ich bewundere den konstruktiven Geist, in dem diese Frage gestellt wurde.
Frage: Herr Minister, ist es richtig, daß Sie bestochen worden sind?
Antwort: Während meiner Amtszeit wurde die Altersversorgung der Rentner um 34% verbessert.
Frage: Man spricht von hunderttausend Mark in bar und einem Nerzmantel für Ihre Gattin?
Antwort: Meine Frau ist Präsidentin des Kuratoriums »In Würde altern«.
Frage: Sie sollen dafür Rüstungsaufträge im Wert von 10 Millionen an eine Firma vergeben haben, die bislang nur Bratpfannen produziert hat.
Antwort: Es erfüllt mich mit Stolz, sagen zu können, daß wir für den Verteidigungsfall gerüstet sind.
Frage: Wie man schon aus wenigen Beispielen sieht, hält die richtige Antworttechnik unsere Demokratie uneingeschränkt funktionsfähig. Oder sind Sie da anderer Ansicht?

Zwockel
Mehrzahl von Sockel.

Zwillinge

»Genaugenommen ist mein Zwillingsbruder drei Jahre älter als ich.«

Zeichenschule

Wie man in 36000 Folgen alles über richtiges Comic-Zeichnen lernt. Die Kursdauer beträgt zehn Jahre, aber das bescheidene Kursgeld von 116755,99 DM ist gut angelegt, wie die ausgewählten Beispiele belegen.

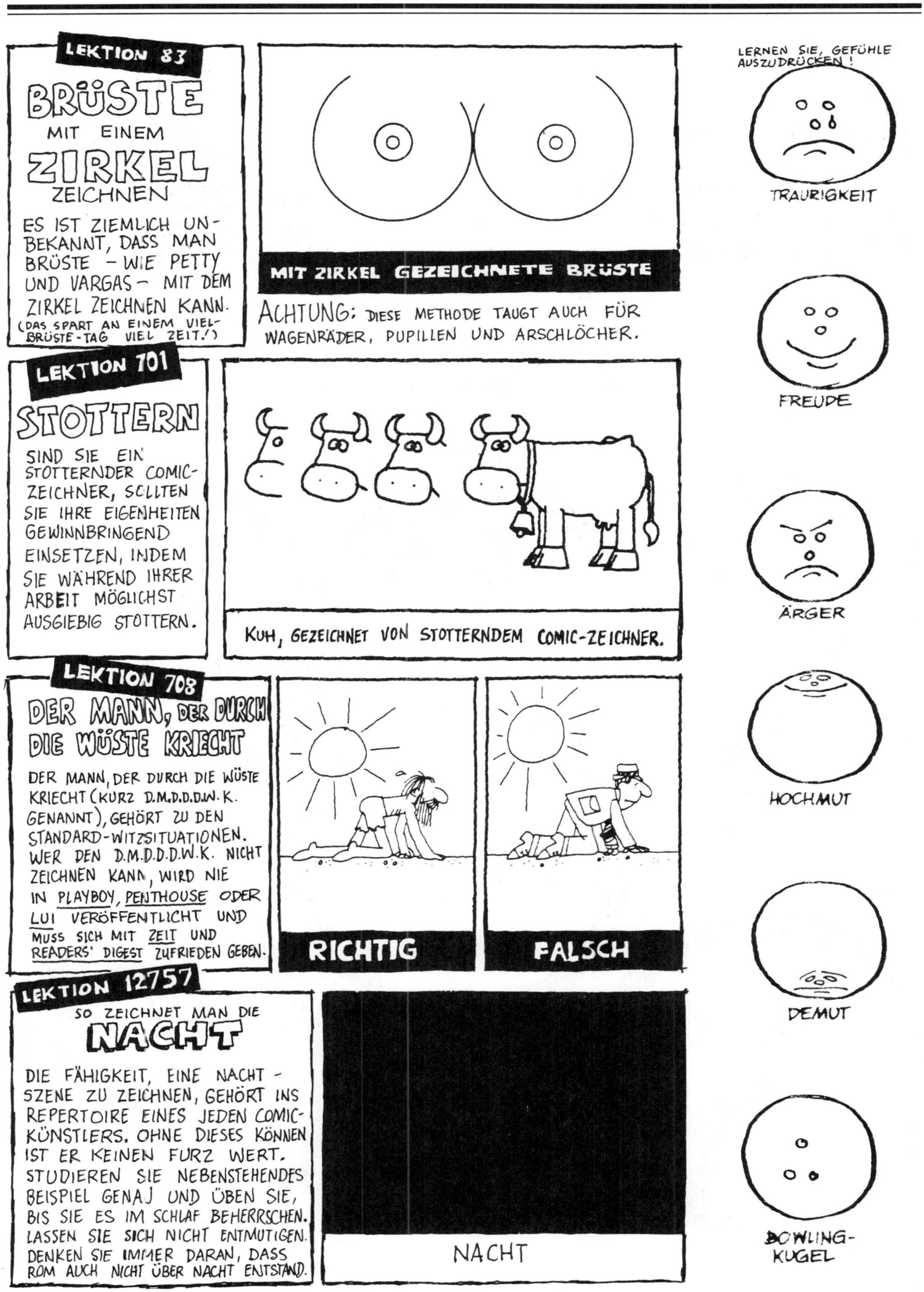
LEKTION 83
BRÜSTE MIT EINEM ZIRKEL ZEICHNEN
ES IST ZIEMLICH UNBEKANNT, DASS MAN BRÜSTE – WIE PETTY UND VARGAS – MIT DEM ZIRKEL ZEICHNEN KANN. (DAS SPART AN EINEM VIEL-BRÜSTE-TAG VIEL ZEIT!)
MIT ZIRKEL GEZEICHNETE BRÜSTE
ACHTUNG: DIESE METHODE TAUGT AUCH FÜR WAGENRÄDER, PUPILLEN UND ARSCHLÖCHER.
LEKTION 701
STOTTERN
SIND SIE EIN STOTTERNDER COMIC-ZEICHNER, SOLLTEN SIE IHRE EIGENHEITEN GEWINNBRINGEND EINSETZEN, INDEM SIE WÄHREND IHRER ARBEIT MÖGLICHST AUSGIEBIG STOTTERN.
KUH, GEZEICHNET VON STOTTERNDEM COMIC-ZEICHNER.
LEKTION 708
DER MANN, DER DURCH DIE WÜSTE KRIECHT
DER MANN, DER DURCH DIE WÜSTE KRIECHT (KURZ D.M.D.D.D.W.K. GENANNT), GEHÖRT ZU DEN STANDARD-WITZSITUATIONEN. WER DEN D.M.D.D.D.W.K. NICHT ZEICHNEN KANN, WIRD NIE IN PLAYBOY, PENTHOUSE ODER LUI VERÖFFENTLICHT UND MUSS SICH MIT ZEIT UND READERS' DIGEST ZUFRIEDEN GEBEN.
RICHTIG
FALSCH
LEKTION 12757
SO ZEICHNET MAN DIE NACHT
DIE FÄHIGKEIT, EINE NACHTSZENE ZU ZEICHNEN, GEHÖRT INS REPERTOIRE EINES JEDEN COMIC-KÜNSTLERS. OHNE DIESES KÖNNEN IST ER KEINEN FURZ WERT. STUDIEREN SIE NEBENSTEHENDES BEISPIEL GENAU UND ÜBEN SIE, BIS SIE ES IM SCHLAF BEHERRSCHEN. LASSEN SIE SICH NICHT ENTMUTIGEN. DENKEN SIE IMMER DARAN, DASS ROM AUCH NICHT ÜBER NACHT ENTSTAND.
NACHT
LERNEN SIE, GEFÜHLE AUSZUDRÜCKEN!
TRAURIGKEIT
FREUDE
ÄRGER
HOCHMUT
DEMUT
BOWLING-KUGEL

Zeichen, Verkehrs-

Hier die wichtigsten neuen Schilder, die einen reibungslosen Verkehr auch im Ausland ermöglichen

Höchstgeschwindigkeit: 10 km/h. Cellospielende Bären kreuzen

Vorsicht! Eisenbahnbrücke bringt Unglück

Nach fünf Kilometern: Dorf aus Seife

Es ist untersagt, Röstkaffee aus dem Fenster zu werfen

Achtung! Unebenheiten durch Rohdiamanten

Umleitungshinweise beachten! Bubble-Gum-Versuchsgelände

Der Gebrauch von Käseecken als Bremsklötze ist untersagt!

Züge, Narren-

Der erste Narrenzug wurde nicht in Köln, sondern in Ostfriesland erstellt, und zwar am 31. April, der dort heute noch als ›Tag des Umzugs‹ gefeiert wird. Die dortigen Züge verkehren wegen geplanter Materialeinsparung jeweils auf der inneren und äußeren Schiene von zwei getrennten Gleiskörpern (siehe Abb.). Abfahrende Züge heißen in der Fachsprache Abzüge, anfahrende Anzüge, Anzüge der Schaffner Dienstkleidung. Auch der Ostfriese genießt im Berufsverkehr das Leben in vollen Zügen. Schach spielen Ostfriesen nur in der Eisenbahn, weil immer einer am Zug ist! Das Wort ›Schach‹ ersetzen sie durch den Ruf ›Alles aussteigen‹! Eine Zugbrücke ist dort – der Name sagt es ja – eine Brükke, über die ein Zug fährt. Schon im Mittelalter besaßen dortige Burgen eine Zugbrücke, also noch vor der Erfindung der Eisenbahn, ein Beweis für ostfriesische Fortschrittlichkeit! Unter Zugzwang lebt dort, wer auf die Bahn angewiesen ist! Den Schotter zwischen den Gleisen bezeichnet man fachmännisch mit ›Zugpflaster‹, ein ›Zugtier‹ ist ein mitreisender Dackel, ›Durchzug‹ ein im Bahnhof nicht haltender Zug, ›Rückzug‹ der Reißverschluß an einem Abendkleid. ›Ein netter Zug‹ ist es, wenn eine ostfriesische Dame einem stehenden Ostfriesen ihren Sitzplatz anbietet. Das Wort ›Auszug‹ bezeichnet kürzelhaft einen Zug außer Betrieb. Das ›Zugpferd‹ ist lediglich die fehlerhafte Schreibweise eines Ostfriesen. Richtig muß es natürlich heißen: ›Der Zug fährt‹ .....

Anfang des 19. Jahrhunderts von Ed McTrain in Edinburgh erfunden. Der Schotte erwachte vom Pfeifen eines Teekessels mit dem Ausruf: »Das ist mein Zug! Ich muß zum Bahnhof!« Worauf seine Ehefrau Sarah ihn darauf aufmerksam machte, daß weder das eine noch das andere bisher erfunden sei! Darauf erfand er beides.

Die erste ostfriesische Eisenbahn: Sie verkehrte ab 1862 zwischen Friesenbüttel-Ost und Bio's Bahnhof.

1

2

3

In den U.S.A. werden Lokomotiven getestet, die sich durch Dampfdruck über den Bahnkörper erheben und somit gleisschonend über den Schienen schweben. Die zugehörigen Waggons, für die diese revolutionäre Technik noch nicht anwendbar ist, werden zu diesem Zweck abgekoppelt und auf dem Landweg mit Spezialtiefladern zum Bestimmungsbahnhof befördert, wo sie an die Maschine wieder angekoppelt werden. Durch diese ungewöhnliche Schonung von rollendem Material und Gleisanlagen erhofft man sich eine erhebliche Kostendämpfung und damit erhöhte Rentabilität des amerikanischen Eisenbahnbetriebes. Erfahrene Hubschrauberpiloten werden z. Zt. von der Union Pacific zu Lokomotivführern dieser Sonderkonstruktionen umgeschult. Ein kürzlich veranstaltetes Lokomotivrennen hat die Überlegenheit dieser Maschinen eindeutig unter Beweis gestellt. (Abb. 1)

Die britische Eisenbahn hat neuerdings Diesellokomotiven entwikkelt, die zeitweilig und streckenweise die Schwerkraft überlisten und außer zur Zugbeförderung auch als Zirkusattraktion verwendet werden (siehe Abb. 2). Im Zirkus Knie hat eine solche Maschine kürzlich den ›Sterbenden Schwan‹ auf Spitze getanzt, wobei das linke Vorderrad nur noch flüchtig die in der Manege ausgelegte Führungsschiene touchierte. Auch bei dieser Konstruktion dürfte der erheblich verringerte Reibungswiderstand zu beträchtlichen Einsparungen an Material und Kraftstoff führen. Sollte es gelingen, den Reibungswiderstand gänzlich zu eliminieren, so dürfte einer Diesellokomotive, die gänzlich ohne Dieselkraftstoff auskommt, nichts mehr im Wege stehn.

Auf dem britischen Eisenbahnknotenpunkt Clapham sind, um langwierige und kostenaufwendige Kurvenfahrten zu vermeiden, neuerdings weit ausschwenkbare Drehgestelle in Erprobung, die das Abzweigen eines Zuges im rechten Winkel ermöglichen (siehe Abb. 3). Sowjetische Eisenbahnfachleute interessierten sich bereits für dieses System, bestanden aber aus ideologischen Gründen für ein Abschwenken des Zuges im ›linken Winkel‹, was technisch leider noch nicht möglich ist.

Der Easy-Rider-Train – ein U.S.-Öl-Kohle-Kombi-Stromlinienzug – wird neuerdings mit abwerfbaren Zusatztanks ausgerüstet, um das lästige Anhalten auf Bahnhöfen zu vermeiden. Dadurch entfällt für die Reisenden auch das beschwerliche Ein-, Aus- und Umsteigen, was sich wiederum polsterschonend für die nicht benutzten Sitzplätze auswirkt. Die Zusatztanks können während der Fahrt durch Tankflugzeuge aufgetankt werden. Nicht benötigte Zusatztanks eignen sich bei grenzüberschreitendem Verkehr vorzüglich als Stauraum für nicht deklarierte Waren. Siehe Bild (4).

4

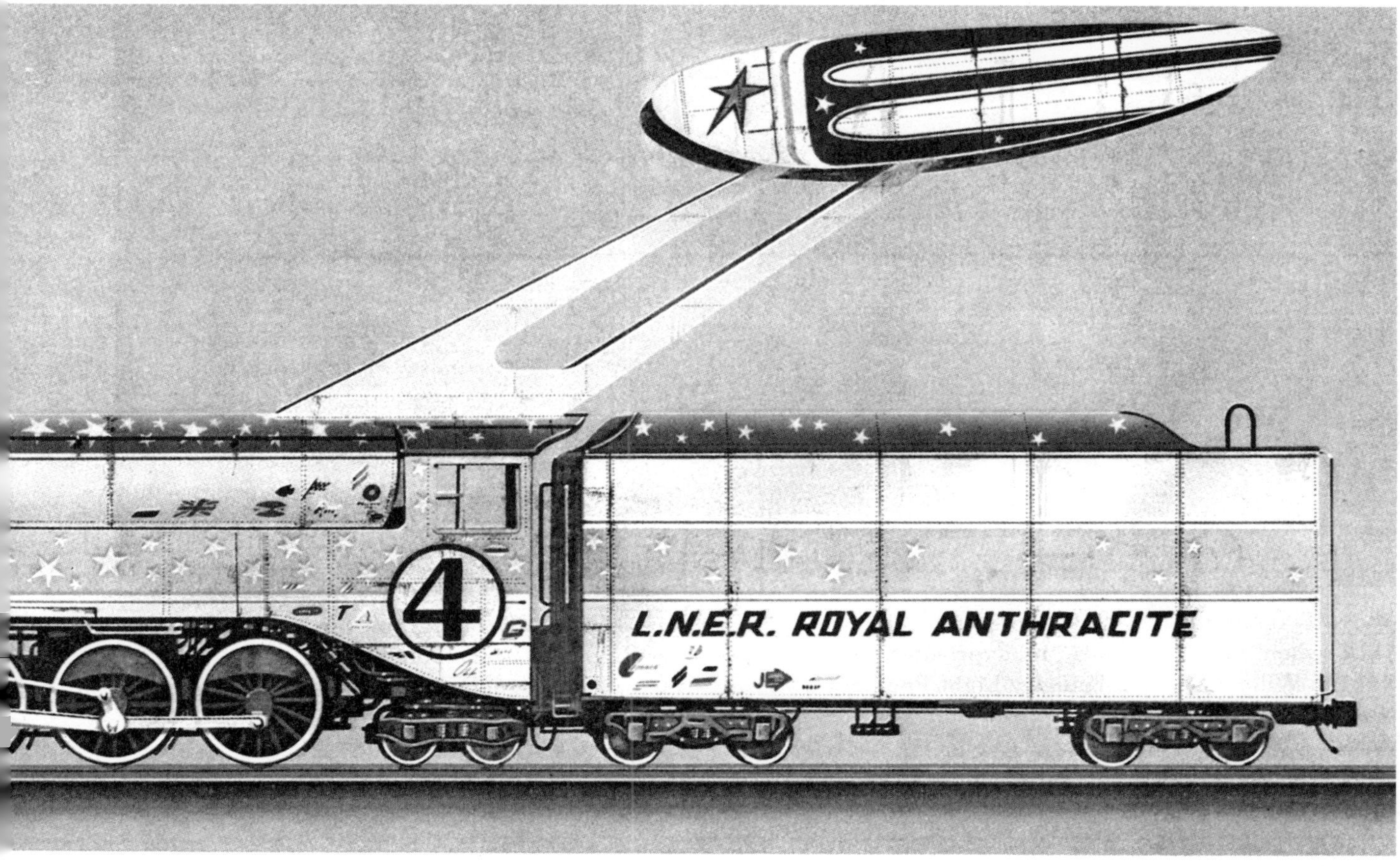

Zugvögel, komische

Die Schleiereule
Sie hockt tagsüber vermummt und lichtscheu in den Baumwipfeln herum. Wenn aber die Dämmerung hereinbricht, schnappt sie sich das nächstbeste Schnupftuch und legt einen so erbärmlichen Schleiertanz hin, daß Amsel, Drossel, Fink und Star kichernd im Flug innehalten und zu Boden stürzen. Die perfide Eule läßt nun alle Schleier fallen und sammelt die gefallenen Vögel ein. Und wieder ist die nächste Mahlzeit gesichert.

Der Wanderfalke
Das Wandern ist bei weitem nicht nur des Müllers Lust, auch der Wanderfalke ist ein lustiger Vogel, der seinem Namen alle Ehre macht. Nichts hält ihn auf – einen Gassenhauer grölend lärmt er durchs stille Gefilde und erschreckt harmlose Spaziergänger. Immer wieder fällt er in beliebte Ausflugslokale ein, wo er sich allerdings wegen seiner Zellprellereien die letzten Sympathien verscherzt. Bei aller Wanderlust ist der Wanderfalke aber ein Vogel, der nie zu weit geht.

Die Hupfdohle
Sie ist zu Unrecht in Vergessenheit geraten. Mag sein, daß sie nicht so wohlschmeckend ist wie die Spinatwachtel oder so sangesfroh wie das Kniekehlchen. Aber hat sie mit ihrem sonnigen Wesen nicht immer wieder Licht in den düsteren Fernsehshow-Alltag gebracht? Erinnern wir uns doch: kein Abend, an dem nicht ein Schwarm Hupfdohlen über den Bildschirm schlenkerte! Und heute? Schließen wir die Augen und schwelgen wir in Erinnerung!

Der Busenstar
Dieser erfreulich anzusehende Vogel ist leider im Aussterben begriffen – seine höchst exzentrischen Gewohnheiten sind schuld daran. Alle Medien berichteten noch vor wenigen Jahren ausführlich über Busenstars, die ständig in alle erreichbaren Swimmingpools sprangen. Beklagenswert hoch war die Ausfallquote: die meisten ersoffen jämmerlich. Nur wenige kamen, weil wenig bekleidet, mit einer satten Erkältung davon.

Zukunft, Blick in die

Der Blick in die Zukunft ist dreidimensional. Die Zukunft, bereits das vor uns liegende 21. Jahrhundert, wird durch die Drei-Dimensional-(3-D)-Brille ethisch wertvoller, ästhetisch beglückender und geistig anregender erlebt werden als selbst unser 20. Jahrhundert. Durch gezieltes Rollen der Augäpfel und Übungen mit Iris und Pupille sowie durch sehfreundliche Diät (Literatur: »365 Augenschmäuse« v. Prof. Dr. Hans Glotzke, erschienen im Eigenverlag) wird die 3-D-Sicht zielstrebig erarbeitet.
Man muß von der 3-D-Kurzphase (Äugeln) allmählich zur 3-D-Langphase (Starren) übergehen. Wer dann die neue 3-D-Sicht gemeistert hat, wird nicht nur sein blaues Wunder erleben. Nein! Die ganze Welt erscheint ihm nun dreidimensional kunterbunter.

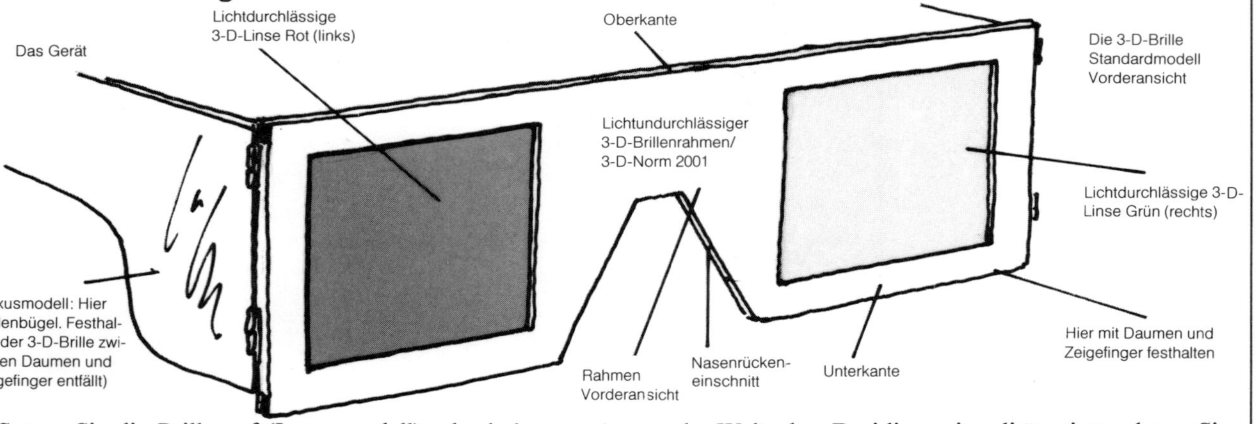

1. Setzen Sie die Brille auf (Luxusmodell) oder halten Sie sie mit Daumen und Zeigefinger vor beide Augen (Standardmodell).
2. Prägen Sie sich ein: Sobald Sie die 3-D-Brille tragen, ist die Äugelphase abgeschlossen. Jetzt starren Sie anhaltend, das heißt: Sie schauen starr auf einen Gegenstand Ihrer Wahl, beispielsweise diese letzte Seite in Ihrem Lexikon. Die Dreidimensionalität wächst im genauen Verhältnis zur Länge Ihres Starrens. Außerdem wird dadurch auch noch Ihre Konzentrationsfähigkeit gefördert, und Sie bekommen (oder hätten Sie schon bekommen können) bessere Noten in der Schule.
3. Für Fortgeschrittene: Bewegen Sie gleichzeitig dazu ruckweise den Hals nach rechts und links oder umgekehrt: Jetzt schütteln Sie den Kopf! Starren Sie aber gleichzeitig unverwandt weiter den angestarrten Gegenstand an! Sehen Sie im Starrblick, wie die Welt um Sie herum zu leben beginnt und 3-D-Farbe gewinnt? Und da gibt es Leute, die sagen, es gibt keine höhere Vernunft.
4. 3-D-D: Erstarren Sie sich den 3-Dimensional-Distanz-Effekt! 3-D ist wie das Leben selbst. Je weiter Sie weg sind, desto besser sieht es aus. Starren Sie aus zunehmender Entfernung! Noch einen Schritt zurück. Ja, so ist's richtig. Jetzt stimmt's. Na, wer sagt's denn.
5. Wenn Sie mit angelegter 3-D-Brille (a) über einen längeren Zeitraum hinweg ein Objekt anstarren, gleichzeitig dazu auch noch (b) den Kopf schütteln und dabei (c) den Hals ruckweise dauernd so bewegen, daß der Zeitraum zwischen den Bewegungsabläufen ständig verringert, das heißt die Schnelligkeit gesteigert wird – dann werden Sie in die faszinierende Welt der Dreidimensionalität eintauchen: Sie werden Ihren Finger – oder was immer sonst Sie hineinstecken wollen – hineinstecken können (von vorn, unten, oben, hinten) in das farbfrohe Bild der Welt vor Ihren eigenen Augen.
6. Konzentrieren Sie sich jetzt abwechselnd auf rot (links) und grün (rechts). Die Gegenstände fangen an, dreidimensional kunterbunt vor Ihren Augen zu rotieren, und das Geheimnis der Materie beginnt sich Ihnen zu enthüllen.
7. Sollten Sie noch keine 3-D-Brille besitzen (weder Standard- noch Luxusmodell), dann erschließt sich Ihnen die dreidimensionale Welt einer kunterbunten Zukunft erst, wenn Sie sich eine solche Brille besorgt haben.
   Falls Sie dies am Wochenende lesen und – was überhaupt zu empfehlen ist – sofort mit dem Starrblick in eine bessere Zukunft beginnen wollen, dann gehen Sie in einen 3-D-Film und vergessen schlicht, die Brille wieder abzugeben. Falls kein solcher Film läuft (und in Zukunft werden immer weniger 3-D-Filme laufen, weil immer mehr Leute die 3-D-Brille schon gekauft haben), dann fragen Sie Ihre Freundin oder Ihren Freund oder nehmen Sie ihnen die Brille einfach von der Nase.
   Natürlich können Sie eine 3-D-Brille auch bequem zu Hause nachbauen. Es ist kinderleicht, sich selber die Brille für eine kunterbunte Zukunft zu basteln. Starren Sie auf unser Bild. Und *dann* um sich. Bis Ihnen die Augen auf- und übergehen. So schön bunt war die Zukunft noch nie. Kunterbunt. Das versprechen wir Ihnen.

Ihr Schöne-neue-Welt-Team

Wahnwitz, nachgewiesen

Hans Gamber, 1944 in Landstuhl in der Pfalz geboren, lebt seit 15 Jahren in München, war Mitarbeiter von PARDON und PLAYBOY sowie Begründer von SHOCK, einem Magazin für Schwarzen Humor. Danach Chefredakteur mehrerer Zeitschriften. Unter Pseudonym veröffentlichte er einige Psycho-Thriller.

Herausgeber: Hans Gamber
Graphische Gestaltung: Stefan Hulbe
Die meisten lexikalischen Eintragungen stammen von *Wolfgang Altendorf.*

Weitere Mitarbeiter am Lexikon: Hans-Jochen Becker, Wolfgang Christlieb, Hans Gamber, Dr. Fritjof Haft, Karl Hoche, Wilhelm Kopp, Toni Meissner, Hans Pfitzinger, Annelis Schafhauser, Thomas Schlück, Rainer Schwarz, Klaus E.R. von Schwarze, Uli Stein, Christoph Treutwein.

Die Graphiken zum Alphabet zeichnete Tudor Banus. Die erklärenden Worte hierzu sind von Hans Gamber und Klaus v. Schwarze.

Wahnwitziger Anhang: Der Herausgeber dankt dem Lektor Rolf Cyriax für viele schwachsinnige Ideen.

Mona Gorilla (?–126433 v. Chr.), Urmutter aller Analphabeten